Kohlhammer

Judentum und Christentum

herausgegeben von Ekkehard W. Stegemann

Band 23

Urs Jäger

„Niemand hat größere Liebe, als wer sein Leben einsetzt für seine Freunde“

Zum Ursprung der Opfertodmetaphorik im Neuen Testament

Verlag W. Kohlhammer

1. Auflage 2018

Reproduktionsvorlage: Andrea Töcker, Neuendettelsau
Gesamtherstellung: W. Kohlhammer GmbH, Stuttgart

Print:
ISBN 978-3-17-034048-0

E-Book-Format:
pdf: ISBN 978-3-17-034049-7

Vorwort

Als ich mir vor ein paar Jahren vorgenommen hatte, der Frage nach dem Hintergrund der neutestamentlichen Aussagen zum Opfertod Jesu nachzugehen, zuallererst mit dem alleinigen Ziel, meine eigenen Ideen und Hypothesen dazu kritisch zu durchleuchten, war ich nicht wenig erstaunt, wie weit dieses kontroverse Thema anscheinend dem Zeitgeist entsprach, vor allem im deutschen Sprachraum hatte es offensichtlich den Weg bis in die Medien und Kirchenstrukturen gefunden.

So sehr ich mich dadurch auf den ersten Blick bestätigt und aufgehoben fühlen konnte, musste ich dennoch schnell feststellen, dass die ernsthafte Suche nach möglichen Antworten auf eine solche Fragestellung auf wesentlich weniger Akzeptanz trifft, besonders wenn sich diese auf den Versuch stützen, mutmassliche geschichtliche Hintergründe durch Hypothesen plausibel zu (re-)konstruieren und glaubhaft zu erklären (denn darum geht es letztendlich bei meinen Nachforschungen), welche den Rahmen traditioneller historischer und somit auch dogmatischer Modelle zu sprengen drohen.

Das hätte mich eigentlich nicht verwundern dürfen, denn beim ‚Opfertod' Jesu schwingen Glaubensüberzeugungen mit, deren Infragestellung an den Grundfesten des Christentums zu rütteln scheint. Solches war gewiss nie meine Absicht, sehe doch auch ich diese Fundamente tief verankert im jüdischen Glauben unseres Meisters.

Doch betrachte ich mich natürlich nur als einen von unzähligen Schülern seiner vielen Schüler, durch alle Zeiten bis zur unseren, unter denen ich einem besonders dankbar bin: Mein Mentor Professor Ekkehard W. Stegemann hat mir mit wohlwollender Ermutigung den Weg erst dazu eröffnet, dass aus dem Selbststudium eine Dissertation erwachsen konnte; er hat mich dann mit seinem immensen Fachwissen äusserst kompetent begleitet und mir mit seiner fundierten und immer sehr konstruktiven Kritik die Verfassung dieser Publikation überhaupt ermöglicht.

Erwähnen möchte ich an dieser Stelle auch Professor Wolfgang Stegemann, dessen kritisches Auge meine Thesen freundlicherweise aus der Ferne mit-überwacht hat und dessen Schriften für mich ebenfalls immer wieder eine wertvolle Inspiration waren.

So möchte ich meine Arbeit in erster Linie den Gebrüdern Stegemann widmen, in grossem Respekt vor ihrem unschätzbaren Beitrag zur theologischen Diskussion und mit aufrichtigem Dank; dann aber ganz besonders auch meinen jüdischen Freundinnen und Freunden, deren liebevolle Nachsicht gegenüber einem christlichen Pfarrer und Theologen mich immer wieder zur Hoffnung ermutigt, dass Jahrtausende alte Schranken nicht unüberwindbar bleiben müssen.

Einsiedeln, den 18. Dezember 2017 *Urs Jäger*

Inhalt

1. Vorbemerkungen

1.1 Warum musste Jesus sterben?

Kaum ein Ereignis hat das Christentum so tiefgreifend und auch so folgenschwer geprägt wie jene Tage, in denen Jesus von Nazareth in Jerusalem verhaftet, verurteilt, getötet wurde, und dennoch entzieht es sich uns auf rätselhafte Weise …

Dabei belegen sogar nicht-christliche Quellen Jesu Hinrichtung, freilich liefern sie dazu praktisch keine verwertbaren Daten. Doch die kanonischen Evangelien berichten derart eingehend darüber, dass man sie schon als „Passionsgeschichten mit ausführlicher Einleitung" bezeichnet hat[1], es fehlt auch nicht an Details und Hintergründen, jeder Moment scheint festgehalten worden zu sein.

Wenn wir dann aber versuchen, daraus das Geschehen zu verstehen, stehen wir schnell einmal vor einer Flut von Fragen und Widersprüchen, die uns nur verwirren können und zu den unterschiedlichsten Ergebnissen führen müssen, je nachdem, welcher Quelle wir mehr Aufmerksamkeit, welcher Begründung wir mehr Plausibilität zutrauen.

Weshalb musste Jesus sterben?

Wegen seiner Botschaft, dem Evangelium vom nahen Gottesreich und der Vergebung der Sünden, welche mit dem Gesetz Moses in Widerspruch getreten wären (ein Beispiel soll jeweils genügen und für alle anderen stehen, hier etwa Mk 2,23–3,6) oder weil das Volk (Joh 6,15) und sogar seine Anhänger (Mk 8,32f) ihn missverstanden und als politischen Führer verehrt hätten?

Judas, um damit Geld zu machen (Mk 14,11), der Satan, der von Judas Besitz ergriffen hat (Lk 22,3)? Die Pharisäer und Schriftgelehrten, aus theologisch be-

---

1 Martin Kähler, Der sogenannte historische Jesus und der geschichtliche, biblische Christus, Leipzig 2/1896, 80, Fussnote 1.
Vgl. auch Paul Winter, On the Trial of Jesus, Berlin 1961, 5; 111–113.
Umgekehrt formulieren Marin Stiewe / François Vouga, Bedeutung und Deutungen des Todes Jesu im Neuen Testament. Ein theologischer Essay, Tübingen und Basel 2011, 37: „Die literarische Gattung des Evangeliums ist dadurch entstanden, dass Matthäus Lukas und Johannes die Darstellungsform, die das Markusevangelium gefunden hat, übernahmen. Die schriftstellerische und theologische Leistung des Verfassers des Markusevangeliums besteht darin, das Bekenntnis des Todes und der Auferstehung Jesu zu einer theologisch kohärenten Darstellung des Weges Jesu ausgeweitet zu haben. Das Markusevangelium (Mk 1,1.15; 13,10; 14,8) unterscheidet sich von den Spruchsammlungen fundamental dadurch, dass die befreiende Tätigkeit Jesu (Exorzismen, Heilungen) und die Notwendigkeit seines Todes mit der Verkündigung seiner Auferstehung her (sic!) (Mk 16,5–7) zusammengebracht werden. Bedeutung und Deutungen des Todes Jesu in den Evangelien zeigen sich nicht nur in der Erzählung des Prozesses, der Kreuzigung und des Todes Jesu, sondern in der gesamten literarischen Gestaltung. Die Passionsgeschichte wird im Lauf der dramatischen Darstellung durch verschiedene Prolepsen (Vorwegnahmen späterer Ereignisse) vorbereitet".

gründetem Hass (siehe oben, Mk 2,23–3,6), die Tempelpriester, weil sie ihr Heiligtum von ihm direkt (Mk 14,58) oder indirekt (Joh 11,50) in Frage gestellt sahen oder einfach aus Neid (Mk 15,10); gar alle Juden, weil er ihre Religion in Frage stellte (I Thess 2,15)? Die Römer, weil sie dem Druck der Juden nicht widerstehen konnten (Joh 19,12) oder weil sie Jesus nicht verstanden haben (II Kor 2,8)? Er selber (Gal 1,4), um Gott mit der Menschheit zu versöhnen, oder der himmlische Vater höchstpersönlich, weil dies für ihn der einzige Weg war, die Menschen aus ihrer Sündhaftigkeit erretten zu können (so wurde etwa Röm 3,25 oft gelesen)?

War es Gottes Absicht, so hätte er Juden oder Römer aufs Ärgste missbraucht und unschuldig gebrandmarkt, um seinen Willen auf der Welt durchzusetzen; sie, mehr noch als Jesus, sie wären dann das eigentliche Opfer, hätten um Gottes Offenbarung willen über die Klinge der Geschichte springen müssen. War es Jesu eigener Plan, sich ihm als *Sühneopfer*[2] für die verlorene Menschheit anzubieten, dann wäre auch einer seiner engsten Freunde, Judas, von ihm für dieses hehre Ziel gnadenlos in Verzweiflung und Tod getrieben worden, seine Erinnerung unschuldig befleckt für alle Zeiten.

Wozu wir auch immer tendieren wollen, es sieht stets so aus, als ob wir dafür auf der einen Seite genügend Belege im Neuen Testament fänden, auf der anderen Seite aber mindestens genauso viele Belege für eine andere, entgegengesetzte These verwerfen müssten[3], nicht darum herumkämen, die Bibel selektiv zu lesen und letztendlich Lügen zu strafen.

Wollen wir uns aber daranhalten, was uns alle Zeugnisse als kleinsten gemeinsamen Nenner widerspruchsfrei anbieten, dann bleibt nicht viel übrig: „Der Umfang dessen, was wir als sicheren Tatbestand feststellen können, ist minimal.

---

2 Eine gewisse Vorsicht im Gebrauch des Begriffes *Sühne*, darauf weist etwa Michael Wolter hin, ist schon deshalb angebracht, weil dieser aus dem germanischen Rechtswesen stammt und wir uns immer bewusst bleiben müssen, dass wir uns hier also einer „metasprachlichen Abstraktion" bedienen, und „damit die quellensprachlichen Vorstellungen und Deutungen in ein ganz anderes Zeichensystem und damit auch in ein ihnen fremdes Wirkungsverständnis" transferieren: Michael Wolter, Der Heilstod Jesu als theologisches Argument, in: Jörg Frey / Jens Schröter (Hg.), Deutungen des Todes Jesu im Neuen Testament, Tübingen 2 2012, 303f; vgl. auch die dort in 303 Fussnote 16 genannte Literatur.

3 Vgl. dazu auch Stiewe / Vouga 2011, 110: „Die Diskrepanz zwischen den literarischen Verwandtschaften der Evangelien und der Eigenständigkeit ihrer theologischen Entwürfe ist auffällig. Die Evangelien formulieren vier profilierte Interpretationen des Todes Jesu, die sich auf keinen gemeinsamen Nenner zurückführen lassen." Ausserdem 111: „Die verschiedenen Deutungen des Todes Jesu in den vier Evangelien und der Apostelgeschichte lassen sich nicht logisch voneinander ableiten. Sie sind nicht deckungsgleich und können nicht in einer übergreifenden Dogmatik als wechselseitige Ergänzungen harmonisiert werden. Ihre Darstellungen und Deutungen sind teilweise konträr". Schliesslich 256: „Eine Voraussetzung der Vielfalt der neutestamentlichen Interpretationsmodelle des Todes Jesu besteht darin, dass Jesus selbst keine eindeutige Erklärung für die Bedeutung seines Todes gegeben hat."

Das sichere Kern-Faktum ist, dass Jesus gekreuzigt wurde. Daraus kann geschlossen werden, dass man ihn verhaftete und dass ein Gerichtsverfahren folgte, und zwar ein römisches. Denn die Kreuzigung ist eine römische, nicht eine jüdische Todesstrafe. Alles Übrige am Ablauf der Ereignisse ist strittig …“[4]

1.2 Aspekte der „historischen Jesusfrage“[5]

Schon zu Beginn des 20. Jahrhunderts hat Albert Schweitzer eine ernüchternde Bilanz gezogen über den behaupteten Forschungsstand zu den wahren Ereignissen rund um Leben und Tod Jesu: Letztendlich muss sich alles, was wir meinen, wissen zu können, in einer Fata Morgana verflüchtigen, als Projektion unserer eigenen Ansichten entlarven[6].

Auch der Versuch der Bultmannschüler in der 2. Hälfte des 20. Jahrhunderts, Kriterien herauszuarbeiten, wonach nur einwandfrei als authentisch auf Jesus zurückgehend zu belegen sei, was sich weder vom frühen Judentum noch von der urchristlichen Gemeinde ableiten lässt und somit nicht „erfunden“ sein könne (*new quest*, Neue Frage nach dem historischen Jesus), hat sich als gefährlicher Trugschluss herausgestellt, weil er ein Jesusbild hervorbringen musste, dessen Darstellung sich zwangsläufig als (künstlich erzeugter) Kontrast zum Judentum

---

4 Hans Conzelmann, Historie und Theologie in den synoptischen Passionsberichten in: F. Viering (Hg.), Zur Bedeutung des Todes Jesu. Exegetische Beiträge, Gütersloh 3/1968, 35–53, 37f.

5 Ich verwende hier den Begriff *historische Jesusfrage*, der von Reinhard Slenczka, Geschichtlichkeit und Personsein Jesu Christi. Studien zur christologischen Problematik der historischen Jesusfrage, Göttingen 1967 eingeführt worden war und zum Beispiel von Jens Schröter, Von der Historizität der Evangelien – ein Beitrag zur gegenwärtigen Diskussion um den historischen Jesus in Der historische Jesus – Tendenzen und Perspektiven der gegenwärtigen Forschung, herausgegeben von Jens Schröter und Ralph Brucker, Berlin 2002, 163–212 aufgenommen und oft synonym zu *Jesusforschung* benutzt wird (vgl. Schröter 2002, 164, Fussnote 5), mit folgender Definition (163f): „Die historische Jesusforschung gehört bezüglich ihrer methodischen Voraussetzung und der hierauf basierenden Verfahren zur Geschichtswissenschaft: Sie analysiert die zur Verfügung stehenden historischen Materialien und zeichnet auf deren Grundlage Bilder der historischen Person Jesu (…) Demgegenüber hat die Jesusforschung der jüngsten Zeit zu Recht darauf insistiert, dass die theologische und die historische Frage zu unterscheiden sind: Eine sich kritisch vor ihren Ursprüngen verantwortende Theologie bleibt auf den Bezug zur Geschichtswissenschaft verwiesen, eine historische Konstruktion der Person Jesu hat jedoch unabhängig von der Frage, wie sich diese zur Begründung des christlichen Glaubens verhält, zu erfolgen“.
Ich habe hier dem Ausdruck *Jesusfrage* den Vorzug gegeben, nicht weil ich der „Jesusforschung“ ihre Wissenschaftlichkeit hätten in Frage stellen wollen, sondern weil sich im englischen Sprachraum die Einteilung der Forschungsgeschichte in *quests* eingebürgert hat.

6 Albert Schweitzer, Von Reimarus zu Wrede. Eine Geschichte der Leben-Jesu-Forschung, Tübingen 1906; auf den von ihm kritisierten *first quest* (so die natürlich nachträgliche Einteilung aus dem englischsprachigen Raum), folgt ein halbes Jahrhundert der Krise, das oft mit *no quest* charakterisiert wird, auch wenn man dabei der in dieser Zeit sehr heterogenen Weiterführung der Forschung nicht wirklich gerecht wird.

definierte[7]. Zum heutigen Zeitpunkt wird das sogenannte *Differenzkriterium* oder *Doppelte Unableitbarkeitskriterium* deshalb immer mehr infrage gestellt.[8]

Lange Zeit wurde die jüdische Forschung zum Thema kaum ernst genommen, man sah darin wenig mehr als den (aus heutiger Sicht allerdings absolut berechtigten) Versuch, sich durch apologetische Antithesen gegen christlichen Antijudaismus zur Wehr zu setzen. Dabei haben Juristen und Theologen wie zuerst Joseph Klausner[9], später Chaim Cohn[10], David Flusser[11], Paul Winter[12], Ellis Rivkin[13], Geza Vermes[14] oder Schalom Ben-Chorin[15] mit ihrer von christlichen Vorurteilen und Dogmatik freien Sicht einen wesentlichen Beitrag dazu geleistet, den Boden für einen ganz neuen Ansatz zu legen.

Dieser sogenannte *third quest*, der Jesus wieder auf seinem (religiösen und ethnischen) Hintergrund als galiläischen Juden des 1. Jh.s u. Zr. zu verstehen versucht und deshalb keinen Aufwand scheut, zeitgenössische Quellen zu durchforsten, ausserkanonische Schriften beizuziehen, archäologische und sozialgeschichtliche Daten zu berücksichtigen, hat lange gebraucht, bis er sich, etwa über die Brüder Ekkehard W. und Wolfgang Stegemann oder Gerd Theissen, im deutschen Sprachraum hat legitimieren können. Es ist kein Zufall, wenn Ed Parish Sanders epochemachendes Buch „Jesus and Judaism“[16] bis anhin nicht in unsere Sprache übersetzt worden und nur dessen zehn Jahre später für ein breiteres Publikum verfasste Version auf Deutsch erschienen ist.

Die von Frauen wie z. B. Luise Schottroff und Elisabeth Schüssler Fiorenza eingebrachte kritische feministische Forschung hatte zunächst ebenfalls keinen leichten Stand; dabei findet heute ihr Wert gerade auch in der Hinterfragung der Anwendung von europäischen patriarchalischen Mustern auf Jesus selber sowie auf die Bewertung der Rolle von Frauen und marginalisierten Männern in seiner Bewegung breite Anerkennung[17].

---

7 Ausschlaggebend war Ernst Käsemanns Vorlesung von 1953, veröffentlicht zuerst 1954 als Das Problem des historischen Jesus, nachzulesen in Exegetische Versuche und Besinnungen I, Göttingen, 1960, 187–214.

8 Für eine frühe kritische Beurteilung im deutschen Sprachraum siehe z. B. Gerd Theissen, Theologie und Exegese in den neutestamentlichen Arbeiten von Günther Bornkamm, EvTh 51 (1991), 308–332, bes. 319–325.

9 Jesus of Nazareth. His Life, Times and Teaching, London 1925, Original in Ivrit 1922.

10 Der Prozess und Tod Jesu aus jüdischer Sicht, Frankfurt am Main, 1997; Original in Ivrit und Englisch schon 1968.

11 Z. B. Jesus, Hamburg 1968.

12 Z. B. Winter 1961.

13 Z. B. What Cruzified Jesus, Nashville 1984.

14 Z. B. Die Passion Jesu – die wahre Geschichte der letzten Tage im Leben Jesu, Darmstadt 2006, Original in Englisch 2005.

15 Bruder Jesus, München 1967.

16 Jesus and Judaism, Philadelphia 1985; Sohn Gottes – eine historische Biographie Jesu, Stuttgart 1996, Original in Englisch 1993.

17 Vgl. z. B. Elisabeth Schüssler Fiorenza, Jesus – Miriams Kind, Sophias Prophet, Gütersloh 1997.

So faszinierend die Erkenntnisse sind, die durch diese wissenschaftlichen Ansätze einfliessen, sie haben auch zur Folge, dass wir mit unseren Fragen wieder am Anfang stehen und uns ganz neu auf den Versuch einlassen müssen, die geschichtlichen Ereignisse von damals zu verstehen, im Bewusstsein dessen, dass all unsere Vorstellungen letztendlich Konstruktionen[18] oder zumindest „Re-Konstruktionen“[19] bleiben, wie sehr wir uns auch um Objektivität bemühen.

Vor allem aber müssen sie gemessen werden können an einem Kriterium, das eigentlich auf der Hand liegt und doch in der Vergangenheit allzu sehr vernachlässigt worden war. Gerd Theissen nennt es das *historische Plausibilitätskriterium*[20] und meint damit genau, was der Name ausdrückt: In welcher Gestalt auch immer unsere Vorstellungen, unsere (Re-)Konstruktionen über die geschichtlichen Ereignisse und das Denken der damaligen Zeit daher kommen, sie müssen auf dem Hintergrund des uns zur Verfügung stehenden Datenmaterials und unseres gesamten Wissens über Kultur, Gesellschaft, Mentalität und Weltbild plausibel, also glaubhaft denkbar und mit einer gewissen Wahrscheinlichkeit realistisch möglich sein.

Wenn auch heute noch da und dort Einwände vorgebracht werden, wonach ohne ein „Unableitbarkeits-Argument“, ohne ein Kriterium der „Tendenzwidrigkeit“ bzw. „Anstössigkeit“, also letztendlich (doch wieder!) ohne ein „Differenzkriterium“ die „Entwicklung des frühen Christentums und seiner Sicht des Wirkens und der Verkündigung Jesu“ kaum „plausibel erklärlich sind“[21], bergen diese meiner Meinung nach einen unauflösbaren inneren Widerspruch, es sei denn, man wende solche Kriterien (gefährlich …) einseitig nur auf die Beziehung Jesu zum Judentum an: Wie sollte sich ansonsten eine Entwicklung erklären, deren Ursprung wir gerade in der Differenz zu derselben zu ergründen suchen?

Auf der anderen Seite liefern etwa sozialgeschichtliche Studien und die Beachtung des jüdischen und römisch-hellenistischen Umfelds genügend triftige Argumente, um die Entstehung einer „neuen Religion“ aus der Jesusbewegung

---

18 Vgl. dazu z. B. Schröter 2002, 164ff, dort v.a. 167.
und insbesondere: James D. G. Dunn / Jens Schröter, Gemeinsames Statement: Der „erinnerte“ und der „historische“ Jesus, ZNT 20, 2007, 60.

19 Michael Moxter, Erzählung und Ereignis. Über den Spielraum historischer Repräsentation, in: Schröter / Brucker 2002, 67–88, dort 85, beginnend mit einem Zitat von Paul Ricœur, Zeit und Erzählung I: Zeit und historische Erzählung, München 1988 (Original in Französisch 1983), 129: „‚Nur die Geschichtsschreibung [im Unterschied zur Fiktionserzählung, Anm. d. V.] kann eine Referenz in Anspruch nehmen, die ihren Ort in der Empirie hat, soweit die historische Intentionalität auf Ereignisse geht, die tatsächlich stattgefunden haben.‘ Es entsteht mithin die Aufgabe, die historische Referenz zurückzugewinnen, ohne die These von der Konfiguration durch Erzählung aufzulösen. Für dieses Problem steht der Begriff der ‚Re-Konstruktion‘, der einerseits im Begriffsmoment ‚Konstruktion‘ gleichsam den Eigenanteil des Subjektes im Aufbau der Wirklichkeit einräumt, andererseits aber durch die Vorsilbe den Kredit andeutet, den die historische Arbeit ihrem Gegenstand schuldet.“

20 Gerd Theissen, Annette Merz, Der historische Jesus, Göttingen 4/2011, 117f.

21 Jörg Frey, Der historische Jesus und der Christus in den Evangelien, in Schröter / Brucker 2002, 273–336, dort 293.

überzeugend nachvollziehen zu können – auch wenn das Resultat insofern manchen Christen enttäuschen mag, als es eben nicht eine von ihrem jüdischen Ursprung kategorisch abgrenzbare, „ganz andere“ Gründerfigur aufzeigt, sondern die Irren und Wirren einer Bewegung, welche sich unter komplexen politischen, kulturellen, ethnischen, sozialen, religiösen und philosophischen Einflüssen und Zwängen ihren Weg suchen musste.

All dem will der *Third Quest* ja Rechnung tragen, auch wenn sich damit ein Tor auftut zu einem Gebiet, das uns fast uferlos und kaum umfassend erschliessbar erscheinen muss …

In jüngster Zeit erlebt allerdings auch Albert Schweitzers radikale Kritik an der historischen Jesusforschung wieder eine Renaissance, nun mit einer scharfen Speerspitze gegen diese „dritte Suche“, etwa in Klaus Wengsts Unterscheidung zwischen dem „historischen“ Jesus, der für ihn zwangsläufig ausser Reichweite bleiben muss („aufgrund des Gegensatzes zwischen dem eigenen Interesse und dem Interesse der Evangelien[22] als den einzig relevanten Quellen gewinnt die historische Jesusforschung aus ihnen nur zusammenhangloses, spärliches Datenmaterial und bedarf der eigenen Imagination, um ein Gesamtbild zu erhalten“[23]) und einem „wirklichen“ Jesus, doch „die immer wieder neu zu stellende Frage ist nicht, wer Jesus wirklich war, sondern wie er jeweils durch verantwortungsbewusste Auslegung – in all ihren Formen – zur Wirkung kommt und wirklich wird. Das aber heisst dann auch, dass dieses Hören im Diskurs damit geschehen muss, was andere vor uns gehört haben und zeitgenössisch mit uns hören. Und so ist das selbst im Hören Entdeckte in den in dieser Weltzeit nicht endenden Diskurs einzubringen“[24]. Damit würden wir uns aber vollständig von

---

22 Klaus Wengst, Mirjams Sohn – Gottes Gesalbter, Mit den vier Evangelisten Jesus entdecken. Gütersloh 2016, 633: „Ihnen geht es nicht darum, wer Jesus war, sondern wer dieser Jesus, der war, in lebendiger Erinnerung je gegenwärtig ist“.

23 A. a. O., 21.

24 A. a. O., 28; meines Erachtens bleibt aber auch dieser Ansatz nicht frei von Widersprüchen. Einerseits unterstellt er der Frage nach dem historischen Jesus ein theologisches Interesse, „vom Menschen Jesus, um ihn ‚glaubwürdig‘ zu machen, Ausserordentliches und Besonderes, ja Einmaliges behaupten zu müssen“ (S. 25); eine Erklärung dafür, wie er auf diesen Gedanken kommt, was er damit eigentlich meint (dass Jesus – wie so viele andere gewiss auch – ein Mensch war, der seine herausragenden Stärken gehabt haben muss, sollte sich doch eigentlich aus seiner Wirkungsgeschichte erweisen) und warum ein historisches Interesse „den Ausgangspunkt der Evangelien und des ganzen Neuen Testaments, das Zeugnis von der Auferweckung Jesu durch Gott, hintergeht“ (a. a. O.) bleibt er allerdings schuldig, gerade auch dort, wo er sein erklärtes (und eigenartig polemisch attackiertes) Gegenüber als Vertreter der Frage nach dem „historischen“ Jesus in Wolfgang Stegemann und seinem Buch Jesus und seine Zeit (Stuttgart 2010) festmachen will (ab S. 21) – auch wenn er sich der Konfrontation dann doch wieder dadurch entzieht, dass er leider gänzlich auf Fussnoten und somit auf direkte Verweise verzichtet. Anderseits wendet er dann genau jene Kriterien der Plausibilität, die er in Bezug auf die historische Jesusfrage so drastisch ablehnt, auf die Auslegung und insbesondere auf die Interpretation des (jüdischen, wie er mehrfach betont) Umfeldes der Evangelien an (was ja auch mir zumindest im An-

der Frage verabschieden, was sich damals ereignet haben könnte und jedes Interesse an der Person des Nazareners aufgeben.

Bleibt uns also tatsächlich nichts Anderes übrig, als uns in einer dogmatischen Beliebigkeit zu verlieren, die, da gäbe ich Wengst ja recht, schon in den so unterschiedlichen Interpretationen der Evangelien angelegt ist?

Eines stimmt gewiss: Auch wir werden, wenn wir versuchen nachzuvollziehen, wie die Autoren unserer Quellentexte mit den ihnen ihrerseits bereits überlieferten Erinnerungen an Gefangennahme, Prozess und Tod Jesu umgegangen sein könnten, nicht darum herum kommen, Vorstellungskraft und Phantasie zu bemühen; dabei muss es sich von selber verstehen, dass wir stets einen äusserst kritischen Blick auf unsere eigenen Ideen zu bewahren haben, im Bewusstsein, dass jede in unseren Augen auch noch so einleuchtende und plausible Erkenntnis weit davon entfernt bleiben muss, über alle Zweifel erhabene historische Wahrheit zu rekonstruieren.[25]

Doch hiesse es wohl, das Kind mit dem Bade auszugiessen, wenn wir deshalb die Suche nach dem eigentlichen Geschehen zugunsten einer Beschränkung auf abgehobene, von Jesus selber völlig losgelöste dogmatische Spekulationen aufgeben würden.

1.3 Zur Quellenlage

Wenn ich also dennoch eine Re-Konstruktion der Ereignisse in den letzten Tagen Jesu wagen will, so bin ich mir bewusst, dass ich mich auf einem höchst unsicheren Boden bewege, denn ich muss mich dabei vor allem auf jene Texte stüt-

---

satz durchaus glaubwürdig, aber kaum wirklich neu erscheint – und im Detail nicht über jeden Zweifel erhaben ist, wenn es zum Beispiel um mutmassliche Gründe für die antipharisäische Polemik der Evangelien geht, vgl. z. B. S. 22), ohne dazu aber auf eine Quellenlage zurückgreifen zu können, welche sich irgendwie unterschieden würde von jener, die er für geschichtliche Belange als nicht brauchbar kritisiert; auch da ist er deshalb auf Hypothesen und eigene Imagination angewiesen, und wenn er zum Schluss kommt, „wer diese Texte auslegt, kann deren nicht zu erschöpfendes Potential würdigen und die eigene Auslegung als eine – hoffentlich mögliche – verstehen, die neben vielen anderen möglichen Auslegungen steht" (S. 27), dann sehe ich da letztendlich keinen Gewinn im Vergleich zum analogen Vorgehen auf der Suche nach dem historisch Geschehenen um Jesus selber; schliesslich drängt sich mir die Frage auf, weshalb ich mich überhaupt für ein immerhin weit über 600 Seiten zählendes Buch interessieren soll, wenn ich darin *per definitionem* sowieso keine andere Informationen finden kann, als was mir die Evangelien eh schon berichten …

25 Interessante Abrisse zur Forschungsgeschichte und zum heutigen Stand finden sich zum Beispiel bei Gabriela Gelardini, Religion, Ethnizität und Ethnoreligion – Die Entstehung eines Diskurses innerhalb deutschsprachiger historischer Jesusforschung, in: Christian Strecker (Herausgeber), Alte Texte in neuen Kontexten, Stuttgart 2015, 13–32 (mit besonderem Augenmerk auf die Stellung der deutschsprachigen Forschung gegenüber dem Judentum bzw. der jüdischen Identität Jesu); Theissen / Merz, 2011, 21–30, dort mit einer Übersichtstabelle, 30; W. Stegemann 2010, 73–124; Frey 2002, 273–293; James D. G. Dunn, A New Perspective on Jesus, What the Quest for the Historical Jesus Missed, Grand Rapids 2005, 15–22.

zen, die zwar meiner Ansicht nach immer noch die vergleichsweise zuverlässigsten Informationen zum Geschehen bieten: Die Briefe des Apostels Paulus – in denen aber eigentliche Berichte über das Geschehen völlig fehlen, und unsere vier Evangelien, deren allererste Absicht allerdings tatsächlich nie historische Akribie gewesen war.

Im Vordergrund ihres Blickfeldes stand vielmehr das Leben der Gemeinden, in denen sie wirkten, deren Nöte und Sorgen, zwischen der sich immer klarer abzeichnenden Trennung vom Judentum, das sich nach der Zerstörung des zweiten Tempels neu zu finden und legitimieren hatte und in der von den Anhängern Jesu weiterhin lauthals gepflegten Verkündigung des nahen Gottesreiches begreiflicherweise eine Gefährdung seiner Existenz sehen musste; dem wachsenden Einfluss von Menschen, denen die jüdischen Wurzeln letztendlich fremd blieben, weil sie in einer ganz anderen Kultur verankert waren; schliesslich dem verständlichen Unverständnis der römischen Autoritäten gegenüber einem auf jenen Mann gestützten Glauben, der ja von einem der Ihren, Pontius Pilatus, standrechtlich zum Tod am Kreuz verurteilt worden war.[26]

Dass deshalb ihre Schriften auch apologetischen Charakter annehmen mussten, braucht nicht zu erstaunen – die daraus resultierende Polemik bekommt ihr verheerendes Gewicht aber erst Jahrhunderte später, wenn aus der kleinen jüdischen Splittergruppe eine Kirche entstanden ist, die das ganze römische Reich dominiert.[27]

Der oben genannte komplexe Hintergrund beeinflusst jedoch auch auf subtilere Weise das ganze Denken und Urteilen der Evangelisten, die sich ja inzwischen, davon müssen wir wohl ausgehen, weitgehend auf das Hörensagen abstützen mussten und jedenfalls nicht selber zu den Zeitzeugen der Ereignisse gezählt werden können.

---

[26] Vgl. dazu Ekkehard W. Stegemann, Wie im Angesicht des Judentums historisch vom Tod Jesu sprechen – vom Prozess Jesu zu den Passionserzählungen der Evangelien, in: Gerd Häfner / Hansjörg Schmid (Hg.), Wie heute vom Tod Jesu sprechen? Neutestamentliche, systematisch-theologische und liturgiewissenschaftliche Perspektiven, Freiburg i. Br. 2002, 23–52, besonders ab 42.

[27] „Jene ersten Christen waren relativ machtlose Juden, und ihnen stellte sich die jüdische Obrigkeit als eine gefährliche und bedrohliche Macht dar. Solange die Christen eine unterprivilegierte Randgruppe waren, schadeten ihre Passionserzählungen, welche die Juden als Schuldige am Tode Jesu hinstellten, die Römer aber von jeder Schuld daran entlasteten, im Grunde niemandem. Doch als dann das römische Reich christlich wurde, wurde die Fabel mörderisch. Im Lichte des späteren christlichen Antijudaismus und schliesslich des völkermörderischen Antisemitismus können wir auch im Rückblick die Fabel von der Kreuzigung Jesu durch die Juden nicht länger als verhältnismässig harmlose Propaganda durchgehen lassen." John Dominic Crossan, Wer tötete Jesus? Die Ursprünge des christlichen Antisemitismus in den Evangelien, München 1999, 189f (Original in Englisch 1995).

Exkursus: Augenzeugen, individuelle und kollektive Erinnerung

Immer mal wieder findet man die These vertreten, die Evangelien beruhten auf direkten Zeugenberichten, so etwa zuletzt von Richard Bauckham, für den sich nicht nur die drei Synoptiker auf unmittelbaren Kontakt mit Augenzeugen wie insbesondere Petrus berufen können, sondern auch das Johannesevangelium vom „Lieblingsjünger" selber verfasst wurde, welcher also nicht etwa eine literarische Kunstfigur, sondern eben ein eigentlicher Augenzeuge gewesen sei, Joh 21,24 wäre demnach also als authentischer Hinweis auf die Identität des am Geschehen persönlich beteiligten Evangelisten zu verstehen[28].

Dagegen hält etwa Wolfgang Stegemann: „Wir können zwar nicht ausschliessen, dass die Evangelien (auch) Augenzeugenberichte enthalten, aber wir vermögen diese ‚Textsorte' nicht zu erkennen bzw. ihre Existenz zu beweisen. Kurz: Wir kommen wohl nicht an der grundlegenden Erkenntnis vorbei, dass wir in Bezug auf Jesus keine Primärquellen besitzen, worunter hier Selbstzeugnisse oder solche Zeugnisse verstanden werden, in denen uns verbürgte Augenzeugen etwas über Leben und Lehre und Werk des Mannes aus Nazareth unmittelbar berichten. Wir besitzen (gesichert) nur Sekundärquellen, Zeugnisse über Jesus von Nazaret aus zweiter oder gar dritter und vierter Hand."[29]

Gegen eine direkte Abhängigkeit der Evangelien von Augenzeugen spricht auch, dass der zeitliche (und z. T. sicher auch geographische) Abstand eine Niederschrift der Texte wie sie heute vorliegen noch unter Anwesenheit solcher Zeugen höchst unwahrscheinlich (wenn auch zugegebenermassen nicht gänzlich unmöglich) macht, denn es gibt nun einmal gute Gründe, die Abfassung der Evangelien (oder auch nur schon die systematische Zusammenstellung von schriftlich festgehaltenen Berichten) tatsächlich erst mit dem Aus-

---

[28] Richard Bauckham, Jesus and the Eyewitnesses. The Gospel as Eyewitness Testimony, Grand Rapids Cambridge 2006, 5f: „Testimony is the category that enables us to read the Gospels in a properly historical way and a properly theological way. It is where history and theology meet. In order to pursue this agenda, we need to give fresh attention to the eyewitnesses of the history of Jesus and their relationship to the Gospel traditions and to the Gospels themselves. In general, I shall be arguing in this book that the Gospel texts are much closer to the form in which the eyewitnesses told their stories or passed on their traditions than is commonly envisaged in current scholarship. This is what gives the Gospels their character as testimony. They embody the testimony of eyewitnesses, not of course without editing and interpretation, but in a way that is substantially faithful to how the eyewitnesses told it, since the Evangelists were in more or less direct contact with eyewitnesses. Not removed from them by a long process of anonymous transmission of the tradition. In the case of one of the Gospels, that of John, I conclude, very unfashionably, that an eyewitness wrote it."

[29] W. Stegemann 2010, 130f; aufschlussreich, weil auch Erkenntnisse zur Gedächtnisforschung berücksichtigend, ist die Darstellung der jüngsten Auseinandersetzung mit Bauckhams Thesen in Sandra Hübenthals Das Markusevangelium als kollektives Gedächtnis, Göttingen 2014, 60ff.

sterben der allerletzten Zeugen zu verbinden, vor allem auch deshalb, weil sich zuvor (im Unterschied etwa zur Tradition der Verschriftung des Korans, bewusst noch vor dem Ableben der letzten Zeugen) aufgrund der Naherwartung des unmittelbar hervorstehenden Gottesreichs ein akribisches Sammeln und Ordnen zur Fixierung und Aufbewahrung der Erinnerungen für zukünftige Generationen kaum hätte aufgedrängt können: Wozu auch!
Ein Hinweis auf diese Einstellung während der ersten Jahrzehnte nach Jesu Tod mögen die Paulusbriefe sein, welche zwar bei ihren Lesern durchaus voraussetzen, dass der Jüngerkreis der ersten Stunde ihnen alle seine Erinnerungen erzählt habe, daran auch immer mal wieder in Anspielungen anknüpfen, es aber nicht für nötig halten, solche Berichte wörtlich wiederzugeben und erst recht keinerlei Zitate oder auch nur Hinweise auf irgendwelche Bücher dazu enthalten – was, wenn denn solche schon im Umlauf wären, eigentlich erstaunen müsste!

Damit sei hier allerdings keineswegs in Frage gestellt, dass die Augenzeugen zu Lebzeiten die Gemeindetraditionen genährt und so auch wesentlich zum Ursprung von (meist wie gesagt wohl noch mündlich weitergegebenen) Überlieferungen beigetragen hatten, welche wiederum die Grundlage für alles Wissen der Evangelisten boten.
An dieser Stelle sei der Standpunkt von James D. G. Dunn erwähnt, welcher die Ansicht vertritt, dass gerade die *orale* Überlieferung innerhalb der Jesusbewegung besonders nach *Bewahrung* der Erinnerung gestrebt und deshalb die Berichte der Augenzeugen auch nach deren Ableben (bis zur Verfassung der Evangelien) äusserst getreu weitertradiert habe; er betrachtet sogar die Unterschiede innerhalb der Parallelen bei den Synoptikern nicht literarkritisch, sondern führt sie auf die mündliche Erzählweise ein und desselben Berichtes zurück – was mir allerdings manchmal wirklich etwas gar weit zu gehen scheint[30]; dagegen bemerkt meines Erachtens z. B. W. Stegemann völlig zurecht: „Die neue Beachtung der mündlichen Überlieferung der Jesustradition vor ihrer schriftlichen Fixierung eröffnet zweifellos grundsätzlich einen

---

30 Insbesondere James, D.G: Dunn, Jesus Remembered, Grand Rapids, 2003; vgl. früher schon James D. G. Dunn, Messianic Ideas and their Influence on the Jesus of History in: James H. Charlesworth (Hg.; Sammlung von Beiträgen zum First Princeton Symposium on Judaism and Christian Origins, 1987), The Messiah – Developments in Earliest Judaism and Christianity, Minneapolis 1992/2010, 370f.
In Dunn, 2005, 53 präzisiert der Autor hingegen seine zuvor geäußerten Ansichten insofern, als er festhält: „In particular, it is no part of my purpose to deny a literary connection between the Synoptic Gospels.“ Damit gewinnen seine Thesen an einer gewissen Glaubwürdigkeit: Wie er in 101–120 anhand von Textbeispielen ganz überzeugend aufzeigt, kann eine literarische Abhängigkeit *einerseits* durchaus von mündlichen Überlieferungen *anderseits* ergänzt und in einigen Fällen auch korrigiert worden sein. Dem Faktor einer möglichen Koexistenz von mündlichen und schriftlichen Überlieferungen, noch über Jahrzehnte hinaus, bleibt natürlich immer Rechnung zu tragen.

neuen und interessanten Zugang auch zu den Evangelien selbst, indem sie lehrt, Muster und Praxen einer oralen Kultur bei der Deutung der Evangelien stärker als bisher zu beachten. Allerdings sollte die neue Beachtung der mündlichen Jesustradition nicht derselben Illusion erliegen, der zunächst auch die ältere Formgeschichte erlegen war: Der Hoffnung nämlich, auf diesem Wege zu objektiven historischen Einschätzungen der Jesusüberlieferung und damit zum historischen Jesus selbst zu kommen. Nicht zuletzt das neue Interesse daran, die Evangelientraditionen auf Augenzeugen zurückzuführen, erinnert stark an die Illusion, mithilfe einer wissenschaftlich kontrollierten Methodik zu objektiven Ergebnissen, d. h. zum historischen Jesus zu kommen.“[31]

Stegemann bezieht sich dabei[32] auch auf Studien von April D. DeConick[33], die aufzeigen, dass es kaum denkbar ist, Abhängigkeiten zwischen den Synoptikern anders als literarisch zu erklären und dass der Versuch schlichtweg sinnlos sein muss, orale Vorstufen und (Ur-)Versionen von Berichten oder Überlieferungen mit grösserem Authentizitätsanspruch als dem der vorliegenden Texte rekonstruieren zu wollen[34].

Wir müssen also wohl davon ausgehen, dass die Evangelien zwar gewiss Überlieferungen von Augenzeugenberichten aufgenommen haben, dass aber die Wahrscheinlichkeit äusserst gering ist, in ihnen *unmittelbare* Beschreibungen des *ursprünglichen* Gesehenen vorzufinden und dass vielmehr der zugrundeliegende Prozess mündlicher Tradierung niemals zu absolut zuverlässiger Bewahrung der Berichte von Worten, Taten oder Ereignissen führen konnte.

Dies gilt, wie Sandra Hübenthal richtig bemerkt, natürlich sowohl für die Beurteilung von (ihrem Charakter nach individuellen) Augenzeugenberichten als auch von kollektiver Bewahrung der Erinnerung: „Wenn die Spur des Erinnerungsprozesses, insbesondere eines kollektiven Erinnerungszeugnisses,

---

31 W. Stegemann 2010, 139.

32 A. a. O., 136–140, insbesondere 138.

33 April D. DeConick, Human Memory And The Sayings Of Jesus. Contemporary Experimental Exercises In The Transmission Of Jesus Traditions, in: Tom Thatcher (Hg.), Jesus, The Voice, And The Text. Beyond The Oral And The Written Gospel, Waco 2008, 135–180.269–270.

34 Dazu a. a. O., 179: „Whatever memories are preserved in the gospels, they are reconstructed and highly interpreted memories. It is distressing to see a renowned scholar like Richard Bauckham so easily dismissing the work of Bartlett and misappropriate the vast literature on false memories by concluding that ‚the eyewitnesses behind the gospels accounts surely told what was prominent in their memories and did not need to attempt the laborious process of retrieval and reconstruction than make for false memories‘“ (Bauckham 2006, 356). DeConick zitiert hier insbesondere die Studie Remembering des Psychologen Sir Frederic Charles Bartlett, Cambridge 1932, welche anhand einfacher Experimente aufzeigt, wie sowohl Bilder als auch orale textliche Überlieferungen in kürzester Zeit ein Eigenleben bekommen und sich sehr rasch vom ursprünglich Gegebenen entfernen, wie dabei auch das Vorwissen des Erinnernden eine ganz wesentliche Rolle übernimmt.

weiterverfolgt werden soll, so muss neben der kognitionspsychologischen Gedächtnisforschung auch die kulturwissenschaftliche Forschung zum sozialen Erinnern herangezogen werden, um die Prozesse sozialen Erinnerns verstehen und beschreiben zu können. Insbesondere die Frage nach Gründen der Verschriftlichung von Erinnerungszeugnissen steht hier im Fokus, und zwar in beide Richtungen: Neben dem Warum muss auch das Wozu in den Blick genommen werden."[35] Und: „Wenn Evangelien als kollektive Gedächtnisse gelesen werden, ist davon auszugehen, dass in ihnen Erinnerungserzählungen nicht einfach in einen neuen Rahmen platziert werden, sondern, dass sie im Zuge der Einbettung in eine grössere narrative Einheit immer wieder neu geformt werden. Die Formen, in denen Erinnerungen überliefert werden, stehen nicht fest. Sie sind flüssig und wandelbar, und Veränderungen der Form sind ebenso möglich wie die Anpassung von Form und Inhalt. Das heisst auch, dass ein unverstellter Blick durch den Text hindurch weder auf die hinter ihm liegenden Ereignisse möglich ist noch auf seinen Wachstumsprozess. Auch die Pragmatik der Texte ist neu zu denken: Sie ist auf Identitätsstiftung hin orientiert und geht weniger in Richtung Geschichte oder Mission (…) Im Text spiegelt sich nicht Geschichte, sondern gedeutete Erfahrung. Als identitätskonstitutive Erinnerungstexte greifen die Evangelien nicht einfach auf die Vergangenheit aus und repräsentieren sie, sondern sie schaffen einen auf Zukunft orientierten Entwurf des Selbstverständnisses der sich in ihnen artikulierenden Erinnerungs- und Erzählgemeinschaft und laden ein, diesen Deutungsrahmen zu übernehmen."[36]
Damit aber verschiebt sich der Fokus möglicher Erkenntnis auf nicht unbedeutende Weise: „Der Unterschied zur Jesusforschung und der Jesus-Remembered-Diskussion ist darin zu sehen, dass der Blick hier nicht auf das Objekt, sondern auf das Subjekt der Erinnerung gerichtet ist."[37] Mit anderen Worten: Dieser Ansatz eines kollektiven Erinnerungsprozesses erlaubt uns Rückschlüsse auf die Identität der Erinnernden, die aber nicht zwangsläufig auch auf das Erinnerte selber anzuwenden sind; er erklärt zum Beispiel Unterschiede in verschiedenen Versionen derselben Überlieferung, doch der Blick auf die eigentlichen Ereignisse dahinter bleibt verdunkelt.

Schliesslich dürfen wir nicht einmal einfach voraussetzen, dass die Verfasser (ob wir sie nun als Individuen oder Gruppen betrachten) unserer Quellen mit der jüdisch-galiläischen Mentalität Jesu voll vertraut gewesen wären, auch wenn wir uns über ihren genauen sozio-kulturellen Hintergrund auf Spekulationen be-

---

35 Hübenthal 2014, 60.

36 A. a. O., 68f.

37 A. a. O., 69; vgl. S. 73: „Nicht das Ereignis selbst wird repräsentiert, sondern die Bedeutung, die es für die sich artikulierenden Subjekte der Erinnerung hat."

schränken müssen; sie schreiben jedenfalls in *Griechisch*, und nur schon das ist ein Paradigmenwechsel, der nicht unterschätzt werden darf!

Dennoch täte man ihnen gewiss Unrecht, wenn man ihnen die *Absicht* unterstellen würde, das Geschehen bewusst verfälschen zu wollen; wir müssen aber damit zurechtkommen, dass von diesem in ihren nach bestem Wissen und Gewissen verfassten Berichten nicht mehr (und auch nicht weniger) übrigbleibt als das, was Paul Ricœur „Repräsentanz" bzw. „Repräsentation"[38] nennt, was Zweifel an der Historizität einzelner Aussagen natürlich nirgendwo auszuräumen vermag.

Auch der Versuch, hinter den Evangelien ältere und somit verlässlichere Quellen zu rekonstruieren, kommt deshalb letztendlich nicht über den Stand eines hilfreichen Gedankengebäudes hinaus; mit Eindeutigkeit stichhaltig belegen lässt sich nicht einmal die nun schon seit mehr als hundert Jahren fest zum Bestand gehörende Logienquelle (Q), aus der Matthäus und Lukas unabhängig voneinander geschöpft hätten, wie etwa Michael Goulder, gestützt auch auf eine Reihe weiterer britischer Forscher, durchaus schlüssig aufgezeigt hat:[39] Tatsächlich scheint Einiges auf eine andere Hypothese hinzuweisen, wonach Lukas die Evangelien von Markus und Matthäus ineinander verwebt hätte (was ausserdem seine eigenen Worte im Prolog - Lk 1,1–3 - eher legitimieren würde). Auch wenn dies die Möglichkeit einer Ortung von frühen Überlieferungen bei Matthäus und Lukas natürlich nicht völlig in Frage stellt, verbliebe dann aber allein Markus als älteste klar abgrenzbare schriftliche Schicht in den Texten der Synoptiker und somit in den wichtigsten Berichten über Leben und Worte Jesu.

---

38 Zwar kann, nach Michael Moxter, in Moxter 2003, 86, mit Zitat aus Ricœur 1988, 129, „... gleichsam von einem Druck gesprochen werden, den die vergangenen Ereignisse auf die Erzählung ausüben. Die Begriffe Repräsentation bzw. Repräsentanz stehen also für ein Darstellungsverhältnis, bei dem sich etwas als mitgesetzt bemerkbar macht, obwohl es nicht direkt angezeigt werden kann. Repräsentation ist insofern eine Platzhalterfunktion für etwas, das ‚die historische Intentionalität [mitbestimmt], indem es ihr eine realistische Note verleiht'." Doch bleibt das druckausübende Moment eben nur *mitgesetzt* und *nicht direkt angezeigt*, die *realistische Note* nicht mit der *Realität* zu verwechseln. An anderer Stelle spricht Moxter im Zusammenhang mit der historischen Repräsentation (wieder nach Paul Ricœur) von einer „historischen Wirklichkeit, die sich zwar nicht direkt kennzeichnen lässt, sich aber als Widerstand gegen die Interpretation bemerkbar macht" (a. a. O., 87). Auch hier lässt die Repräsentanz also eine historische Wirklichkeit zwar anklingen, doch eben nicht als getreues oder sogar genau definierbares Abbild.
Auf die Begriffe „Repräsentanz" oder „Repräsentation" werden wir an anderer Stelle noch einmal zurückkommen, wenn es darum geht, den Prozess von Deutung und Metaphorisierung besser zu verstehen.

39 Zuletzt kurz und prägnant in Michael Goulder, Is Q a Juggernaut, Journal of Biblical Literature 115 (1996), 667–681; vgl. dazu auch Marc Goodacre, The case against Q, Harrisburg 2002 und die begleitende Internetseite http://www.markgoodacre.org/Q/index.htm, auf der obengenannter Artikel zu finden ist und auf der zum Beispiel auch 10 Thesen (Ten Reasons to question Q) einen kurzen Überblick zu seiner Argumentation liefern.
Schliesslich im deutschsprachigen Raum: Werner Kahl, Vom Ende der Zweiquellentheorie – oder: Zur Klärung des synoptischen Problems, Transparent-extra Nr. 75, Stuttgart 2004, 1–36.

Was zuvor *wie* überliefert worden war, darüber können wir also nur noch spekulieren, es scheint tatsächlich müssig, weil kaum zu belegen, etwa einen Ur-Markus oder Vorstufen von Sondergut bei Matthäus und Lukas rekonstruieren zu wollen, auch wenn tatsächlich wohl einiges für eine frühe Existenz von einzelnen schriftlichen Sammlungen sprechen mag[40], doch würden sich diese in ihrem Stellenwert kaum von den anderswo bewahrten mündlichen Überlieferungen unterscheiden, weil sie ja eigentlich nichts anderes wären, als Gedächtnisstützen für das orale Weitergeben der Tradition durch Lehrer, die sich nicht direkt auf ein eigenes Erlebnis mit Jesus beziehen können.

Wie James D. G. Dunn aber letztendlich glaubwürdig aufzeigt,[41] können wir, bei allen oben genannten Einschränkungen, die wir dabei nie ausser Acht lassen dürfen, durchaus darauf vertrauen, dass Jesusworte, Ereignisse, Geschichten in ihrem Kern auch in der mündlichen Tradition schon sehr früh, ja schon zu Jesu Lebzeiten so weitergegeben wurden, dass uns der Zugang heute doch nicht ganz so verschlossen bleibt, wie das in der Forschung lange Zeit zum allgemeinen Tenor gehört hatte.

Ob wir nun aber mündliche oder schriftliche Vorstufen der Evangelien annehmen, dürfen wir nicht der Illusion verfallen, wir könnten dadurch irgend eine „ursprünglichere" Version von Texten oder Jesusworten rekonstruieren: Darin ist Sandra Hübenthal beizustimmen, dass viele Unterschiede zwischen den Synoptikern sich mindestens ebenso gut wie aus Redaktionsschichten aus dem Selbstverständnis der jeweiligen Erinnerungsgemeinschaft erklären oder, nun mit Dunn, aus einer jeweiligen Erzählsituation und Sichtweise der Erzähler selber heraus verständlich werden[42] und deshalb möglicherweise von Anfang an verschiedene, individuell oder kollektiv geprägte Erinnerungen an ein und dasselbe Faktum im Umlauf waren.

Eine Sonderstellung nimmt Johannes ein: Weit mehr als die anderen drei und mit noch grösserer zeitlicher Distanz (da schliesse ich mich, gegen Bauckham[43] der allgemein verbreiteten Ansicht an) verarbeitet er die ihm überlieferten Materialien in theologische Reflexionen, was uns den Zugriff zu seinen allerdings

---

40 Gegen J. D. G. Dunn, 2005, z. B. 54ff (Zusammenfassung des Vorgangs der oralen Tradition): Sein Modell der mündlichen Überlieferung überzeugt zwar durchaus für die Gemeinden, welche schon früh in direktem Kontakt zu den Augenzeugen lebten, doch kann ich mir kaum vorstellen, dass man für die Gemeinden in der Diaspora, die etwa auf Paulus zurückgingen (und sogar für Paulus selber) nicht bald schon angefangen hat, kleinere Texteinheiten schriftlich festzuhalten.

41 A. a. O., 77: Übersicht über seine Thesen.

42 A. a. O., 118f: „In oral transmission we do not look for an explanation for the diversity in terms (only) of editorial redaction, but in terms of performance variation. (...) And we do not look behind the variations for some original (and therefore authentic) version or source. Rather, we recognize the character of the Jesus tradition as oral tradition, where appropriateness of performance to context is not a departure from authenticity but integral to the tradition's living character."

43 Bauckham 2006.

ebenfalls oft besonders interessanten und wertvollen historischen Informationen zusätzlich erschwert.

Doch dürfen wir wohl davon ausgehen, dass die Überlieferungen der vier biblischen Evangelisten einen ungleich fruchtbareren Zugang zum Geschehen bergen, als etwa die apokryphen Thomas- und Petrusevangelien, auch wenn das von Robert Funk ins Leben gerufene „Jesus-Seminar" mit seinem prominenten Vertreter John Dominic Crossan ihnen zumindest in Teilen (und zusammen mit der Logienquelle) einen wesentlich höheren geschichtlichen Stellenwert zuschreiben möchte als den kanonischen Texten. Seine Argumentationen kommen allerdings dem *Differenzkriterium* recht nahe[44]: Wiewohl etwa für Crossan die Frage der Plausibilität in Bezug auf hellenistische und griechisch-römische Geschichte durchaus einen hohen Stellenwert einnimmt, wird bei der Vorstellung seiner Methodik im grossen Jesusbuch ein analoges Kriterium in Bezug auf das Judentum gar nicht erst erwähnt[45]; und auch wenn Crossan festhält: „Der historische Jesus muss im Zusammenhang des Judentums seiner Zeit verstanden werden"[46], so besteht nicht nur ein frappantes Ungleichgewicht zwischen seiner so fundierten (und effektiv ausserordentlich aufschlussreichen, wenn auch oft ausufernden) Analyse des griechisch-römischen Umfeldes auf der einen Seite und der allzu kurzen Betrachtung des jüdischen auf der anderen (bei der sein Fokus ausserdem mehr auf die mögliche Verfremdung von Aussagen Jesu durch die Vertreter seiner Anhänger in der zweiten Hälfte des 1. Jh. u. Zr. gerichtet scheint als auf Jesus selber).

Für die bei Crossan so ausschlaggebende soziologische, politische und kulturelle Diskrepanz zwischen Jesus als „Vertreter jener bäuerlichen, volkstümlichen, mündlichen philosophischen Praxis, die man als jüdischen Kynismus (oder kynisches Judentum) bezeichnen könnte"[47] und der Jerusalemer Bildungs- und Oberschicht, die ihren Höhepunkt in der symbolischen Zerstörung des Tempels[48]

---

44 Beißend, aber treffend die Kritik von James D. G. Dunn, 2005, 21: „The last round in the epic contest, the historical Jesus versus the Christ of faith, appears in the work of the Jesus Seminar; Robert Funk, the doyen of the Seminar, makes no secret of his desire to rescue Jesus from Christianity (...) The logic for this rescue effort is along predictable lines: whatever can be attributed to the communities that used this tradition is to be stripped away – any use or echo of Scripture; any saying that is not aphoristic, parabolic, or a sharp retort; any hint of baptismal practice or of the circumstances of the early Christian mission, anything that smacks of common Israelite or Judean lore or could have been said by any Christian sage; and particularly anything that is apocalyptic in character or hints at a Paul-like theology of the cross; or in a word, any sniff of faith."

45 John Dominic Crossan, Der historische Jesus, München 1994 (Original in Englisch 1991), 29ff; in der als Zusammenfassung konzipierten, 3 Jahre später erschienen Schrift *Jesus, ein revolutionäres Leben*, München 1996 (Original in Englisch 1994), bezieht Crossan nun immerhin auch die jüdische Geschichte (anhand der Schriften von Flavius Josephus) explizit als Kriterium mit ein, 15.

46 A. a. O., 548 (und ff – dem Thema widmet Crossan gerade mal 6 von fast 600 Seiten!).

47 A. a. O., 553.

48 Z. B. John Dominic Crossan, Wer tötete Jesus? Die Ursprünge des christlichen Antisemitismus in den Evangelien, München 1999 (Original in Englisch 1995), 82ff; „Denn dieses Bauwerk ver-

finde, bleibt er letztlich sowohl Beweise als auch zumindest treffende Argumente schuldig. Diese Hypothese scheint tatsächlich mehr Ausgangspunkt als Resultat seiner Untersuchungen zu sein; deshalb stellt sich ihm die Frage nach einer eventuellen Nähe Jesu zu Pharisäern oder Schriftgelehrten gar nicht erst[49], während er nicht abgeneigt ist, Jesu leiblichen Bruder Jakobus und späteren Leiter seiner Anhängerschar (und damit ja auch die Jesus-Bewegung in den auf seinen Tod folgenden ersten Jahrzehnten), in genau diesem Bereich zu situieren, wo Jakobus nota bene auch und gerade in jener Zeitspanne „mächtige, einflussreiche und sogar politisch organisierte Freunde in Jerusalem hatte“[50]; dass dann ausgerechnet die für Crossan zu den wichtigsten Quellen zählende angenommene erste Schicht des Thomasevangeliums wiederum auf Jakobus zurückgehen soll[51], ist nur einer der Widersprüche, die zumindest nach einer plausiblen Erklärung verlangten.

Da nun diese Hypothesen aber eher Voraussetzungen als Ergebnis seiner Suche nach authentischen Berichten über Jesus sind, muss sich Crossan (und mit ihm das Jesus Seminar) deshalb letztlich derselben Kritik stellen, die für das *doppelte Unableitbarkeitskriterium* geltend gemacht wird. Und was seine daraus resultierende Rekonstruktion von verlässlichen Quellen angeht, ist diese meiner Ansicht nach berechtigterweise nicht zuletzt auch aus diesem Grund viel zu umstritten, als dass sie als Grundlage für diese Arbeit herangezogen werden könnte.

Dass hingegen die Briefe des Apostels Paulus, wenn auch oft redaktionell überarbeitet, Überlieferungen enthalten, die um Einiges älter sind als alle anderen uns zur Verfügung stehenden Texte, darüber besteht ein allgemeiner Konsens. Wenn sie auch unserer Ansicht nach kaum Berichte über oder gar Zitate von Jesus selber beinhalten[52], so zeichnen sie doch ein recht akkurates Bild darüber, wie

körperte alles, was er mit seiner Vision und seinem Programm unter den Bauern Niedergaliläas bekämpft hatte. In Jerusalem handelte er, vielleicht zum ersten und einzigen Mal, entsprechend diesem Programm“ (89).

49 Als Sohn eines Zimmermannes konnte Jesus, so Crossan, „nicht lesen und schreiben“, weshalb er „sich also auf die verzwickten Argumente der schriftgelehrten Eliten nicht hätte einlassen können“: Crossan 1994, 48.

50 Crossan 1994, 178.

51 A. a. O., 563. Wenn Crossan den Wandel der Familie in Bezug auf ihr Verhältnis zu Jesus darin begründet, dass sie zwar „durchaus an Jesu Macht und Wichtigkeit, Botschaft und Sendung glaubte, aber die Art und Weise missbilligt, in der er von seiner Macht Gebrauch machte und seine Botschaft unter die Leute brachte“ (Crossan 1996, 134) löst er damit die behauptete soziokulturelle Diskrepanz zwischen Jesus und Jakobus keineswegs auf.

52 Zu den sogenannten „Herrenworten“ im I Korintherbrief vgl. Luise Schottroff, Der erste Brief an die Gemeinde in Korinth, Stuttgart 2013, 122 (I Kor 7,10); 166 (I Kor 9,14); 223 (I Kor 11,24); 280ff (I Kor 14,34–37): Dort, wo die Autorenschaft des Paulus wirklich unumstritten scheint (Schottroff bestreitet die Echtheit von I Kor 14,34–37 mit durchaus überzeugenden Argumenten), ist oft unklar, ob Paulus mit κύριος Jesus oder Gott (I Kor 9,14, aber auch, falls von Paulus, I Kor 14,34–37) meint, und niemals zitiert er direkt, sondern nimmt höchstens Bezug auf wohl

zumindest Paulus Jesu Botschaft rezipiert hat, mehr noch, da und dort können wir mit einer gewissen Bestimmtheit die Vermutung wagen, Sätze auszumachen, welche die Gemeinde in Jerusalem als Erinnerungen bewahrt und Paulus mündlich oder sogar in ersten schriftlichen Sammlungen[53] weitergegeben hat.

So sehr diese von Paulus einerseits in seinen Briefen vorausgesetzt und deshalb nur ansatzweise zitiert[54], anderseits für seine theologischen Interpretationen verwendet und darin eingebaut werden, lassen sie doch vielleicht Rückschlüsse zu auf einen ursprünglicheren Gebrauch – und auf eine ursprünglichere Bedeutung – ohne dass wir dabei der Versuchung erliegen dürfen, hier doch noch die ersehnten historisch verifizierbare Wahrheiten greifen zu vermeinen: Auch Erinnerungen bleiben an das erinnernde Subjekt gebunden, und wir haben wenig in der Hand, um sie von reinen *„Projektionen in die Vergangenheit“*[55] unterscheiden zu können …

Wenn schliesslich ausserchristliche Quellen wie etwa die Geschichtswerke von Josephus Flavius oder die Schriften des Philo von Alexandrien, die Qumran-Rollen oder römische Geschichtsschreiber, jüdische Apokryphen, Mischna oder Talmud bekanntlich kaum Informationen über Jesus bergen (und wo solche vorkommen, Zweifel an ihrer Zuverlässigkeit und oft sogar auch Authentizität durchaus angebracht sind), liefern sie doch zumindest da und dort Analogien, die sich als äusserst hilfreich erweisen können, besonders wenn es um den Versuch geht, Ursachen und Wirkungen der Abläufe besser zu verstehen und glaubhaft zu machen.

So wird sich diese Arbeit also im Wesentlichen auf die vier Evangelien und einzelne Überlieferungen in den Paulusbriefen stützen, dabei aber auch immer wie-

---

bekannte Worte Jesu (I Kor 11,24) oder auf Jesu Autorität bezüglich der von ihm selber vertretenen Position (I Kor 7,10).
Ähnlich könnte man für I Thess 4,15–17 argumentieren, doch gibt es auch hier gute Gründe, die Autorenschaft des Paulus zu bezweifeln, allerdings nicht nur für den genannten Passus, sondern für den ganzen Brief: Ich folge hier der Argumentation von Marlene Crüsemann, Die pseudepigraphen Briefe an die Gemeinde in Thessaloniki. Studien zu ihrer Abfassung und zur jüdisch-christlichen Sozialgeschichte, Stuttgart 2010, die in akribischer Arbeit stichhaltige Indizien dafür bringt, dass I Thessalonicher (genauso wie II Thessalonicher) nicht aus der Hand des Apostels stammen könne.

53 Gegen J. D. G. Dunn, 2005, siehe oben, S. 22, Fussnote 40.

54 Dunn, 2005, 48f: „We can see at once, why the letters of the NT, of James and Peter as well as of Paul, so little quote but appear often to allude to Jesus tradition. In churches already well versed in tradition of Jesus' teaching, repeated quotations and appeals to what Jesus said would have been unnecessary and ham-fisted. Much more effective in intracommunal and intercommunal communication would be allusions that sparked off particular and associated teachings within the communities' store of tradition and their communal knowledge of the Jesus tradition.“

55 Für eine kritische Beleuchtung des Begriffes „Erinnerung“ W. Stegemann 2010, 108–113, Zitat 109.

der versuchen, das Umfeld mit einzubeziehen[56], mit dem Ziel, zu Aussagen zu kommen, die einer kritischen Überprüfung ihrer Plausibilität standhalten mögen.

[56] Grundlegend hier der Artikel von Christoph Burchard, Jesus von Nazareth in: Jürgen Becker (Herausgeber), Die Anfänge des Christentums, Stuttgart 1987, 12–58, der zu den ersten Ausprägungen des *Third Quest* im deutschen Sprachraum gezählt wird.

2. Hingabe, Sühne, Opfer

2.1 Vielfalt und Einheit in der Erinnerung

Nach dem Trauma der Kreuzigung ihres Leaders[1] waren seine Jünger zwangsläufig mit der schweren und doch unausweichlichen Aufgabe konfrontiert, irgendwie mit diesen Erlebnissen fertig zu werden.

Gewiss haben ihnen dabei die Erscheinungen des Auferstandenen geholfen, doch der Prozess der Verarbeitung konnte darin erst seinen Anfang finden, noch über Jahrzehnte stand die Frage nach dem Sinn des Todes Jesu im Zentrum allen Denkens, wo auch immer sich die unterschiedlichen Gruppierungen von Anhängern fanden: Neben den Zwölfen und den Frauen des engsten Kreises um Jesus dürfen wir ja damit rechnen, dass sich schon zu Lebzeiten Jesu, verstreut auf Galiläa, Judäa und auch Samarien, kleinere und grössere Kerngruppen gebildet hatten, mit den unterschiedlichsten sozialen und kulturellen Zusammensetzungen, mit treuen Freunden und locker gebundenen Sympathisanten – und alle bewahrten zumindest einen Teilaspekt von Erinnerungen an die Begegnung mit dem Meister auf, und für alle waren es wohl diese eigenen, subjektiven Erlebnisse, welche sie mit sich trugen und welche ihnen eine Hilfe für ihr Überleben, einen Schlüssel für ihre Versuche boten, das Unerklärliche zu erklären.

Dies alles wird sich später auch in den Versuchen widerspiegeln, die Erinnerungen zu sammeln und in einer systematischen Form schriftlich festzuhalten[2]. So braucht uns nicht zu verwundern, dass die dort aufgeführten Gründe für den Tod Jesu eine so breite Palette einnehmen und oft miteinander in Konkurrenz, wenn nicht in eklatanten Widerspruch treten!

---

1 Zum Begriff „Leader“ bzw. der „Leadership“ Jesu vgl. Destro Adriana / Pesce Mauro, La Morte di Gesù – indagine su un mistero, Mailand 2014, 20ff; Destro / Pesce setzen sich hier sowohl mit den im Neuen Testament überlieferten Titeln und Begriffen wie auch mit modernen Kategorien auseinander, um dann zu folgendem Schluss zu kommen. „La capacità di guidare il proprio gruppo è un criterio molto importante per inquadrare un personaggio tanto complesso. Gesù era un leader autorevole, che non solo istruiva, ma era anche in grado di mutare nel profondo un modo di vita. (…) Nella cultura giudaica di allora, alcuni potevano seguire un leader se riconoscevano in lui una qualche forma di forza soprannaturale“ (S. 21); „Nessuna delle definizioni a lui attribuite, se presa da sola, è in grado di illuminare la complessità dei suoi propositi e delle sue azioni. (…) D'altra parte Gesù non parlava soltanto. Il suo stile di vita, il suo agire taumaturgico, l'aggregare discepoli e vivere con loro, stare nelle case altrui, sono tutti elementi che mal rientrano nella definizione del predicatore. Con ‚leader‘ invece, si esprime l'intenzione e la capacità dell'individuo di mobilitare persone verso obiettivi da lui fissati e in cui esse si riconoscono. Ma non solo questo. Il leader è anche capace di difendere i membri del suo gruppo, di rafforzare le loro identità, di definire il loro destino collettivo. Sono queste le condizioni di ogni forma di leadership“ (S. 22).

2 Destro / Pesce 2014, 32ff, insbesondere 37f.

Was wir heute vorfinden, fusst aber nicht nur in den unterschiedlichsten Gruppierungen von Zeugen der Geschehnisse rund um Leben, Tod und Auferstehungserscheinungen des Jesus von Nazareth, es war inzwischen auch weitergetragen worden, in neue, kulturell ganz anders verankerte Welten, hat sich im Laufe der Jahrzehnte den unterschiedlichsten Bedingungen angepasst.

Die Erinnerungen an Jesus waren gleichsam globalisiert worden.

Dass dieser Prozess auch, gerade was die Deutung seines Todes angeht, universalere Interpretamente erfordern musste, welche die zeitlichen, geographischen und kulturellen Grenzen sprengen konnten und doch elastisch genug waren, um sich den jeweiligen Gegebenheiten anzupassen, versteht sich von selbst.

Dies bedeutet aber noch lange nicht, dass damit eine Vereinheitlichung des Gedankengutes einher gegangen wäre, auch wenn es auf den ersten Blick vielleicht so scheinen mag. Zu bedenken ist ja hier nur schon, was Jörg Lauster so formuliert: „Individuelles Erleben kann nur mit Hilfe kulturell geprägter Ausdrucksformen artikuliert und damit zur Erfahrung werden. (…) Die Unterscheidung in ein primäres Erlebnis und eine sekundäre Interpretation ist damit hinfällig, jedes Erlebnis wird immer schon interpretierend erlebt. Zum Faktum kann nicht einfach die Deutung addiert werden, die dann auf der Suche nach dem Faktum wieder abgezogen werden könnte. Erfahrung ist gerade die ineinander verwobene Einheit von Erlebnis und Interpretation, die Synthesis von Faktum und Deutung. (…) In produktionsästhetischer Perspektive, also mit Blick auf die Entstehung, zeigt sich, dass Texte selbst als bestimmte Reaktionen auf die Wirklichkeit, nicht aber als deren Abbild zu begreifen sind. Einen absoluten Gegensatz zwischen Fiktion und Wirklichkeit gibt es in diesem Sinne nicht.“[3]

So ernüchternd dieser Befund wirken mag, so wichtig ist es, dass wir ihn immer im Hinterkopf behalten. Gerade auch dann, wenn wir uns damit befassen, was uns unsere Quellen zu den Ereignissen überliefern.

Denn bei aller Heterogenität der zeitlichen und kulturellen Hintergründe bei der Abfassung unserer Texte lassen sich doch deutliche Tendenzen ausmachen, die sich bald einmal so im entstehenden Christentum verankern werden, dass sie schon fast den Charakter selbstverständlicher Wahrheiten annehmen.

Ihnen wollen wir als erstes nachspüren und dabei besonders darauf achten, ob sie uns vielleicht Rückschlüsse darauf erlauben, welche Geschehen im Hintergrund stehen könnten und aus welchen Ereignissen sie sich vielleicht ableiten lassen.

---

[3] Jörg Lauster, Biblische Bildersprache, Christologische Metaphern und ihr historischer Erfahrungsgrund, in: Jörg Frey / Jan Rohls / Ruben Zimmermann (Hg.), Metaphorik und Christologie, Berlin, New York, 2003, 281–298, dort 286.

2.2 Erzählung und Metapher als Deutungsprozess

„Verstehen ist immer ein konstruktiver lebensbezogener Prozess des Deutens. Angewandt auf den Tod Jesu besagt dies, dass bereits die ntl. Autoren das Sterben Jesu nur in Verschmelzung der je eigenen Verstehenshorizonte mit dem ihnen überlieferten historischen Ereignis verstehen konnten. Wenn urchristliche Autoren vom Tod Jesu sprachen, dann vollzogen sie damit eine Deutung, die nicht nur eine von Jesus und seinen Jüngern vollzogene Sinnstiftung reproduzierte. Vielmehr wollten sie ihr Verständnis des Todes Jesu in aktuelle Kommunikationszusammenhänge hinein vermitteln und verknüpften somit ihre eigene Einsicht mit den Verstehenshorizonten ihrer Adressaten. (...) Um Verstehen zu ermöglichen, versuchten die ntl. Autoren vorhandene und von allen Kommunikationsteilnehmern akzeptierte Sinnsysteme aufzunehmen. (...) So griffen urchristliche Autoren auf bekannte theologische Verstehensmuster ihrer Zeit (z. B. Opfertheologie) zurück und verknüpften sie mit dem geschichtlichen Ereignis des Todes Jesu. Die Deutung des Todes Jesu zeichnet sich somit durch ein spezifisches Wechselspiel zwischen Traditio und Innovatio aus. Sie ist in hohem Masse Konstruktion der jeweiligen Autoren."[4]

Ruben Zimmermanns Definition ist auch für uns von massgeblicher Bedeutung: Wenn wir zu ergründen versuchen, was am Anfang eines Überlieferungsvorgangs gestanden haben mag, wenn wir versuchen wollen, herauszufinden, was für Fakten den Interpretationen zugrunde liegen, so müssen wir uns zuerst bewusst werden, welche Faktoren diesen Prozess steuern oder zumindest auf ihn einwirken mussten[5]; dazu ist es unumgänglich, dass wir uns zunächst ein Bild davon zu machen versuchen, was der gemeinsame Verstehenshorizont von Verfassern und Lesern sein konnte – doch genauso, dass wir diesen immer wieder mit unseren eigenen Interpretationsschlüsseln abgleichen, denn aufgepasst: Nicht immer trifft unser heutiger Wortgebrauch in der Bedeutung den Sinn, welchen man damals mit denselben Begriffen verbunden hatte!

Und vor allem: Nicht immer deckt sich unser deutscher Sprachgebrauch mit dem griechischen oder sogar einem dahinter angenommenen aramäischen Wortfeld. Wolfgang Stegemann weist zum Beispiel darauf hin, dass unsere moderne Alltagssprache einen „nahezu inflatorischen Gebrauch des Wortes ‚Opfer'" kennt und eine „Vielfalt von Bedeutungen" aufweist, „u. a. meint es: a) den Akt des Opferns, die Darbringung des Opfers, ob rituell vollzogen oder nicht; b) das

---

4 Ruben Zimmermann, „Deuten" heisst erzählen und übertragen, in Frey / Schröter 2012, 315–372, dort 318f.

5 Vgl. dazu auch Lauster 2003, 297: „Die Fragen, wie etwas wirklich war oder wie sich die Entstehung eines Bildes oder Motivs vollzogen hat, sind legitime Fragerichtungen menschlicher Vergangenheitsbezüge, sie dürften aber zu einseitig gestellt sein, wenn sie die lebensweltliche Verankerung zurückstellen. Historische Rekonstruktion ist immer auch eine Rekonstruktion von Erfahrungen und deren lebensweltlich verankerten Ausdrucksformen".

Geopferte selbst, die Opfermaterie (etwa das Opfertier); c) den Verlust von etwas, das man um etwas anderem willen aufgibt oder hergibt, indem man ein Opfer bringt; d) auch sich selbst in der Selbsthingabe; e) eine Person, die getötet oder verletzt wird aufgrund von Gewalt einer anderen Person (Täter), oder die Affizierung durch eine unpersönliche Macht (Krankheit, Krieg, Verkehr, die Verhältnisse)."[6]

Tatsächlich, um es mit Sigrid Brandt auf den Punkt zu bringen: „Der Opferbegriff birgt eine Fülle semantischer Schwierigkeiten. (…) Das führt leicht zu Verwechslungen."[7]

Dem ist gewiss immer wieder Rechnung zu tragen; doch müssen wir uns dabei auch bewusst bleiben, dass Sprache damals wie heute unser einziges Instrument ist, um überhaupt irgendetwas verstehen zu können.

Das gilt vor allem auch für jene sprachliche Verarbeitung der Ereignisse, auf die sich unser ganzes Wissen um dieselben stützt: „Erst durch Sprache wird das kontingente historische Ereignis zur sinngebenden Geschichte, erst durch literarische Gestaltung gewinnt das Amorphe des Vergangenen Sinn und Form. (…) Bezogen auf den hier interessierenden Gegenstand kann man sagen, dass das geschichtliche Ereignis des Todes Jesu nur durch sprachliche Verarbeitung bewahrt und gedeutet werden konnte. Jeder Versuch, dem historischen Faktum des Kreuzes Sinn abzugewinnen, vollzog sich durch sprachliche Artikulation, d. h. aber als ‚Fiktion des Faktischen'"[8].

Wir haben es also nicht nur mit dem hermeneutischen Problem des heutigen Verständnisses von Texten zu tun, die in einer anderen kulturellen Epoche und einer anderen Sprache verfasst worden sind und deren unterschiedliche Rezeption während fast zwei Jahrtausenden bis heute nachwirkt; schon ihre Entstehung ist an und für sich ein Prozess *kreativer Sinnkonstruktion*.

Dabei spielt der Akt des Erzählens, die *narrative Verarbeitung*, eine gewichtige Rolle, was die Geschichtswissenschaft schon lange weiss.

Indem er Erkenntnisse aus Philosophie, Geschichts- und Literaturwissenschaften wie jene von H. White, dann A.C. Danto[9] J. Rüsen[10] und J.M. Lotman auf die

---

6 Wolfgang Stegemann, Zur Metaphorik des Opfers, in: Bernd Janowski, Michael Welker, Opfer. Theologische und kulturelle Kontexte, Frankfurt am Main 2000, 191.

7 Sigrid Brandt, War Jesu Tod ein „Opfer"? Perspektivenwechsel im Blick auf eine klassische theologische Frage, in: Rudolf Weth (Hg.), Das Kreuz Jesu. Gewalt – Opfer – Sühne, Neukirchen-Vluyn 2001, 64–76, dort 67.

8 Zimmermann 2012, 322f; er zitiert hier mit der „Fiktion des Faktischen" einen Begriff, den Haydon White geprägt hat; vgl. Hayden White, Der historische Text als literarisches Kunstwerk, in: H. White, Auch Klio dichtet oder Die Fiktion des Faktischen. Studien zur Tropologie des historischen Diskurses, Sprache und Geschichte 10, Verlag Klett-Cotta, Stuttgart 1991, 101–122.

9 Vgl. Arthur Coleman Danto, Analytische Philosophie der Geschichte, Frankfurt a. M. 1974.

10 Vgl. Jörn Rüsen, Historisches Erzählen, in: Rüsen, Jörn, Zerbrechende Zeit. Über Sinn der Geschichte, Köln, Weimar 2001, 43–105.

theologische Forschung überträgt, leistet Ruben Zimmermann einen wesentlichen Beitrag zum besseren Verständnis der Entwicklung jenes Gedankengutes, das wir insbesondere in den vier Evangelien literarisch festgehalten vorfinden.

Die Einsicht in „Ordnungsfunktion" und „Orientierungsfunktion"[11], welche die „narrativen Konstruktion historischer Sinnbildung" erfüllt, erhellt zum Beispiel das Verständnis der Evangelientexte nachhaltig; Zeit- und Raumstruktur erlauben dem Leser sowohl, Vergangenes nachzuvollziehen („erzählte Zeit"), als auch, es zu vergegenwärtigen („Erzählzeit") und einzuordnen: „Die Darstellung geographischer oder gar geometrisch messbarer Räume dient als Orientierungsstruktur für sozio-kulturelle Räume oder nicht-räumliche Sinnelemente"; oft werden also in Erzählungen etwa topologischen Gegensatzpaaren (hoch – tief, innen – aussen) semantische Gegensatzpaare (gut – böse, vertraut – fremd) zugeordnet[12]. Als eindrückliches Beispiel dafür könnten wir hier den Prozess gegen Jesus im Johannesevangelium heranziehen, mit seinem völlig überzeichneten Rein- und Rausgerenne des Pilatus vom Prätorium zum Aussenhof, zwischen seinem Amt als Vertreter der Römer und den Forderungen der „Juden" (Joh. 18,28ff).

Dies stellt nur gerade eine der vielfältigen Spuren dar, welche narrative Verarbeitung der Ereignisse in unseren Erzählungen hinterlassen hat und welche zwar viel über die Sinngebung des Autors und sein Verständnis des Geschehens aussagen, doch als historische Information natürlich nur mit grösster Vorsicht herangezogen werden dürfen.

Wichtige Erkenntnisse für die Einschätzung und Gewichtung der in unseren Quellen erhaltenen Informationen können, wie wir bereits gesehen haben, nicht zuletzt auch durch die Adaption der Überlegungen von Paul Ricœur gewonnen werden, dessen Analysen u. a. auch von Jens Schröter in die historische Jesusforschung aufgenommen wurden: „Wir verwenden hier in Anlehnung an Paul Ricœur den Begriff der Repräsentanz, um damit zum Ausdruck zu bringen, dass die Darstellung vergangener Ereignisse in der historischen Erzählung diese (…) nicht einfach wiederherstellt, sondern durch Selektion und Refiguration vertritt. Der Begriff der Repräsentanz erfasst das Verhältnis zwischen Vergangenheit und Erzählung somit als eines der Analogie, indem er die Gemeinsamkeit und Differenzen gleichermassen beinhaltet. Damit ist ein naives Verständnis von Referenz verabschiedet, dem zufolge sich die historische Erzählung unmittelbar auf die Vergangenheit bezieht. Mit dem Begriff Repräsentanz ist hingegen zum Ausdruck gebracht, dass die historische Erzählung durch die Komposition einer Fabel zwischen den Ereignissen und der erzählten Geschichte vermittelt, sich

11 Vgl. Juri Michailowitsch Lotman, Die Struktur literarischer Texte, München 1972.
12 Vgl. Zimmermann 2012, 329.

somit im Modus des ‚Sehens als' auf die Vergangenheit bezieht und notwendig ein fiktionalisierendes Moment beinhaltet."[13]

Dabei, das nimmt wiederum Ruben Zimmermann von Ricœur auf, kommt es zu einer Wechselwirkung zwischen Erzählung und Erzähler, aber auch zwischen Erzählung und Leser bzw. Gemeinschaft, welche sich die Erzählung aneignet und somit eben zu einer „Refiguration" von deren eigener Geschichte, zu einer „narrativen Identität"[14].

All das haben wir uns gerade dann besonders vor Augen zu halten, wenn wir die Wirkungsgeschichte und die mit ihren unterschiedlichen Interpretationen immer noch hochaktuelle Brisanz von Texten betrachten, in denen Jesu Tod auf irgendeine Weise mit dem Terminus „Opfer" in Verbindung gebracht wird.

Exkursus: Der aktuelle Stand der Diskussion zum „Sühneopfertod" Jesu

Im deutschen Sprachraum hatte offensichtlich die Aussage des ehemaligen Bonner Superintendenten Burkhard Müller in einer Radioandacht des Westdeutschen Rundfunks vor einigen Jahren, er „glaube nicht, dass Jesus für unsere Sünden gestorben" sei, für einen Aufschrei der Empörung, aber auch für ein Aufflammen des ohnehin schon durch verschiedene namhafte Publikationen (darunter etwa von Klaus-Peter Jörns[15]) am Schwelen gehaltenen Disputs zum Thema geführt, der bald auch die Kirchenleitungen auf den Plan rief.

Im März 2008 fand die Debatte einen ersten Höhepunkt darin, dass die evangelische Kirche in Hessen und Nassau eine „Stellungnahme des Leitenden Geistlichen Amtes zur umstrittenen Deutung des Todes Jesu als ein Gott versöhnendes Opfer" veröffentlicht hat[16], in der sie sich zum Teil zwar meiner Ansicht nach recht verwirrender Verbalakrobatik bedienen muss, um allen

---

13 Jens Schröter, 2002, 189, seinerseits mit Bezug auf Paul Ricœur, Zeit und Erzählung I/II/III, München 1988/1989/1991 (Original in Französisch 1983/1984/1985), 253–257; zum Begriff „Fabel" siehe dort Fussnote 67: „Unter Fabel ist dabei – ebenfalls in Anlehnung an Ricœur, der sich hierzu auf den von Aristoteles in der Poetik verwandten Ausdruck μῦθος bezieht – der eine Erzählung konstituierende Handlungsablauf verstanden. Vgl. Ricœur Zeit und Erzählung I, 104–112"; zum Begriff „Fiktionalisierung" Fussnote 68: „Mit Fiktionalisierung ist dabei nicht freie Erfindung gemeint, sondern die für jedes ‚Intendieren der Vergangenheit' (Ricœur, a. a. O., 295) notwendige Phantasie, die erst einen Bezug zwischen Gegenwart und Vergangenheit ermöglicht."

14 Zimmermann 2012, 331ff, seinerseits mit Bezug auf Paul Ricœur 1988/1989/1991.

15 Klaus-Peter Jörns, Notwendige Abschiede. Auf dem Weg zu einem glaubwürdigen Christentum, Gütersloh 2004.

16 Evangelische Kirche in Hessen und Nassau, „Stellungnahme des Leitenden Geistlichen Amtes zur umstrittenen Deutung des Todes Jesu als ein Gott versöhnendes Opfer", Darmstadt, 2008.

Positionen gerecht zu werden, letztendlich aber durchaus nicht ohne diplomatisches Geschick folgert: „Unser Fazit zur Beantwortung der Ausgangslage lautet also: Niemand muss die Heilsbedeutung des Todes Jesu mit Hilfe der Metaphorik des Sühnopfers auslegen (Ingolf U. Dalferth, Gerd Theissen). Aber man kann sie auch in der Moderne als theologische Zentralidee verwenden, weil sie in ganz besonderer Weise dem christlichen Wirklichkeitsverständnis und dem Gottesbild entspricht, das von dem Gott herkommt, der im Leben begegnet und dessen Willen mit Hilfe der biblischen Überlieferung gedeutet werden kann (Carl Heinz Ratschow, Gerd Theissen). Psychoanalytische Kritik an der Sühnopfer-Theologie kann nicht nur dazu helfen, mögliche Entstellungen der Versöhnungslehre aufzudecken, wie z. B. diejenige, dass Gott versöhnt werden müsse, sondern auch Vermeidungsstrategien zu verstehen, die uns davon abhalten, der Wirklichkeit der Welt mit ‚gläubigem Realismus' (Paul Tillich) standzuhalten."[17]

Ein von Volker Hampel und Rudolf Weth herausgegebener Sammelband, in dem die genannte „Stellungnahme" ebenfalls veröffentlicht wurde[18], beabsichtigte in erster Linie, den Stand der wissenschaftlichen Diskussion in Erinnerung zu rufen, weil, so die Herausgeber, „der beachtliche Fortschritt der Biblischen und Systematischen Theologie in den anstehenden Fragen kaum oder gar nicht beachtet worden ist"[19]; er enthält tatsächlich eine breite Palette unterschiedlicher Gesichtspunkte (an dieser Stelle wie im Folgenden will ich mich darauf beschränken, jeweils jene Schriften zu erwähnen, die in engerem oder weiteren Sinn für die besondere Perspektive dieses Überblicks und/oder meiner Arbeit von Bedeutung sind, ohne damit auf irgend eine Weise eine Abwertung der nicht zitierten Artikel zu implizieren!).
Wenn auch ausgerechnet die beiden Beiträge der Herausgeber letztendlich dem Anspruch, theologischen Fortschritt aufzuweisen, kaum in erkennbarer Weise gerecht werden[20], so können andere unser Interesse durchaus wecken, darunter ein zuvor schon in der ersten Ausgabe der „Deutungen des Todes Jesu im Neuen Testament"[21] abgedruckter Artikel von Bernd Janowski, den

17 So die letzte der 20 Thesen zur Deutung des Todes Jesu als Sühneopfer, welche den ersten und wichtigsten Teil der Stellungnahme ausmachen.

18 Volker Hampel / Rudolf Weth (Hg), Für uns gestorben. Sühne – Opfer – Stellvertretung, Neukirchen-Vluyn 2010, 251–261.

19 A. a. O., VI (Vorwort der beiden Herausgeber).

20 Volker Hampel, Die Passion des Menschensohns. Die messianische Erwartung Israels und der gewaltsame Tod Jesu, in: a. a. O., 74–113; Rudolf Weth, Das Abendmahl und seine Spendeworte in neuerer biblisch-theologischer Perspektive, in: a. a. O., 232–243.

21 Frey / Schröter 2012; erste Ausgabe 2005.

ich jeweils von dort übernommen habe[22] und die von mir ebenfalls geschätzten und mehrfach zitierten Überlegungen von Michael Wolter[23].

Ganz anders situiert sich Klaus Haacker[24], mit seiner sehr traditionellen Schuldzuweisung gegenüber der „jüdischen Oberschicht“; wir werden diesen Themenbereich an anderer Stelle noch aufgreifen müssen.

Einen kurzen und sachlichen Überblick zu den im Neuen Testament selber vertretenen Deutungen des Todes Jesu sowie einen ebenso prägnanten Ansatz zur Definition des Begriffes „Sühne“ bietet der methodistische Bischof Walter Kleiber[25], all dies in einer Sprache, die mit Bildern aus dem Alltag (durchaus erfolgreich) versucht, inzwischen fremd gewordene Konzepte wieder verständlich zu machen. Als Beispiel mag die auch für uns relevante Darstellung der einen von zwei „Grundvorstellungen“ zum Opfer dienen (die zweite, ausführlichere und nicht minder interessante, bezieht sich auf das Opfer als „Sühne“): „Die erste geht von der Deutung des für uns als an unserer Stelle aus. Einer stirbt für einen anderen oder für eine Gemeinschaft, indem er an deren Stelle stirbt. Es ist das Konzept der Stellvertretung. Solche stellvertretende Lebenshingabe begegnet in ganz unterschiedlichen Situationen. Bis heute kommt es vor, dass jemand, um andere zu retten, in einer riskanten Aktion das eigene Leben riskiert und so für die anderen stirbt. Solche Situationen sind auch aus Kriegen bekannt, wenn z. B. einer wie der Schweizer Held Winkelried die Lanzen einer ganzen Gruppe auf sich zieht, um so die Bresche für den Sieg zu schaffen, oder wenn ein Soldat mit seinem Maschinengewehr bis zuletzt auf verlorenem Posten ausharrt, um den Rückzug der Kameraden zu decken. (...) Man spricht in vielen dieser Fälle auch davon, dass sich jemand für andere ‚geopfert‘ hat. Aber hier ist das Wort in seinem weiteren Sinn und nicht in seinem kultischen Zusammenhang gebraucht. Es geht immer darum, dass jemand durch die Hingabe seines Lebens andere aus drohender Todesgefahr rettet. Diese Vorstellung steht hinter einer ganzen Reihe von Auslegungen über die Bedeutung des Todes Jesu. Auch das (...) Wort, dass Jesus sein Leben als Lösegeld gegeben hat, gehört wohl dazu. Er hat die Menschen um den Preis seines Lebens aus Gefangenschaft in Schuld und Tod freigekauft. Ob es jemanden gibt, dem dieser Preis zu zahlen war, wird nicht gesagt“[26]. Eine wesentlich breiter ausgestaltete, aber immer

---

22 Bernd Janowski, Das Leben für andere hingeben. Alttestamentliche Voraussetzungen für die Deutung des Todes Jesu, in: Hampel / Weth 2010, 55–72; vgl. die Ausgabe in: Frey / Schröter 2012, 97–118.

23 Michael Wolter, Für uns gestorben. Wie gehen wir sachgerecht mit dem Tod Jesu um?, in: Hampel / Weth 2010, 1–15.

24 Klaus Haacker, Gekreuzigt unter Pontius Pilatus – wozu? Zum Verständnis des Todes Jesu als Heilsgeschehen, in: a. a. O., 43–54.

25 Walter Klaiber, Das Wort vom Kreuz. Skandal und Herzstück des Evangeliums?, in: Hampel / Weth 2010, 22–42.

26 A. a. O., 35f.

noch sehr übersichtliche Darstellung Klaibers findet sich im Übrigen in seiner wenig später erschienenen Monographie zum selben Thema[27].
Schliesslich sei hier noch Ulrich Eibach erwähnt[28], mit einem in seiner Kürze sehr übersichtlichen (und durchaus ansprechenden) Abriss zur Geschichte der Kritik an der soteriologischen Interpretation des Kreuzes[29], von Abaelard über Faustus Socinus, Schleiermacher und Kant bis zur liberalen Theologie von Bultmann und Sölle auf der einen Seite und, auf der anderen, einer ausgesprochen traditionalistisch angehauchten Apologie gegen alle aktuellen Vertreter einer aus seiner Sicht allzu hinterfragenden Haltung (genannt wird in diesem Zusammenhang z. B. ausdrücklich die „feministische Theologie" sowie der schon erwähnte Klaus-Peter Jörns[30]): „Dies wäre das Ende jeder Interpretation der Bibel, die davon ausgeht, dass in ihr das Zeugnis von der Offenbarung Gottes menschliche Gestalt angenommen hat, und dass der Mensch durch diese Offenbarung des Heiligen Gottes in seinen Interessen in erster Linie in Frage gestellt wird, dass also nicht er etwas mit dem Text, sondern der Text der Heiligen Schrift und darin der heilige Gott etwas mit ihm ‚macht', in erster Linie, dass er sich vom Heiligen Gott in Frage stellen lässt, dass er Gott Gott sein lässt und es aufgibt, sich seine eigenen Gottesbilder zu machen, die den vordergründigen Wünschen der Menschen nach Bestätigung ihrer selbst entsprechen und so deutlich machen, dass der Mensch ‚autonom', sein eigener Gott sein will"[31]; und: „Man sollte sich immer wieder bewusst machen, dass das Mysterium des Todes Christi, des Sohnes Gottes, mehr Wahrheit enthält als die Rationalität derer, die das Mysterium rational begreifen und auflösen und so aus dem christlichen Glauben aussondern wollen. Wer das Geheimnis rational begreifen will, verfällt dem Reduktionismus des Zeitgeistes, der das Geheimnis auflöst und damit die Sache eliminiert und dies dann als Verstehen des Geheimnisses ausgibt."[32] Damit erübrigte sich natürlich eigentlich jede weitere Überlegung, und es liegt in der Natur seiner eigenen Sicht der Sache, dass der Autor, wenn er dann doch etwas zu sagen haben will, über lange Seiten auf Worthülsen zurückgreifen muss, die zwar viel reden, aber kaum etwas Neues auszudrücken vermögen …

Inzwischen haben sich eine ganze Reihe weiterer, ernstzunehmender Publikationen dem Thema angenommen; darunter stechen vor allem die hier nun schon mehrmals erwähnten, in einer zweiten Ausgabe aktualisierten und neu

---

27 Walter Klaiber, Jesu Tod und unser Leben. Was das Kreuz bedeutet, Leipzig 2011.

28 Ulrich Eibach, „Gestorben für unsere Sünden nach der Schrift". Zur Diskussion um die Heilsbedeutung des Todes Jesu Christi, in: Hampel / Weth 2010, 155–189.

29 A. a. O., 165ff.

30 A. a. O., 167, mit Bezug auf Jörns 2004.

31 Eibach 2010, 169.

32 A. a. O., 189.

eingeleiteten „Deutungen des Todes Jesu im Neuen Testament"[33] hervor, mit einer reichen Auswahl von Positionen, welche oft immer noch den neuesten Forschungsstand der Bibelwissenschaft (tatsächlich ist diese hier weit mehr im Blickfeld als systematische oder dogmatische Thesen) repräsentieren und auf die darum im Weiteren noch öfters Bezug genommen wird, weshalb ich an dieser Stelle auf eine besondere Erwähnung oder gar Zusammenfassung einzelner Artikel verzichten kann.

Die Diskussion ist aber längst nicht zu Ende, auch wenn der Schwerpunkt sich unterdessen manchmal von der historischen oder systematischen Fragestellung auf eine ästhetische oder kulturelle zu verschieben scheint.
Dabei vermischen sich oft exegetische, systematische, literar- und musikgeschichtliche Betrachtungsweisen auf durchaus originelle und spannende Art, wie etwa im schon zitierten, von Martin Stiewe und François Vouga verfassten Essay zu „Bedeutung und Deutung des Todes Jesu im Neuen Testament"[34], wobei die Innovation hier tatsächlich eher auf der Ebene der Kombination verschiedener Kategorien als auf der rein theologischen zu finden ist, das Verdienst weniger im Entwurf neuer Antworten auf unsere Fragestellungen als in der Ausdifferenzierung und Kategorisierung bestehender Ansätze (sowohl was die theologischen Interpretationen des Abendlands bis heute betrifft, als auch und vor allem, was die Vielfalt der unterschiedlichen Konzepte in den neutestamentlichen Schriften selber angeht).
Eine ihrer Schlussfolgerungen verdient hier besondere Aufmerksamkeit, wenn ich ihr auch, wie sich erweisen wird, nur teilweise zustimmen kann: „Die seit der Theologie des Mittelalters verbreitete Deutung des Todes Jesu als Stellvertretung und Sühne verstand das Bekenntnis, dass Jesus ‚für uns', die Sünder, starb, in dem Sinn, dass er ‚an unserer Stelle' starb, doch ist diese Interpretation im Neuen Testament in der hermeneutischen Reflexion und in der Vielfalt seiner Deutungsmodelle nicht belegt. Die Deutung Anselms von Canterbury[35] kann weder als eine Erklärung, die Jesus seinem bevorstehenden Tod gegeben hätte, noch als apostolische Selbstdefinition der christlichen Identität betrachtet werden."[36]

---

[33] Frey / Schröter 2012.

[34] Stiewe / Vouga 2011.

[35] Anm. d. V: Die Schrift „Cur deus homo" des am Anfang der Scholastik stehenden, ursprünglich aus Aosta stammenden Benediktinermönches und späteren Erzbischofs von Canterbury aus dem Ende des 11. Jh. u. Zr. gilt als Höhepunkt der *Satisfaktionslehre*: Nach Anselm konnte nur der selber schuldlose Sohn Gottes durch seinen Opfertod für die Sünden der Menschheit (die mit der Erbsünde ihren Anfang nehmen) ausreichende Genugtuung leisten und so Mensch und Gott wieder miteinander versöhnen, das Gleichgewicht der Rechtsordnung wieder ins Lot bringen.

[36] Stiewe / Vouga 2011, 256.

Die Auseinandersetzung mit der Frage nach der Berechtigung einer Rede von Sühne und Opfer im Zusammenhang mit dem Tod Jesu macht auch vor der katholischen Kirche nicht halt, wie der von Jan-Heiner Tück / Magnus Striet herausgegebene Sammelband zum Thema[37] zeigt.

„Unmittelbarer Anlass war eine Diskussion der beiden Herausgeber in der Katholischen Akademie in München im Februar 2012, die breites Interesse gefunden hat. Im Rahmen dieses Streitgesprächs brach die Frage auf, ob Gott, der Vater, mit seinem blutigen Tod des Sohnes auf Golgota nicht möglicherweise seine eigene Schuld gesühnt hat. (...) Diese Fragen provozieren Gegenfragen: Kann und darf der Mensch Gott schuldig sprechen und vor das Tribunal der Vernunft zitieren? Und wird die innere Achse der neutestamentlichen Soteriologie nicht verschoben, wenn Christus am Kreuz nicht nur für uns Menschen, sondern auch für Gott gestorben sein soll? Und: Warum erleidet Jesus überhaupt den Tod? Andererseits sind biblische Texte auch literarische Texte, mithin Verstehensversuche, die heute möglicherweise nach Fortschreibung verlangen."[38]

Nur schon diese Fragestellungen, von denen die erste im Artikel des Mitherausgebers Magnus Striet[39] auf intellektuell stringente Weise aufgeworfen und provokativ in gewissem Sinne bejahend (!) beantwortet wird („Gott leistet in der Menschwerdung die Satisfaktion für seine eigene Schöpfungstat, indem er sich als Sohn das zumutet, was er dem Menschen zumutet: Ein Leben, das nicht nur voller Schönheit und Lust sein kann, sondern auch ungeheure Abgründe bereithält. Wenn man so will, ‚sühnt' Gott sein riskantes Schöpfungswerk"[40]), zeugen von einer erfrischenden dogmatischen Unvoreingenommenheit, wie ich sie auf protestantischer Seite in letzter Zeit eher vermisse.

Der Band lebt ausserdem von der Spannung, die dadurch entsteht, dass der zweite Herausgeber, Jan-Heiner Tück, sich als vehementer Verfechter einer traditionelleren dogmatischen Rechtfertigungslehre zu erkennen gibt: „Das Motiv der rettenden und erlösenden Kraft des Todes Jesu wird in der Schrift in unterschiedlichen Bildern und Vorstellungsmodellen bezeugt, die von Loskauf aus Sünde und Tod, Rechtfertigung, Rettung, Heil, Opfer und Erlösung sprechen. Das Motiv der rettenden und erlösenden Kraft des Sterbens Jesu wird aber auch von der theologischen Tradition vielstimmig aufgenommen. Es zieht sich wie ein roter Faden durch von den Kirchenvätern an über Anselm von Canterbury, Thomas von Aquin und Martin Luther bis hin zu Karl Barth und Hans Urs von Balthasar. Man wird den Epochen übergreifen-

37 Jan-Heiner Tück / Magnus Striet, Erlösung auf Golgotha? Der Opfertod Jesu im Streit der Interpretationen, Freiburg im Breisgau 2012.

38 A. a. O., Vorwort, S. 8f.

39 Magnus Striet, Erlösung durch den Opfertod Jesu?, in: a. a. O., 11–31.

40 A. a. O., 23.

den Faden dieser Tradition nicht leichtfertig abschneiden dürfen, sondern aufnehmen und weiterspinnen müssen.“[41]

Dazwischen steht die von Ottmar Fuchs[42] vertretenen These, welche auch auf die zweite im Band eingangs genannte Frage, ob man denn Gott anklagen dürfe, eine bejahende („Es ist also durchaus biblisch, Gott der Anklage auszusetzen“[43]) Antwort gibt: Eine Auslagerung des Bösen auf eine von Gott getrennte Macht (Satan) würde, so Fuchs, zwangsläufig zu einem Dualismus führen, der mit Gottes Allmacht nicht vereinbar sein könnte. „So sühnt er als Menschensohn stellvertretend für des Schöpfers Rettungsverweigerung und Eschatologieverzögerung, insgesamt für das Zulassen dieser leidvollen Welt. Kann vielleicht doch von ‚Sühne‘ beim Gottessohn die Rede sein, insofern er darin jenen Anteil menschlichen Leidens gegenüber Gott zur Geltung bringt, der an Gott selber leidet, so dass zum Ausdruck kommt, dass Christus diesen Anteil menschlichen Leidens mitgelitten haben will? Denn Sühne heisst, mit der eigenen Existenz auszutragen und gutzumachen, was man selbst oder was Andere Andern zugefügt haben. Über die Reue hinaus betont die Sühne den Tatanteil einer Wiedergutmachung, die Mühe, Opfer und Leid mit sich bringt. Gibt es ein solches Sühnebedürfnis in Gott selber (…)?“[44] und: „Man muss in diesem Zusammenhang nicht von Gottes Sühne für seine eigenen dunklen Anteile sprechen, aber man kann es, und vor allem angesichts von Auschwitz entwickelt diese Vorstellung mehr Bedeutungskraft als sie Ambivalenz hat. So wie dies ähnlich galt für Anselm von Canterbury in seinem soziopolitischen Kontext. Es geht bei Christus also nicht nur um ein Mitleiden mit den Opfern, sondern auch um ein Mitsündersein mit den Sündern, also auch um ein Mitbösesein mit ihnen und darum, als solcher behandelt zu werden, einschliesslich des Mitböseseins mit den ruinösen Anteilen Gottes selbst. Damit wird das Mitleiden mit den Opfern zur Ausdrucksform der Sühne, stellvertretend für die sündigen Menschen und für Gottes Anteil an ihrem Elend.“[45]

Bei aller Kühnheit, das kann hier freilich doch kritisch angemerkt werden, bleiben auch diese Positionen einer Diskussionsebene verhaftet, die erstens wohl nur akademischem Denken zugänglich sein kann und zweitens ihren Sinn und ihre Berechtigung überhaupt erst auf dem Hintergrund der Auseinandersetzung mit den klassischen dogmatischen Aussagen der Satisfaktionslehre nach anselmischem Muster findet, ja ohne diese im luftleeren Raum schweben müsste; sie leisten letzten Endes deshalb kaum einen Beitrag

41 Jan-Heiner Tück, Ein Ort der Verlorenheit. Ein Zugang zur rettenden und erlösenden Kraft des Kreuzes, in: a. a. O., 22–58, dort 34f.

42 Ottmar Fuchs, Sühnt Gott für den „Staub des Todes“?, in: a. a. O., 147–179.

43 A. a. O., 149.

44 A. a. O., 164.

45 A. a. O., 172f.

zur Überwindung der Kluft, die sich in unserer Religion aufgetan hat zwischen dem, was einer breiten, interessierten, oft durchaus gebildeten aber meist nicht speziell ausgebildeten Schicht von Kirchenmitgliedern noch als „glaubwürdig" erscheinen kann und dem, was eine solche in ihrem Wesen doch sehr spekulative Theologie dem gläubigen und glaubenden Christen, wenn er denn als solcher gelten will, abzuverlangen scheint.

Dem möchte, das ist ihr erklärtes Ziel, die Evangelische Kirche in Deutschland (EKD) abhelfen, mit einem sehr breit angelegten „Grundlagentext"[46], welcher neben einer Einführung in den exegetischen Befund und einem Überblick zur aktuellen Situation in Diskussion und Kultur auch einen Einblick in die Traditionsgeschichte bietet, von den vorreformatorischen (vor allem anselmischen) Lehrtraditionen bis zu Luther, der Entwicklung seither in der evangelischen Theologie und dem (insbesondere musikalisch-konzertanten) Niederschlag in der westlichen Kultur bis heute, ganz gemäss der Ankündigung im Geleitwort des Vorsitzenden des Rates der Evangelischen Kirchen Deutschlands, Landesbischof Dr. Heinrich Bedford-Strohm: „Christliche Theologie steht vor der Aufgabe, das Verständnis der Liebe Gottes im Kreuz immer wieder neu zu erklären und zu entfalten. Der vorliegende Text ‚Für uns gestorben' tut dies in vorbildlicher Weise und schlägt einen weiten Bogen. Er hilft den Reichtum christlicher Tradition im Blick auf den Kerngehalt evangelischen Glaubens zu entdecken. Biblische Besinnung, theologisches Nachdenken, Passionsfrömmigkeit im Wandel der Zeit, Deutungen der Kunstgeschichte und Rezeptionsspuren in der Gegenwartskultur ermöglichen eine mehrdimensionale Betrachtungsweise. Vor allem aber wird die zu Recht kritisierte Deutungsfigur eines zornigen, seinen Sohn opfernden Gottes überwunden durch eine klare Interpretation der Sühneopfertheologie, die die Liebe und Vergebungsbereitschaft Gottes ins Zentrum stellt".
Dass es kaum die Aufgabe eines solchen Textes sein kann, innovative Antworten auf kritische Fragen zu fördern, geht nur schon hieraus klar hervor, doch bedeutet dies meines Erachtens auch einen beträchtlichen Schritt zurück, gerade etwa im Vergleich zur Stellungnahme der Kirche in Hessen und Nassau. Was bleibt ist eine gewiss hoch interessante Zusammenstellung (und der durchaus gekonnte – wenn auch entgegen allen Versicherungen kaum wirklich lebens- und praxisnahe – Versuch einer Rehabilitierung) evangelisch-christlicher Kultur und Tradition im Zusammenhang mit Sühne- und Kreuzestheologie; mehr aber auch nicht.
Denn wenn der Grundlagentext des EKD – in grundsätzlich lobenswerter Absicht – auch dem jüdischen Hintergrund des Neuen Testament mehr denn

---

[46] Für uns gestorben. Die Bedeutung von Leiden und Sterben Jesu Christi, ein Grundlagentext des Rates der Evangelischen Kirche in Deutschland (EKD), Gütersloh 2015.

je Rechnung zu tragen versucht (darauf wird ausdrücklich hingewiesen[47]), muss er doch letztendlich durch die (für die Erhaltung eines „liebenden" Gottes innerhalb der traditionellen christlichen Sühnetheologie notwendigerweise) kaum differenzierte Identifizierung Jesu mit dem (rein trinitarisch und somit nie jüdisch verstandenen) „Gottes Sohn"[48] und die Konzeption der „Lebenshingabe des Sohnes Gottes" als „endgültige Ablösung, Überbietung und Erübrigung aller kultischen Opfer"[49] gerade an diesem Anspruch scheitern (wir werden vor allem im Zusammenhang mit der auch hier herangezogenen, behaupteten Interpretation durch Paulus der Frage noch begegnen müssen, ob sich die neutestamentlichen Schriften wirklich dazu anbieten, den Opfertod Jesu gegen den Tempelkult auszuspielen!).
So scheint mir der Grundlagentext des EKD also letztendlich doch eher eine apologetische Funktion zur Stärkung traditioneller evangelischer Insiderpositionen wahrzunehmen als die eines echten Anstosses zur breit angelegten Debatte über die Fundamente christlicher Theologie, ihr mögliches Verständnis und ihre Relevanz in der heutigen Gesellschaft.

Was im Laufe der Jahrhunderte zu äusserst komplexen dogmatischen Gebilden geführt hat und offensichtlich also auch heute noch Kirchenvolk, Experten und Führungsstrukturen beschäftigt, wird aber zumindest in vielen seiner Auswüchse weder dem zu Grunde liegenden Geschehen (wie wir noch sehen werden) noch (und das scheint mir an dieser Stelle ebenfalls zu betonen) den von unserem Neuen Testament bewahrten Deutungen desselben wirklich ganz gerecht; allzu oft ist dabei nämlich eine im Grunde genommen völlig banale Erkenntnis so sehr in den Hintergrund getreten, dass man sie fast zu vergessen schien: „Hierbei ist es jedoch stets so, dass die Opferbegriffe immer nur als Metapher fungieren: Kein neutestamentlicher Autor nimmt an, dass Jesu selbst als Opfer kultisch geschlachtet worden ist"![50]

Michael Wolter nimmt hier eine Begrifflichkeit auf[51], welche in der Neutestamentlichen Forschung zunächst im Zusammenhang mit den Gleichnisreden

---

47 Vgl. a. a. O., 20.

48 So z. B. a. a. O., 35f.

49 A. a. O., 36f.

50 Wolter 2010, 8; ähnlich Ruben Zimmermann, Zimmermann 2012, 361f: „Der ‚Opfertod Jesu' ist eine in der christlichen Tradition ebenso grundlegende wie gerade in jüngerer Zeit umstrittene Formulierung. Doch besonders in der vielfältigen Kritik an diesem Konzept wurde viel zu selten beachtet, dass Jesus ‚eigentlich' gar nicht geopfert wurde".

51 Vgl. dazu auch Christian A. Eberhart, Kultmetaphorik und Christologie. Opfer- und Sühneterminologie im Neuen Testament, Tübingen 2013, 10f: „Der am Kreuz befestigte titulus crucis mit dem Text ‚der König der Judäer' (...) lässt vermuten, dass Jesus als Messiasprätendent wegen Hochverrats bzw. politischen Aufruhrs verurteilt wurde. Ein solch dramatisches und schockierendes strafrechtliches Ereignis hat mit einer feierlichen Zeremonie wie der Darbringung kultischer Opfer am Tempel also wenig gemein. Auch die Formulierung, Christen seien ‚zur Besprengung mit dem Blut Christi (...)' bestimmt, ist als eigentliche Rede unverständlich, da das bei der

benutzt worden war[52] und die Wolfgang Stegemann auf überzeugende Art und Weise als Schlüssel zu einem neuen Verständnis der Opferthematik eingeführt hat, indem er aufzeigt, dass der bis anhin weit verbreitete Terminus „Spiritualisierung" für das Heranziehen des Opferbegriffes als Interpretament menschlicher Erlebnisse trotz seines weiten Wortfeldes oft nicht nur unpräzise bleibt, sondern eigentlich den Sinn der Sache verfehlt (weder ein Martyrium noch eine asketischer Lebenswandel oder etwa das Almosengeben können als „Vergeistigung" eines Tieropfers definiert werden!)[53]: „Sinnvoller erscheint mir in der Tat der Begriff Opfermetaphorik. Er grenzt implizit metaphorische Opferrede von solchen sprachlichen Äusserungen ab, die sich auf ein Realopfer beziehen."[54]

Für das Erkennen von Opfermetaphorik bezieht sich W. Stegemann auf Ingolf U. Dalferth, der drei Ebenen des Opfers unterscheidet: Jene des „realen Vollzugs", jene der „symbolischen Bedeutung dieser Vollzüge", und jene des „kultischen Regelsystems"[55]. „Wendet man diese drei Ebenen auf die Frage an, wann – in antiken Texten – Opferterminologie als Opfermetaphorik erkennbar ist, so lässt sich als heuristisches Schema formulieren: Metaphorische Opfersprache ist zu vermuten, wenn dem historischen Referenten eines Opfertextes die Ebene der ‚realen Vollzüge' und/oder des ‚kultischen Regelsystems' fehlen bzw. diese nur imitiert werden".[56]

Dass es überhaupt zu metaphorischer Sprache kommt, ist ein Prozess, welcher in seiner Dynamik eine Selbstverständlichkeit aufweist, die uns auf den ersten Blick oft entgeht. Narration und Metapher sind sich nämlich weit näher, als wir uns meist auch selber beim Erzählen bewusstwerden. Nach Paul Ricœur kann man sie letztendlich als unterschiedliche sprachliche Ausdrucksformen ein und desselben hermeneutischen Vorgangs beschrieben: „In beiden Fällen kommt Neues – noch Ungesagtes, Unerhörtes – zur Sprache: hier die lebendige Meta-

---

Kreuzigung vergossene Blut nach Auskunft der Evangelientexte nicht in Kontakt mit vielen Personen gekommen ist. Vielmehr liegt in diesen Beispielen jeweils metaphorische Rede vor".

52 Eine interessante Weiterführung auf diesem Gebiet findet sich etwa bei Klaas Huizing, Live übertragen. Die Metapherndebatte geht in die nächste Runde, in: Frey / Rohls / Zimmermann 2003, 383–397; der weiter oben schon genannte Sammelband, welcher die Beiträge zum gleichnamigen interdisziplinären Symposium vom Schloss Beuggen (bei Basel) im Oktober 2002 aufnimmt, macht auch deutlich, wie der Begriff „Metapher" sich in der Zwischenzeit als unentbehrlicher Bestandteil des Instrumentariums für einen adäquaten Zugang zur neutestamentlichen und urchristlichen Sprachwelt durchgesetzt hat, von den Gleichnissen bis zur christologischen Begrifflichkeit, von der Opferthematik bis zur apokalyptisch geprägten Bildlichkeit.
Vgl. dazu auch den Artikel von Jens Schröter in obengenanntem Band, 53–73, Metaphorische Christologie. Überlegungen zum Beitrag eines metaphorischen Zugangs zur Christologie anhand einiger christologischer Metaphern bei Paulus.

53 W. Stegemann 2000, 197.

54 A. a. O., 198.

55 Ingolf Ulrich Dalferth, Die Soteriologische Relevanz der Kategorie des Opfers, in: Jahrbuch für Biblische Theologie, Bd. 6, Neukirchen-Vluyn 1991, 172–193.

56 W. Stegemann 2000, 199.

pher, also eine neue Pertinenz in der Prädikation, dort die fingierte Fabel, also eine neue Kongruenz in der Anordnung der Vorfälle."[57]

Auch wenn beides, Narration und Metapher, oft unbewusst und intuitiv angewandt wird, so geschieht dies nicht aus Unachtsamkeit oder gar aus Willkür, sondern aus einer Notwendigkeit heraus: „Phänomene, die sich der unmittelbaren Zugänglichkeit entziehen, werden mit einfachen oder zumindest anerkannten Sinnbereichen metaphorisiert, um sie sprachlich fassen zu können. Es verwundert dann nicht, dass sowohl vergangene Ereignisse, die per se aufgrund der zeitlichen Distanz nur mittelbar zugänglich sind oder auch religiöse Phänomene häufig durch Bildsprache artikuliert werden."[58]

Diese Nähe der Metapher zur Narration hat zum Teil dazu geführt, dass der Sprache an und für sich schon ein grundsätzlich metaphorischer Charakter zugewiesen wird[59]; von dieser Sichtweise grenzt sich die *kognitivistische Metapherntheorie* ab, deren Definitionen wir uns im Folgenden auch zu eigen machen werden, denn sie erlaubt uns, spezifischer darauf zu achten, wo Metaphern bewusst herangezogen und gezielt eingesetzt werden[60]. Es gilt dann mit Jens Schröter: „Ein metaphorischer Sprachgebrauch liegt in dem Augenblick vor, wo ein Konzept, mit dem wir Wirklichkeit strukturieren, dazu verwandt wird, einen anderen Bereich zu erfassen. (…) Dem kognitivistischen Ansatz zufolge besteht das Wesen metaphorischer Sprachverwendung also darin, Wirklichkeit zu strukturieren,

---

57 Ricœur 1988, 7, hier zitiert aus Zimmermann 2012, 353.

58 Ruben Zimmermann, Zimmermann 2012, 354.

59 Vgl. etwa Eberhard Jüngel, Metaphorische Wahrheit. Erwägungen zur theologischen Relevanz der Metapher als Beitrag zur Hermeneutik einer narrativen Theologie, in: Eberhard Jüngel, Paul Ricœur, Metapher. Zur Hermeneutik religiöser Sprache, EvTh Sonderheft 3, München 1974, 71–122.
Dazu Lauster 2003, 287: „Jede sprachliche Artikulation stellt immer schon eine bestimmte Verarbeitung der sinnlichen Wahrnehmungen dar. Darin hat Ernst Cassirers Beobachtung vom metaphorischen Grundcharakter der Sprache ihre tiefe Berechtigung. Das gilt dann in besonderer Weise für die biblischen Texte." „Allerdings sollte diese zentrale Einsicht nicht in eine Metapherneuphorie ausarten, welche die sprachpragmatisch berechtigte Unterscheidung in buchstäbliche und figürliche Rede entzieht" (a. a. O., Fussnote 14). Und nochmals S. 287: „Auch wenn die textliche Ausdrucksgestalt kein fotographisches Abbild ist, so ist im Falle der biblischen Texte doch ein historisches Ereignis, auf das sich ihre fiktionale Verarbeitungsleistung bezieht. Sie sind eben nicht nur fromme Deutungen."

60 Dabei können wir uns wieder auch auf Paul Ricœur beziehen, wie Franco Sarcinelli treffend zusammenfasst: „La preminenza della prospettiva filosofica viene suggellata dall'ultimo transito messo in atto, il passaggio dal piano ermeneutico a quello ontologico, che rappresenta il cuore della riflessione teorica ricoeuriana, con l'ambizione di rispondere al quesito decisivo che a questo punto si pone, ovvero: ‚Quale filosofia è soggiacente al movimento che porta la ricerca della retorica alla semantica e dal senso vero la referenza?'. Dunque, entrano in questione temi filosofici di fondo derivati dalla filosofia del linguaggio a partire dal fatto che spetta al filosofo pensare il rapporto tra l'essere e l'essere detto. La speculazione si orienta sul concetto di verità metaforica (…) in quanto intenzionalità realistica soggiacente al linguaggio e che è corredata con il riferimento ai caratteri ontologici della referenza." In: Paul Ricœur, Filosofo del '900, 152, mit Verweis auf und Zitat aus Paul Ricœur, Metafora Vera (Original in Französisch 1975), 337.

indem Konzepte miteinander in Beziehung gesetzt und dadurch Ähnlichkeiten hergestellt werden."[61]

Die Metapher erlaubt also, so Bernd Janowski, die bewusste „Umwertung" eines Sachverhaltes: „Das Feld, auf dem diese Umwertung stattfindet, ist der Kult, aber nicht der Kult in seiner vorfindlichen Gegenständlichkeit, sondern in seiner durch Metaphorisierung veränderten Gestalt. Unter Kultmetaphorik, wie diese Veränderung genannt werden kann, ist die Verwendung spezifischer Kultvorstellungen in nichtkultischen Zusammenhängen zu verstehen. D. h.: Aus einem zentralen Bereich antiker Religiosität werden ‚Bedeutungen aufgerufen und entlehnt, um sie auf Gegenstände, Handlungen und Sachverhalte eines nichtkultischen Bereichs zu übertragen'."[62]

Im Folgenden wird es nun darum gehen, die einzelnen Komponenten in diesem Prozess der Metaphorisierung näher zu betrachten: Den *bildspendenden* Bereich (also z. B. kultische Opferterminologie aus der alttestamentlichen, jüdischen Tradition), den *bildempfangenden* Bereich (der Tod Jesu am Kreuz) und die neue, aus der Interaktion dieser beiden Konzepte entstehende *metaphorische Pertinenz*[63].

Dabei wollen wir ein besonderes Augenmerk darauf legen, wie die Opfermetaphorik der antiken Welt durch ihre Verwurzelung in einer gelebten Realität weit grössere innovative Kraft innehatte als es der heutige Sprachgebrauch auch nur vermuten lässt.

Und wir wollen uns in alledem stets bewusst bleiben, „dass auch die Metapher die Wirklichkeit nur erhellt, indem sie sie auf der Ebene metaphorischer Sinnfindung neu erstellt, also nicht nur rekonstruiert, sondern immer zugleich neu konstruiert. Mimetische und poietische Dimension der Metapher bleiben auf diese Weise eng miteinander verwoben."[64]

---

61 Jens Schröter, Schröter 2003, 59f; für die Definition der kognitivistischen Metapherntheorie verweist er auf Georg Lakoff / Mark Johnson, Leben in Metaphern. Konstruktion und Gebrauch von Sprachbildern, Heidelberg 1998.

62 Janowski 2 2012, 110, mit Zitat aus Karl Löning, Kultmetaphorik im Neuen Testament, in: Reiner Albertz (Hg.), Kult, Konflikt und Versöhnung. Beiträge zur kultischen Sühne in religiösen, sozialen und politischen Auseinandersetzungen des antiken Mittelmeerraumes, AOAT 285, Münster 2001, S. 229–267, dort 230.

63 Vgl. Zimmermann 2012, 353; 356.

64 Ruben Zimmermann, Paradigmen einer metaphorischen Christologie. Eine Leseanleitung, in: Frey / Rohls / Zimmermann 2003, 1–36, dort 13.

2.3 Beispiele für Typen antiker Opfermetaphorik

Mit W. Stegemann können wir in der antiken Welt von „einer Vielzahl von metaphorisch aktivierten Sinnaspekten des Opfers“[65] ausgehen, denen gemeinsam ist, dass sie „originärer mit Opfervergleichen umgehen (…) das heisst, die antike Opfermetaphorik besitzt im Prinzip denotativen Charakter, um mit Ricœur zu sprechen, sie kann eine ‚heuristische Fiktion‘ der Wirklichkeit imaginieren.“[66]

Unter den vielfältigen Anspielungen oder Bezügen auf den religiös-kultischen Opferbereich, denen wir dabei begegnen können, lassen sich, so Stegemann, fünf verschiedene Kategorien des direkten Gebrauches von Opfermetaphorik ausmachen, die für uns von besonderem Interesse sein dürften: a) Im Zusammenhang mit *roher Gewalt*, b) im *Kriegsfall*, c) als Entwurf einer *Gegenwelt*, d) als Selbsthingabe durch *Verzicht* oder gar Askese und schliesslich e) in der *Aussonderung* zu besonderer Heiligkeit[67]:

a) Das Verb σφάζείν (es kann hier etwas vereinfachend mit *schlachten* wiedergegeben werden), das von σφάγιον (*Vernichtungsopfer*) abgeleitet ist, bezeichnet einen besonders grausamen Akt des Tötens, verbindet also Opfer und rohe Gewalt; Philo von Alexandrien kann es zum Beispiel für den Brudermord Kains verwenden (Legum allegoriae 87).

Besonders auffallend ist beim bildlichen Einsatz dieses Begriffs im Zusammenhang mit der Tötung von Menschen allerdings, dass die Metapher zwar jeweils den aggressiven Aspekt des Opfers aktiviert, in keiner Weise aber den religiös-rituellen: „Einen ‚Heiligenschein‘ erhalten die Menschen-Schlächter gerade nicht, wenn ihr Töten mit Opferterminologie umschrieben wird“; wo hier die Metaphorik eine Parallele zur „Sakralisierung des Tötens im Opferritual“ herstellt, da ist diese wohl am ehesten in der „Überschreitung der Tabugrenze“ festzumachen[68].

Der aus der sakralen Sprache entlehnte Begriff σφάγιον mit seinen Derivaten wird also vielfach deshalb herangezogen, weil er ein Ereignis bezeichnet, das, ähnlich wie das damit ursprünglich bezeichnete Töten eines Opfertieres, die Grenzen alltäglicher Erfahrung, das Tabu roher, „unnötiger“ Gewalt zwischen Menschen sprengt.

Dafür spricht auch, dass die LXX dort, wo Töten von Menschen durch Menschen in einem direkten Bezug zu einem rituellen/sakralen Opfer steht, jeweils auf σφάζείν zurückgreift, so z. B. in Gen 22,10 für die Absicht Abrahams, seinen

---

65 Stegemann 2000, 200ff.

66 A. a. O., 196, mit Bezug auf Paul Ricœur, Die lebendige Metapher, München 1986 (Original in Französisch Paris 1975).

67 A. a. O., 200ff.

68 A. a. O., 201f, mit Verweis auf W. Burkert, Anthropologie des Religiösen Opfer. Die Sakralisierung der Gewalt, München 1984.

Sohn Isaak als Opfertier zu schlachten, dann in I Sam 15,33, wo Samuel den Amalekiterkönig Agag am Heiligtum in Gilgal (und nicht irgendwo auf einem Schlachtfeld) umbringt, indem er ihn in Stücke haut.

Im Neuen Testament finden wir die Verbindung des Tötens mit dem Vernichtungsopfer im Verb σφάζείν sowohl in Bezug auf den Tod Jesu (Apg 8,32 mit Zitat von auf Jes 53,7: „Wie ein Lamm, das zur Schlachtung gebracht wird"; Apk 5,6ff: „Und ich sah zwischen dem Thron und den vier Wesen, in der Mitte der Ältesten, ein Lamm stehen, das geschlachtet zu sein schien …"), als auch im Zusammenhang mit anderen, besonders grausamen Tötungen (in den Visionen von Apk 6,4.9; 13,3; dann in I Joh 3,12, dort für Kain und Abel).

b) Gleich mehrere Hinweise auf eine Verbindung zwischen *Tod im Krieg* oder *Tod für das Vaterland* und Opfertod finden wir bei Plutarch; dabei geht diese über die einfache Behauptung einer Ähnlichkeit zum Opfertier deutlich hinaus, indem die Sterbenden etwa der Gottheit geweiht werden[69].

Auch die römische *devotio*, eine Art Pakt, in dem ein Feldherr sich selber bzw. das feindliche Heer den Unterirdischen weiht und zu dem die Abmachung gehört, dass im Falle seines Todes die Götter das feindliche Heer vernichten, wird in der griechischen Sprache mit „sich selber dem σφάγιον (Vernichtungsopfer) übergeben" beschrieben[70]. Cicero berichtet zur *devotio* etwa, das Decius (aus der Familie der Decii, deren Schicksal eng an die *devotio* gebunden ist) im Krieg gegen Pyrrhus „sich selber als Opfer für den Staat gegeben" habe (*se victimam rei publicae praebuisset*)[71] und stellt so eine direkte Identifizierung des Devotierten mit dem Opfertier her (zu der auch eine regelrechte rituelle Konsekration gehören kann); Livius deutet sogar die *devotio* eines der Decii nicht nur als Familienschicksal (*familiare fatuum*), sondern explizit als Sühneopfer (*piaculum*) mit expiatorischer Funktion, zur Befreiung des römischen Volkes aus Gefahren[72]!

Sowohl Cicero als auch Livius können die *devotio* allerdings auch rein metaphorisch verwenden, das heisst also, sie interpretieren im Nachhinein „Opfer" (im modernen Sinn) eines Krieges oder eines Todesurteils als *devotio* und umschreiben sie deshalb mit *hostia*[73] oder *victima*[74].

Dabei sind all diese Belege aus der Antike in der Regel allerdings „zweifellos emphatischer zu verstehen als der entsprechende inflatorische Sprachgebrauch

---

69 A. a. O., 203, mit Verweis auf Plutarch, De gloria Atheniensium (Moralia 192 C, als Aussage des Thebanischen Heerführers Epaminondas: „Ich sage aber, der Tod im Krieg ist ein Opfer"; 349 C, als Zitat des Pindar: „Hör, Alala, hör uns, Tochter des Kriegs, Speertons Vorklang, du der zum Opfer sich weihn Männer zur Rettung der Stadt im heiligen Opfertod").

70 Diodorus Siculus (21,6,1), in: a. a. O., 203.

71 Cicero, De fin 2,61, in: a. a. O., 204.

72 Livius X,28, in: a. a. O., 204.

73 Livius XII,6,3, in: a. a. O., 204.

74 Cicero, De harusp 6, in: a. a. O., 204.

der Moderne. Generell werden wir berücksichtigen müssen, dass im Opferbegriff das religiöse Bezugssystem erhalten bleibt. (...) Bemerkenswert ist aber auch eine pragmatische Funktion: Angstbewältigung – so wie ja auch das σφάγιον vor der Schlacht Angst verlagert auf die Tieropfer, zugleich aber Einübung in die blutige Schlächterei des Krieges ist."[75]

Dazu gehört, möchte ich ergänzen, dass der Gedanke der „Weihung" zu beiden im deutschen Sprachgebrauch unscharf getrennten Aspekten des „Opfers" gehört: Sowohl die „Opfermaterie", das „Geopferte" (victima) als auch der „Akt des Opferns" (sacrificium) werden durch die Aktivierung dieser Metapher gewissermassen in die rituell-sakrale Welt erhoben.

c) Insbesondere die Berichte über christliche Märtyrer bedienen sich einer sehr expliziten Opfermetaphorik, mit deren Hilfe gleichsam eine *Gegenwelt* entworfen wird, in der die Machtverhältnisse auf den Kopf gestellt erscheinen und in der die dem kultischen Bereich entlehnte Terminologie dem Opfer einen exklusiven, „ausgesonderten" Charakter verleiht[76].

Doch schon im römischen Vorfeld, insbesondere bei Tacitus, finden sich Beispiele des als Opfer gedeuteten Martyriums; so beschreibt er etwa, wie Senator Thrasea Paetus zur Zeit Neros wegen politischer Verstrickungen vom Senat zum Tode durch Selbstmord verurteilt worden war, mit freier Wahl der Todesart (wie das für Verurteilte aus der Oberschicht gängig war); dieser schnitt sich also selber die Pulsadern auf, besprengte die Erde mit seinem Blut und sagte zu seinem Begleiter:

> „Wir bringen Jupiter dem Befreier ein Trankopfer! Sieh nur zu, junger Mann. Mögen die Götter es verhüten, dass mein Ende eine böse Vorbedeutung für dich habe!"[77]

Wenn dann im Martyrium des Polykarp gesagt wird, jener werde „dargebracht als Gabe wie ein festlich geschmückter Widder aus einer grossen Herde, zubereitet als Gott gefälliges Brandopfer"[78], entlehnt diese Beschreibung seiner Hinrichtung ihren Wortschatz ebenfalls ganz unmittelbar aus dem Sprachgebrauch des Opferkultes.

Auch Ignatius von Antiochia benutzt eine solche Terminologie, um im Brief an die Römer seine bevorstehende Hinrichtung zu beschreiben:

---

75 Stegemann 2000, 204.
76 A. a. O., 200, 205ff, 212ff.
77 Tacitus, Annales 16,34, in: a. a. O., 207.
78 MartPolyc 14, in: a. a. O., 198, 205.

„Gewährt mir nicht mehr als ausgegossen zu werden als Libationstrank für Gott, solange noch ein Altar bereit steht, damit ihr in Liebe einen Chor bilden und dem Vater in Christus Jesus lobsingen könnt“[79],

und an anderer Stelle:

„Fleht Christus für mich an, dass ich durch diese Werkzeuge als Gottes Opfer (θυσία) erfunden werde.“[80]

Wenn wir bedenken, was für traumatische Erlebnisse hinter solchen Aussagen stehen müssen, wird uns erst klar, wie hier die Wirklichkeit ganz eigentlich auf den Kopf gestellt wird: Grausamste römische Strafen (lebendiges Verbrennen, *ad bestias*) bekommen mit Hilfe der Opfermetaphorik eine religiös-kultische Überhöhung (welche natürlich wieder nicht dem Täter einen „Heiligenschein“ verpasst, sondern das „Opfer“ – im wörtlichen ursprünglichen Sinn – als solches erscheinen lässt); bald treffen wir dann auf Stellen, die den Märtyrern sogar, analog zum Tod Jesu, sühnende Wirkung zugeschrieben: Laut Origenes würden die Märtyrer Verwandte der θυσία Christi, ihr Blut[81] bzw. das Martyrium diene zur Vergebung der Sünden, Märtyrer seien Priester, die sich selber zum Opfer bringen[82]; ähnlich argumentiert auch Cyprian von Karthago: Wer mit dem Martyrium rechnen müsse, werde von den Priestern durch die Eucharistie als Opfergabe (*hostia*) und Opfer (*victima*) vorbereitet[83].

Dadurch wird aber vor allem auch „die Logik staatlicher Machtausübung gegenüber devianten Mitbürgern ausser Kraft“ gesetzt[84]. Schlüssel zur Verarbeitung des traumatischen Geschehens ist auf einmal nicht mehr das Strafrechtssystem des römischen Staates, sondern das Heilsgeschehen im religiös-kultischen Erleben; aus der totalen Ohnmacht, der im wörtlichen Sinn fürchterlichen Unterwerfung, wird eine verheissungsvolle Überhöhung, aus Todesangst freudige Erwartung, der Erfahrungshorizont ist direkt um 180° gedreht. „Diese Opfermetaphorik imaginiert eine Gegenwelt von Unterlegenen. Sie stellt Beziehungen zu einer superioren Macht her, die das Realopfer schon immer impliziert, insofern es in seiner Darbringung für eine Gottheit deren superioren Status voraussetzt. Hier freilich wird die superiore Macht ausgespielt gegen die inferiore, repräsentiert durch staatliche Funktionäre.“[85] Dass sich darin auch eine enorme subversive Kraft versteckt, versteht sich wohl von selbst!

---

79 IgnRom 2,2, in: a. a. O., 205.
80 IgnRom 4,2, in: a. a. O., 205.
81 Origenes, CommJoh 6.54.36, in: a. a. O., 205.
82 Origenes, ExhMart 30, in: a. a. O., 205.
83 Cyprian, Ep 57,3, in: a. a. O., 205.
84 Stegemann 2000, 206.
85 A. a. O., 208.

Unter ähnlichen Vorzeichen lässt sich im Neuen Testament der schon erwähnte Abschnitt von Apk 5,6ff lesen: Christus erscheint dort als geschlachtetes Lamm, das aber wie ein göttlicher Herrscher verehrt wird, weil es durch sein Blut eine Gemeinschaft für Gott „erkauft" hat. „Die Metaphorik ist komplex (…) in Vers 9b scheint die Opfermetaphorik eine symbolische Bedeutung des Opfervollzugs (Sühne) zu aktivieren. Allerdings zeigt sich beim genauen Hinsehen, dass der Text die Opfermetaphorik an entscheidender Stelle verlässt und mit der Metapher ‚Kaufen' (…) die Bedeutung des Opfertods Christi nicht als Sühne, sondern als einen Befreiungs- und Erwählungsakt prädiziert[86]. Tatsächlich ist die heuristische Funktion der Opfermetaphorik in dem paradoxen Gegensatz zwischen dem Bild des geschlachteten Lammes und dessen göttlichen Herrschaftsfunktionen zu suchen. (…) In der Identifizierung mit dem geopferten Lamm kehrt sich auch die Verzweiflung unter der bestehenden Gewaltherrschaft in der Phantasie in Überlegenheit um. Aus denen, die jetzt unterdrückt werden (vgl. Apg 1,9), wird eine zur Herrschaft bestimmte königliche und priesterliche Gemeinschaft."[87]

d) Die Anwendung von Opferbegriffen auf *Enthaltsamkeit/Keuschheit/Askese* findet sich in erster Linie bei den christlichen Kirchenvätern. Origenes, Tertullian und Methodios von Olympos[88] deuten Keuschheit und Zölibat in Opferbegriffen; diese spezifische Opfermetaphorik, welche Horkheimer/Adorno als „Introversion des Opfers" bezeichnet haben[89], findet ihre Vorbilder gewiss schon im Neuen Testament, doch, wie W. Stegemann darlegt[90], bezieht sie sich zum Beispiel in Römer 12,1b („Bringt euren Leib dar als lebendiges, heiliges, Gott wohlgefälliges Opfer – dies sei euer vernünftiger Gottesdienst") noch nicht direkt auf asketische Lebensweise, sondern meint eher eine grundsätzliche ethische Lebenspraxis. Ähnliches gilt auch für Epheser 5,2, ein Text der uns wegen seiner direkten Opfermetaphorik in Verbindung mit Jesus noch beschäftigen wird („führt euer Leben in der Liebe, wie auch Christus uns geliebt und sich für uns hingegeben hat als Gabe" – προσφορά, ‚Darbringung' – „und Opfer" – ϑυσία bedeutet wörtlich ‚Schlachtopfer' – „für Gott, als ein lieblicher Wohlgeruch."): In den folgenden Versen werden eine Reihe von Verzichtleistungen als Konkretisie-

---

86 Wenn der Mehrsinnigkeit der Metaphorik (das Bild des Lammes scheint sich dazu geradezu anzubieten, wir kommen noch darauf zurück) genauso wie deren heuristischen Funktion in der Gestaltung einer Gegenwelt gewiss beizupflichten ist, so könnte hier ein Bezug auf Passamotive eine gewisse Klärung schaffen; die Bedeutung der verschiedenen Rituale wird uns jedenfalls noch beschäftigen müssen.

87 A. a. O., 206.

88 Origenes, HomNum 23,3; 24,2; Tertullian De res carn 8; Methodius Symp 5.4, in: Stegemann 2000, 208f.

89 Stegemann 2000, 209, mit Verweis auf M. Horkheimer / Th. W. Adorno, Dialektik der Aufklärung, Frankfurt 1969.

90 A. a. O., 219ff.

rung der *imitatio* des Opfers Christi aufgezählt, die aber durchs Band nicht asketischer, sondern rein ethischer Natur sind (Verzicht auf Unzucht, Habgier, üble Nachrede usw.).

„Beide Texte – Eph 5 deutlicher noch als Röm 12 – repräsentieren aber den reflexiven Opfertyp, die Selbsthingabe. Urtyp ist das Selbstopfer Christi, das dann – wie etwa in Eph 5 – zum Vorbild christlicher Selbsthingabe werden konnte. Von hierher ist der Weg nicht mehr weit bis zum Selbstopfer qua Askese bei den Kirchenvätern."[91]

Doch sogar diese typisch christliche Opfermetaphorik der Kirchenväter ist nicht ohne pagane und jüdische Vorbilder, allerdings beziehen sich dort metaphorische Deutungen praktisch überall auf die – natürlich auch zum Opfer gehörenden – Vorbereitung des *Opfernden* auf den rituellen Akt, etwa durch Keuschheit[92]. „Gerade in dieser Hinsicht hat die interpretatio Christiana allerdings ihre Voraussetzungen und ist Teil einer breiten antiken Tradition. Gibt es doch eine Vielzahl von Texten, in denen Tugendhaftes bzw. an bestimmten Werten orientiertes diszipliniertes Leben nicht nur als Voraussetzung des wahren Opfers thematisiert wird, sondern geradezu auch an dessen Stelle treten kann."[93]

Besonders weit verbreitet ist die enge Verschränkung von tugendhaftem Leben und Opfer natürlich in der Hebräischen Bibel, wo gerade bei den Propheten sogar das Ausspielen von Opfer gegen Ethik keine Seltenheit ist[94].

Interessant schliesslich die Ausprägung des Gedankens bei Philo:

> „Und selbst wenn sie nichts Anderes bringen, wenn sie sich selber darbringen, die vollendetste Erfüllung von Tugend und Vorzüglichkeit, dann opfern sie das beste aller Opfer."[95]

Zusammenfassend lässt sich feststellen, dass die „Introversion" des Opfers auf einem „breiten paganen wie jüdischen Traditionsstrom" fusst und als solche „keine christliche Erfindung" ist, doch im christlichen Bereich einen besonderen Ausdruck gefunden hat, in einer Steigerung bis hin zur Askese[96].

---

91 A. a. O., 210.

92 A. a. O., mit Verweis auf W. Burkert, Homo Necans. Interpretation altgriechischer Opferriten und Mythen, Berlin New York 1972, 10ff.

93 A. a. O., mit Verweis auf Beispiele bei Sokrates (nach Xenophon), Platon, Seneca, Epiktet und andere.

94 Es sei hier der Einfachheit halber nur ein Beispiel genannt, das für alle stehen möge, Amos 5,21–25: „21 Ich hasse, ich verabscheue eure Feste, und eure Feiern kann ich nicht riechen! – 22 Es sei denn, ihr brächtet mir Brandopfer dar! – Und eure Speiseopfer – sie gefallen mir nicht! Und das Heilsopfer von eurem Mastvieh – ich sehe nicht hin! 23 Weg von mir mit dem Lärm deiner Lieder! Und das Spiel deiner Harfen – ich höre es mir nicht an! 24 Möge das Recht heranrollen wie Wasser und die Gerechtigkeit wie ein Fluss, der nicht versiegt".

95 Philo, Specleg I,272, eigene Übersetzung.

96 Zitate aus Stegemann 2000, 212.

e) Dem „setting apart", der „Aussonderung", „Heiligung" als Gott geweihtes Volk begegnen wir schon in der Hebräischen Bibel mehrmals in Form von Bildern, die sich ganz offensichtlicher Opfermetaphorik bedienen[97]. Als Beispiel mag Jesaja 66,20 dienen:

> „Und auf Pferden und Wagen und in Sänften und auf Maultieren und Kamelstuten werden sie all eure Brüder aus allen Nationen dem HERRN als Gabe (מִנְחָה, Huldigungsgabe; LXX hier einfach δῶρον, Gabe) bringen, auf meinen heiligen Berg, nach Jerusalem, spricht der HERR, wie die Israeliten die Gaben (wieder מִנְחָה; LXX aber diesmal θυσία, Opfer) in reinen Gefässen in das Haus des HERRN bringen."[98]

Wer wie hier die Diasporajuden bei Jesaja dem Herrn als „Gabe" oder „Opfer" gebracht wird, dem haftet etwas Exklusives an, der gehört zu den Auserwählten.

Im Neuen Testament nimmt besonders Paulus diesen Gedanken auf, geht dabei aber noch einen Schritt weiter, indem er ihn auf die Heidenvölker anwendet (Römer 15,16):

> „… der Gnade nämlich, ein Kultdiener (λειτουργός) zu sein des Christus Jesus für die Völker und als solcher das Evangelium Gottes als heilige Handlung zu vollziehen (ἱερουργεῖν); so soll die Darbringung (προσφορά) der Völker, geheiligt (ἡγιασμένη) durch *den heiligen Geist, Gottes Wohlgefallen finden* (εὐπρόσδεκτος, wörtlich also ‚wohlgefällig sein')."

„In diesem Vers begegnen 5 Kultbegriffe (…), mit denen Paulus seine Verkündigung unter den Heidenvölkern als priesterlichen Dienst (…) und die für den Christusglauben gewonnenen Heiden selbst als Opfergaben bezeichnet."[99]

Damit wird einerseits der Dienst des Apostels selbst mit kultischer Terminologie besetzt, gleichzeitig aber auch die Bekehrung von Heiden als deren Aussonderung für Gott bezeichnet. Mit Hilfe der Opfermetaphorik schlägt Paulus so die Brücke zwischen „den Völkern" und dem Volk Gottes; dem „Opfer" haftet hier nichts Passives an, es wird ihm auch kein Leid angetan, im Gegenteil; das Bild lebt ganz von einem Aspekt, den unsere moderne Sprache fast völlig aufgegeben hat: Das Opfer (im Sinne von Opfermaterie, *victima* oder *hostia*) wird in einen besonderen Stand erhoben, Gott geheiligt, bekommt einen Exklusivitätscharakter, der wirklich alles andere als negative Bilder heraufbeschwört!

Damit sind wir mit der Opfermetapher wieder einmal wesentlich näher am Kultischen, Sakralen, Rituellen, als unser Sprachgebrauch heute vermuten liesse,

---

97 Auch hier und im Folgenden beziehe ich mich im Wesentlichen auf Stegemann 2000, 212f

98 Bibelzitate, wenn nicht anders gekennzeichnet, aus der Zürcher Bibel von 2007.

99 Stegemann 200, 212f.

und Paulus benutzt hier mit grosser Selbstverständlichkeit einen Aspekt des Opfers, den wir niemals unterschätzen dürfen, auch wenn er uns fast ganz verlorengegangen ist: „Die emotionale Begleitung des rituellen Aktes war eher freudig und festlich.“[100]

Wir können uns also – und damit möchte ich diese Einleitung in die antike Opfermetaphorik abschliessen – vorstellen, dass diese, zu der ja auch die Texte unseres Neuen Testaments gehören, einerseits ein wesentlich reicheres Spektrum von Bildern zu aktivieren im Stande war, als es der heutige Sprachgebrauch könnte: Während für uns der Aspekt des Verlustes an erster Stelle steht, kann die Metaphorik zur Zeit der Abfassung unserer Quellen deshalb auf einen viel reicheren Fundus an Interpretamenten zurückgreifen, weil für sie das kultische Ritual der Darbringung eines „echten“ Opfers noch lebendige Realität ist und vom religiösen Alltag noch nicht wegzudenken wäre.

Das brutalste Abgeschlachtetwerden wird assoziiert mit dem Tabubruch der Tötung eines Tieres für die Gottheit; zum qualvollsten Tod im Krieg oder für das Vaterland gesellt sich der Aspekt, dass dieses „Opfer“ gottgeweiht sei (als „victima“ wie als „sacrificium“, d. h. als Geopfertes wie als Opferungsakt).

Damit wird dann aber andererseits auch das Opfer („victima“ oder „hostia“) aus seiner Ohnmacht befreit, indem die Metapher eine Gegenwelt entwirft, in der es zum Beispiel grausamster staatlicher Willkür nicht mehr wehrlos ausgesetzt ist, sondern von der Gottheit gerade durch diesen Tod zu Höherem bestimmt wird; ja das Bild des Opfers kann in einem eigentlichen „setting apart“ münden, einer Auserwählung zur Exklusivität.

Eine besondere Rolle spielt schliesslich die Opfermetaphorik in Zusammenhang mit Askese und Keuschheit, wie sie bei den christlichen Kirchenvätern verbreitet gebraucht wird; man kann diese Eigenart als Ausweitung der Verbindung von Opfer und ethisch einwandfreiem Verhalten betrachten, die etwa bei Paulus geläufig ist; auch dieser Aspekt steht in einem Traditionsstrom, der schon im Alten Testament, zum Beispiel in der Kultkritik der Propheten fusst und genauso auf pagane Vorläufer zählen kann.

Gemeinsam ist all diesen heraufbeschworenen Bildern, dass sie ein an sich negativ besetztes, furchteinflössendes oder gar traumatisierendes Ereignis aus der Welt des Schreckens herauslösen und auf die Ebene einer gottgeweihten Wohltat erheben können. Denn in ihrer ursprünglichen Welt, in der das kultische Geschehen rund um rituelle Opfer noch ganz gegenwärtig ist, schwingt mit dem

[100] A. a. O., 196. Vgl. dazu auch Eberhart 2013, 46f: „Die Darbringung von Opern dient der Huldigung Gottes, der im Heiligtum residiert. In der Funktion dienen Opfer letztlich der Etablierung ‚vertikaler‘ Gemeinschaft, also der Begegnung und Beziehung zwischen Mensch und Gott. (…) Die Begegnung zwischen Mensch und Gott ereignet sich oft in einer Atmosphäre der Freude und des Feierns“.

Begriff „Opfer“ eine Realität mit, die ganz eng mit der Freude an der Begegnung mit Gott verbunden ist, welche durch die erwartungsvoll an ihn gerichtete und von ihm wiederum wohlwollend aufgenommene Gabe entsteht.

Das verleiht der Opfermetapher eine enorme sinnbildende und lebensspendende Kraft, die weit über die individuelle Verarbeitung des Geschehens herausgeht – und die durchaus auch im Stande ist, ganz subversives Potential zu entwickeln.

2.4 Sühne, Blut und Opfertier im Neuen Testament

Unsere Quellen überliefern durchs Band in griechischer Sprache abgefasste Berichte, oft sind sie auch in einem hellenistischen Umfeld, also in einer griechisch-römischen Kultur verfasst worden. Es wäre deshalb illusorisch, zu denken, ihr Inhalt würde völlig unverfälscht wiedergeben, was die Jünger Jesu in Galiläa und Jerusalem erzählt, geglaubt, für wichtig gehalten hatten. Dennoch dürfen wir genauso davon ausgehen, dass deren Hintergrund, ihre Bibel (unser *Altes Testament*), immer wieder durchscheint, ja, dass dies auch das Fundament der Gemeinden war, in denen jene Überlieferungen lebendig gehalten wurden, welche später ihren Niederschlag in unseren Texten gefunden hatten, auch wenn wir wohl meistens annehmen können, dass in ihrem Umfeld nicht die Hebräische Bibel, sondern die damals in der Diaspora verbreitete LXX als Basis des Glaubens erste Autorität genoss.

Was nun die Texte und Themen betrifft, welche uns besonders interessieren, mag dies oft vordergründig keinen grossen Einfluss haben, wir wollen es dennoch im Hinterkopf mitnehmen.

Schliesslich werden wir neben den hellenistischen und alttestamentlichen Einflüssen auch jene zeitgenössischen jüdischen Texte im Blickfeld behalten, deren Überlieferung uns bewahrt ist. Einzeln, zusammen und oft sogar untrennbar vermischt weisen diese Komponenten schliesslich auf jenen fruchtbaren Nährboden, auf dem die Bilder der Opfermetaphorik im Neuen Testament heranwachsen und ihre spätere Form finden konnten.

Vor allem in den Briefen des N. T., welche ja im Unterschied zu den Evangelien schon explizit interpretierende Absichten darlegen, treffen wir auf ein reich bestücktes Instrumentarium, das sich meist durch biblische Interpretamente legitimiert, diese aber sehr unterschiedlich einsetzt. Im Folgenden wollen wir dazu ein paar Beispiele näher betrachten.

Eines der auffälligsten finden wir in Römer 3,25.26:

„25 Ihn hat Gott dazu bestimmt, *Sühne zu schaffen* (ὃν προέθετο ὁ θεὸς **ἱλαστήριον** διὰ πίστεως ἐν τῷ αὐτοῦ αἵματι) – die durch den Glauben wirksam wird – *durch die Hingabe seines Lebens* (wörtlich: ‚in seinem Blut'), darin erweist er seine Gerechtigkeit, dass er auf diese Weise die früheren Verfehlungen vergibt, 26 die Gott ertragen hat in seiner Langmut, ja, er zeigt seine Gerechtigkeit jetzt, in dieser Zeit: Er ist gerecht und macht gerecht den, der aus dem Glauben an Jesus lebt."

Daniel Stökl Ben Ezra bringt es auf den Punkt: „Römer 3,21–26 gehört zu den einflussreichsten Versen nicht nur von Paulus, sondern im ganzen Neuen Testament. Insbesondere die Protestantische Exegese sieht darin den Höhepunkt der Rechtfertigungstheologie. Es gibt wenige Verse im Neuen Testament, über die mehr Tinte vergossen worden wäre."[101]

Vor allem Vers 25 konfrontiert uns zunächst einmal mit einigen Schwierigkeiten: Wenn hier auch kaum zur Diskussion steht, dass Paulus mit dem „ἱλαστήριον" eine schon geläufige Metapher aus der ihm bekannten urchristlichen Tradition aufnimmt und durchaus eigenständig in seine Argumentation einbaut, so lässt sich dennoch kaum mehr mit über alle Zweifel erhabener Sicherheit erschliessen, was er genau damit meint!

Exkursus: Zur Bedeutung von „ἱλαστήριον" in Röm 3,25

Nur schon die Festlegung auf eine bestimmte Bedeutung von „ἱλαστήριον" ist in der Forschung höchst umstritten.

Dabei scheint die Ausgangslage auf den ersten Blick eigentlich ganz klar zu sein, wie Christina Eschner formuliert: „So ist für den Begriff ἱλαστήριον als substantiviertes Neutrum zum Adjektiv zunächst aufgrund der damit für ihn festzustellenden Weiterentwicklung vom blossen Adjektiv ein Gebrauch in einem äusserst offenen Sinn zu registrieren: ‚das was zur Beschwichtigung gehört'. Angesichts dieser allgemeinen Verwendung von ἱλαστήριον ist dieser Terminus in Hinsicht auf den mit ihm bezeichneten Gegenstand nicht festgelegt, sondern vielmehr kann grundsätzlich gerade jeder Gegenstand, der geweiht wird, dann die Funktion eines ἱλαστήριον übernehmen, wie die bei Jos. Ant. 16,182 belegte Verwendung von ἱλαστήριον für ein Denkmal ([...] ἱλαστήριον μνῆμα) und die bei Dion. Chrys. 11,121 überlieferte Bestimmung des trojanischen Pferdes als ἱλαστήριον deutlich zeigt. Diese Bandbreite von Gegenständen, welche als ἱλαστήριον bezeichnet werden können, lässt sich vor dem Hintergrund des Befundes erklären, dass es sich bei der Bildung mit

---

101 Daniel Stökl Ben Ezra, The Impact of Yom Kippur on Early Christianity. The Day of Atonement from Second Temple Judaism to the Fifth Century, Tübingen 2003, 197, eigene Übersetzung.

dem Suffix -τήριον zunächst nur um eine blosse Funktionsbeschreibung handelt. Dabei referiert ein mit -τήριον gebildetes Nomen zumeist auf einen Ort, seltener auf ein Mittel bzw. Werkzeug (vgl. v.a. ποτήριον), damit aber in jedem Fall auf einen handfesten Gegenstand und nicht nur auf etwas Gedachtes (Abstraktum).“[102]

Wenn wir den biblischen Befund betrachten, dann schränkt sich das Bedeutungsfeld allerdings ein: Die LXX kennt diesen Begriff vor allem in der Form von „ἱλαστήριον ἐπίθεμα“, zum Beispiel in Ex 25,17, als Übersetzung von כַּפֹּרֶת, welches den „Deckel der Bundeslade“ bezeichnet.

Drängt sich also diese Übersetzung auch für Röm 3,25 auf?

Stefan Schreiber[103] und zuletzt wieder Christina Eschner[104] plädieren dafür, auf dem Hintergrund des Loskaufmotivs (ἀπολύτρωσις/δωρεάν) in 3,24 auf die aus dem paganen Umfeld belegte Bedeutung von „ἱλαστήριον“ als „Weihegeschenk“ zurückzugreifen, doch spricht meines Erachtens zu vieles dagegen, wie zum Beispiel Daniel P. Bailey treffend bemerkt: „Der Gebrauch von ἱλαστήριον für griechische Votivgaben war die übliche Bedeutung des Begriffes im ersten Jh. n. Chr. Im Allgemeinen treffen wir sie in heidnischen Texten an, doch gibt es auch jüdische Belege, wie etwa bei Josephus, Ant. 16.182, und in 4 Makk 17:22. (…) Da dieser Gebrauch für Votivgaben typisch war, müssen wir ihn als möglichen Hintergrund für Röm 3,25 in Betracht ziehen. Doch konnte bisher niemand plausibel erklären, wie es möglich sein könnte, dass Gott der Menschheit (oder sich selber?) eine Votivgabe machen sollte, die normalerweise von Menschen an Götter gerichtet wird. Mehr noch: Dieser übliche Gebrauch von ἱλαστήριον findet keinerlei Parallelen im ‚Gesetz und den Propheten‘, von denen Paulus spricht (Röm 3,21). Dieser verbreitete Gebrauch des Wortes als ‚Gnadengabe‘ passt also in keiner Weise zum Kontext von Römer 3,25.“[105]

Dem kann ich nur beipflichten: Abgesehen vom nicht einfach (wenn auch, wie etwa Schreiber und Eschner aufzuzeigen versuchen, vielleicht nicht gänz-

---

102 Christina Eschner, Gestorben und hingegeben „für“ die Sünder – Die griechische Konzeption des Unheil abwendenen Sterbens und deren paulinische Aufnahme für die Deutung des Todes Jesu Christi – Band 1: Auslegung der paulinischen Formulierungen, Neukirchen-Vluyn 2010, 45.

103 Stefan Schreiber, Das Weihegeschenk Gottes. Eine Deutung des Todes Jesu in Römer *3,25*, ZNW 97, 2006, 88–110, dort 100ff (v.a. zur Votivgabe in der Antike) und insbesondere 105: „Meine These ist, dass Paulus mit dem Begriff ἱλαστήριον in Röm 3,25 absichtlich auf die vielfältige Praxis der Weihegeschenke anspielt.“

104 Eschner 2010, 29ff, insbesondere 35, 42, 45ff.

105 Daniel P. Bailey, Jesus as the mercy seat. The Semantics and Theology of Paul’s use of Hilastaerion in Romans 3:25, Cambridge 2000, 155–158, hier 156f, eigene Übersetzung.
Vgl. dazu auch Wolfgang Kraus, Der Tod Jesu als Heiligtumsweihe. Eine Untersuchung zum Umfeld der Sühnevorstellung in Römer 3,25–26a, Neukirchen-Vluyn 1991, 21–32; Kraus analysiert eingehend sowohl alttestamentliche wie pagane und christliche Parallelen und kommt zu vergleichbaren Schlussfolgerungen wie hier von Bailey zitiert.

lich unmöglich[106]) zu lösenden Widerspruchs der von Gott selber eingesetzten Weihegabe würde eine solche Interpretation ja tatsächlich vor allem die von Paulus in 3,21 doch ganz bewusst geweckten Erwartungen eines biblischen Hintergrundes enttäuschen müssen, was wohl kaum der ansonsten stets so sorgfältigen Komposition paulinischer Formulierungen entsprechen könnte. Doch sind das nicht die einzigen Argumente gegen einen solchen Ansatz der Identifizierung von „ἱλαστήριον" mit einem „Weihegeschenk", wie Michael Wolter auf der semantischen Ebene aufzeigt: „Er berücksichtigt nicht, dass die Bezeichnung ἱλαστήριον immer nur eine Funktion der Weihegaben in den Vordergrund stellt: dass die Gottheit, der das Weihegeschenk gestiftet wird, durch es gnädig gestimmt oder beschwichtigt werden soll. Hieran – und nicht am Gedanken der Repräsentanz – haftet das semantische Profil der Metaphorik, und diese Funktion ist nicht umkehrbar."[107]

Noch weniger mögen die weiteren Alternativen für eine Übersetzung von ἱλαστήριον zu überzeugen: Wenn die LXX in Amos 9,1 כַּפְתּוֹר (Knauf oder Kapitell) mit „ἱλαστήριον" wiedergibt, so wird dies eher auf eine Textvariation zurückgehen als auf eine andere Bedeutungsmöglichkeit; wo in Ezechiel 43,14.17.20 hingegen „ἱλαστήριον" für עֲזָרָה („Rahmen", „Einfassung" des Altars) steht, leitet die LXX diese Übersetzung wohl vom dort damit verbundenen Blutritus ab und ändert deshalb für uns nichts an der Sache; ich gehe daher auch davon aus, dass in Röm 3,25 die grammatikalische Zuordnung der drei Elemente „ἱλαστήριον", „διὰ πίστεως" und „ἐν τῷ αὐτοῦ αἵματι" keinen wesentlichen Einfluss auf die Interpretation des Begriffes „ἱλαστήριον"

---

106 Schreiber 2006, 105f: „Die Metaphorik des Paulus evoziert ein einfaches Bild: Gott stellt ein Weihegeschenk für die Menschen auf. In der Umkehrung des Gewohnten (in der neuen Verbindung von Bildspender und -empfänger) ist dieses Bild jedoch zugleich ein Paradox, eine Ungeheuerlichkeit, nahezu Blasphemie. (In heutige Bildsprache gekleidet: Ich sitze in der Kirche und Gott stellt für mich eine Kerze auf!) Aber genau diese Provokation sprengt die antike Kategorie des göttlichen Zornes – Gott bestimmt das Verhältnis neu im Jesus-Christus-Ereignis. Die metaphorische Spannung löst sich in einer Novellierung des Gottesbildes"; diese Argumentation scheint mir allerdings recht forciert und nicht unmittelbar nachvollziehbar.
Vgl. dazu auch Eschner 2010, 50f, mit ähnlichen Schwierigkeiten.

107 Michael Wolter, Der Brief an die Römer, Neukirchen-Vluyn 2014, 258.
Vgl. dazu auch die sprachliche Analyse von Alexander Weiss, Christus als Weihegeschenk oder Sühnemahl? Anmerkungen zu einer neuen Deutung von hilasterion (Röm 3,25) samt einer Liste der epigraphischen Belege, ZNW 105, 2014, 294–302; Weiss kritisiert vor allem die unsichere Grundlage zur Übersetzung der (wenigen) paganen Erwähnungen von ἱλαστήριον als Synonym von ἀνάθεμα (welche Schreiber voraussetzt, auch wenn er selber dazu bemerken muss: „Warum Paulus den seltenen Begriff ἱλαστήριον statt des geläufigen ἀνάθεμα verwendet, lässt sich nur mutmassen", 2006, 107), S. 301: „Das heisst: Auch wenn man die Bedeutung von hilasterion in Röm 3,25 nicht aus dem biblisch-theologischen Zusammenhang bzw. aus dem jüdischen Kontext ableiten will, sondern, wie Schreiber, vorrangig aus dem griechischpaganen Kontext, so ergibt sich dort, wo wir die Bedeutung wirklich sicher erschliessen können, der Sinn: Sühnemal. Schreibers Interpretation ist somit philologisch nicht möglich und sein Versuch, die Rede vom ‚Sühnetod Christi' mittels einer Neuinterpretation von hilasterion in Röm 3,25 als ‚Weihegeschenk' zu überwinden, nicht geglückt."

selber hat, die Erwähnung des Blutes so oder so mit dem „Sühneort" in Verbindung steht[108]; es scheint mir deshalb nach wie vor tatsächlich am wahrscheinlichsten, dass sich Paulus mit „ἱλαστήριον" auf den כַּפֹּרֶת bezieht.[109]
Der hebräische Begriff כַּפֹּרֶת leitet sich zuerst einmal einfach von „bedecken" ab, lässt aber oft auch so etwas wie „sühnen" anklingen; die LXX behilft sich deshalb mit den beiden Wörtern „Deckel" und „Sühne"; „ἱλαστήριον" ist dann wohl einfach als Kurzform anzusehen, meint also immer noch den „Sühnedeckel" der Bundeslade. Es fällt also auf, dass der Deckel der Bundeslade mit demselben Begriffsfeld bezeichnet wird, das in der LXX mit „ἱλάσκομαι" („gnädig sein") oder „(ἐξ-)ἱλάσκομαι" („sühnen") wiedergegeben wird: כפר, welches wir nota bene auch ausserhalb des Blutritus am Deckel der Bundeslade im Zusammenhang mit Sühneriten antreffen (etwa für den יוֹם כִּפּוּר); doch während die gängigen christlichen deutschen Bibelübersetzungen כפר Pi deshalb eben meist mit „sühnen" übersetzten, gibt Martin Buber es bezeichnenderweise konsequent in seiner ursprünglichen Bedeutung mit „bedecken" wieder. Dennoch legt schon der Zusammenhang oft eine Sinnerweiterung nahe, die (gerade im Zusammenhang mit Sünde/Schuld) über das einfache „bedecken" hinausweist, und besonders die Übersetzung der LXX lässt zumindest auf eine schon früh verbreitete Lesart im Sinne von „sühnen" schliessen, auch wenn eine Festlegung auf diese Deutung nur mit Vorsicht und unter Vorbehalt erfolgen darf.[110]
Doch will Paulus wirklich noch das ganze Bedeutungsspektrum von כַּפֹּרֶת/ἱλαστήριον mitschwingen lassen, wenn er diese Metapher heranzieht?
Dazu Jens Schröter: „Der exegetische Streit über diese Frage hat eine ehrwürdige Tradition und soll hier nicht wieder aufgenommen werden. (…) Hier genügt es festzuhalten, dass die Pointe der metaphorischen Konzeptualisierung dieses Textes darin besteht, die bisherigen Wege zur Reinigung der Sünden – ob an den Tempelkult gebunden oder hiervon abgelöst – angesichts des Kreuzestodes Jesu als überholt zu bezeichnen: Wenn das Kreuz von Gott als Ort der Sündenbeseitigung bestimmt wird, dann hat dies Konsequenzen für die bisherigen Möglichkeiten der Reinigung von Sünden."[111]
So weit würde ich allerdings nicht gehen: Mir scheint hier in keiner Weise auch nur angedeutet, dass Paulus den „Sühneort" Christus in *Konkurrenz* zur bestehenden Kultpraxis betrachtet; wenn Daniel Stökl Ben Ezra deshalb kei-

108 Und nicht, wie etwa von Eschner 2010, 48 postuliert, nur den Tod Jesu symbolisiert.

109 Vgl. Kraus 1991, 21–32; Stökl Ben Ezra 2003, 199f folgt, was die Wertung der Textzeugen und somit die Bedeutung von ἱλαστήριον in Röm 3,25 als כַּפֹּרֶת angeht, ebenfalls weitgehend seiner Argumentation.

110 Psalm 32,1 benutzt für die Sühnung der Schuld übrigens ein anderes Verb, das ebenfalls die primäre Bedeutung von „bedecken" innehat, doch weitaus öfter auch im wörtlichen „profanen" Sinn anzutreffen ist: כסוי, das die LXX dort mit dem (durchaus entsprechenden) ἐπικαλύπτω übersetzt.

111 Schröter, 2003, 64, Fußnote 33.

nerlei Grund sieht, aus diesem Abschnitt eine Stellungnahme des Paulus gegen den Tempel oder gegen die Yom-Kippur-Tradition zu lesen, dann kann ich ihm also nur beipflichten[112]; auch definiert Paulus den „Christus, in seinem Blut" („ὃν … ἐν τῷ αὐτοῦ αἵματι") und nicht das „Kreuz" als Sühneort – eine Unterscheidung an der ich nichts Spitzfindiges festmachen kann: Der Brennpunkt der Metapher ist bei Paulus eben auf dem Blutritual und nicht auf dem Tod!

Dass Paulus sich dabei auf ein Objekt bezieht, das so im zweiten Tempel gar nicht mehr existiert, ist meiner Ansicht nach nicht von Bedeutung: Einerseits betont er ja selber, dass er bewusst einen *biblischen* Bezug herstellen will (Röm 3,21), anderseits erfährt der Kult im Tempel auf derselben biblischen Grundlage auch ohne die Präsenz der Bundeslade zu Paulus' Zeiten eine Kontinuität, wobei wir allerdings nicht mehr genau wissen können, ob das Blut nun an einen besonderen Stein oder den Vorhang im Allerheiligsten gespritzt wurde.[113]

Halten wir uns aber die Vorliebe des Paulus für kultische Metaphern vor Augen (der wir schon in Röm 15,16 begegnet sind) und bedenken wir dabei auch, dass solche Bilder damals für Schreiber und Leser ganz anders mit Leben erfüllt waren, als wir heute mangels erlebbarer kultischer Wirklichkeit direkt nachvollziehen können, dann spricht eigentlich nichts gegen die Vorstellung, dass er hier durchaus nicht kritisch, sondern ganz sinnlich und lustvoll an das Allerheiligste seiner eigenen Tradition anspielt, ja diesem sogar indirekt gerade dadurch eine gewisse Hochachtung erweist, dass er es überhaupt für einen solchen Vergleich für würdig erklärt; ausserdem wollte er dann wohl wirklich die mit diesem rituellen Akt verbundene (d. h. *genau diese* und weder eine andere noch eine irgendwie diffuse) כַּפֹּרֶת-Tradition und ihre präzise soteriologische Bedeutung heranziehen – weshalb sonst hätte er auf den Begriff „ἱλαστήριον" zurückgreifen sollen?[114]

---

112 Stökl Ben Ezra 2003, 198: „Unlike most exegetes, who favor reading this passage against the background of Yom Kippur, I do not see compelling reasons for understanding the passage as postulating an anti-temple attitude or the abolishment of Yom Kippur by Paul. Yet it is another demonstration of the immense influence of Yom Kippur on the development of the early Christian imaginaire of Jesus' death and its atoning function"; und 201: „In sum, the allusion to the ἱλαστήριον in the holy of holies according to the usage in the Greek Torah must have been clear not only to Paul but to everybody familiar with the Greek Torah"; schließlich 204: „If Paul had wanted to express that this supplement to the temple cult was also a substitution for it, he could have formulated his sentence differently, underscoring the substitutive effect."

113 Vgl. dazu Hermann L. Strack und Paul Billerbeck, Kommentar zum Neuen Testament aus Talmud und Midrasch, Dritter Band, Die Briefe des Neuen Testaments und die Offenbarung Johannis, München 1965, 179–185.

114 Vgl. dazu auch Janowski 2012, 112f: „Da Paulus den Begriff ἱλαστήριον an theologisch zentraler Stelle einführt und die Einwände gegen 4 Makk 17,21f. als Prätext von Röm 3,25 erheblich sind, ist noch einmal über die diesbezügliche Relevanz der alttestamentlichen כַּפֹּרֶת-Tradition nachzudenken" (in IV Makk 17,21f wird ἱλαστήριον oft als sühnendes Selbstopfer der Märtyrer interpretiert, vgl. Janowski, a. a. O. 111, Fussnote 71).

Gewiss impliziert Paulus mit einer solchen Wortwahl, dass der Tempel nicht der einzig denkbare Ort für Sühne sei – doch scheint mir das erstens nicht im Fokus der Metapher zu stehen noch sprengt Paulus damit zweitens den Rahmen (inner-)jüdischer Vorstellungskraft. Wenn er auf diese Weise auch ausdrücklich Jesus als einen Ort bezeichnet, an dem durch dessen Blut Sühne geschieht, dann bedeutet das deshalb eben noch lange nicht, dass Jesus damit den traditionellen Sühneort als obsolet erklärt, er sich quasi, durch seinen Tod, selber als neues Heiligtum geweiht hätte, wie etwa Wolfgang Kraus aufzuzeigen versucht![115]

Michael Wolter hält dagegen, dass es Paulus um einen *Vergleich* geht und nicht um die Substitution des Gnadenortes:[116] „Wenn Paulus Jesu Tod in

---

Dann Eberhart 2013, 169: „Wenn Paulus solche traditionellen Sühnekonzepte in Röm 3,25 rezipiert, dann übernimmt er gleichzeitig auch deren korporativen Charakter".

115 Kraus 1991; er argumentiert dabei auf dem Hintergrund seiner Interpretation von Tempelreinigung und Tempelwort (die auch für uns noch eine Rolle spielen werden, allerdings nicht in diesem Zusammenhang), 200f. Wenn er dafür eine vormarkinische Überlieferung voraussetzen muss, die von der Urgemeinde ent- und von Markus wieder ver-schärft worden wäre (209f), so scheint mir für eine solche doch sehr spekulative Annahme schlicht und einfach die Grundlage zu fehlen. Auch hält Stökl Ben Ezra (2003, 202f) dagegen, dass seine Lesart einer scharfen Trennung des Yom-Kippur-Rituals in zwei völlig unterschiedliche Funktionen (45ff, insbesondere 53ff: Tempelweihe nur durch den Blutritus und personelle Sühne nur durch Handaufstemmung, die sowohl in Lev 16 als auch bei Paulus ja nicht mit dem Blutopfer in Verbindung gebracht werde und deshalb auch nicht gemeint sein könne), welche seiner Interpretation zu Grunde liege, erst in der Mischna auftauche, in älteren Texten wie Jubiläen 34,12–19 oder 11Q Tempelrolle XXV–XXVII aber keine Unterstützung finde und somit kaum schon auf die Zeit des zweiten Tempels angewandt werden dürfe. Damit wird er allerdings der Argumentation von Kraus nicht wirklich gerecht, welche ja im Gegenteil die von Traktat Yoma (mYom IV,2) behauptete Handaufstemmung im Blutritual des Yom Kippur gerade in Frage stellt (S. 53f) und die Handaufstemmung auf den Asasel als alleiniges Sühneritual (nicht durch Stellvertretung, sondern durch magische Übertragung des Bösen, S. 52) betrachtet. Berechtigt ist Stökl Ben Ezras Kritik an der scharfen Auftrennung des Yom-Kippur-Rituals durch Kraus meines Erachtens hingegen, was die einseitige Beschränkung des Blutritus als reine Tempelweihe und der Ausschluss jeglicher damit verbundenen Sühnethematik für das Volk angeht (S. 59: „Der Blutritus an der כַּפֹּרֶת [ἱλαστήριον] und Sündenvergebung im allgemeinen Sinn können so nicht zusammengeordnet werden. Man muss vielmehr genau differenzieren, welche Sünden durch den Blutritus an der כַּפֹּרֶת [ἱλαστήριον] gesühnt werden. Bei der Blutapplikation im Allerheiligsten am Jom Kippur geht es um die Reinigung bzw. Weihe des Heiligtums. Vergeben werden dabei die Sünden, durch die das Heiligtum verunreinigt wurde und nicht schlechthin alle. Bei der Interpretation von Röm 3,25f auf dem Hintergrund von Lev 16 ist also der Blutritus als Weiheritus in Anschlag zu bringen"). Dies scheint mir allerdings tatsächlich mehr als fraglich; auf mögliche andere, gerade mit der personellen Sühne verbundene Gründe für ein Fehlen der Handaufstemmung im Blutritus von Lev 16 kommen wir gleich noch zurück, doch möchte ich hier auch ergänzen, dass zumindest der von Paulus verwendete griechische Begriff „ἱλαστήριον" in seinem Wortstamm den Aspekt der Sühne ja schon ausdrücklich beinhaltet und sich deshalb kaum eignen würde, um in derart knapper Form eine Anspielung auf das entsprechende Ritual auszudrücken, welche ausgerechnet diesen Aspekt ausschliessen wollte! Doch gilt das ja eigentlich nicht erst für Paulus: Wir können auch durchaus annehmen, dass die Übersetzung der LXX schon eine sühnende Wirkung des Blutritus voraussetzen musste, weil sie ansonsten wohl nach einem anderen Begriff für כַּפֹּרֶת hätte suchen müssen …

116 Wolter 2014, 259.

Röm 3,25 als ‚ἱλαστήριον‘ bezeichnet, so nimmt er darum nicht ‚eine typologische Identifikation Jesu mit dem כַּפֹּרֶת vor‘.“[117] Dieser Punkt verdient meines Erachtens besondere Betonung: Die Identifikation von ἱλαστήριον mit כַּפֹּרֶת hat wirklich nichts mit einer „typologischen Deutung“ zu tun, auch wenn wir eine solche immer wieder antreffen und die Kritik daran bleibt mehr als berechtigt!

Wolter fährt weiter, indem er seine Wertung folgendermassen begründet: „Er (Paulus) bezeichnet mit diesem Begriff nicht ein Konkretum, sondern ein Abstraktum, und durch den Ausdruck ‚in seinem Blut‘ bringt er den Tod Jesu in eine funktionale Analogie zum Blutritus über den kapporet am Versöhnungstag. Das tertium comparationis ist die jeweilige Wirkung: Die Beseitigung der Sünden.“[118]

Wenn es ausserdem hier auf den ersten Blick so aussieht, als ob Wolter und Eschner mit ihrer sprachlichen Analyse des Begriffes „ἱλαστήριον“ in direktem Widerspruch zu einander treten würden, so trügt dieser Anschein, denn

---

117 Wolter zitiert hier Klaus Haacker, Der Brief des Paulus an die Römer, Leipzig 2/2002, 105, „der sich aufgrund dieses Verständnisses gegen eine Verknüpfung mit Lev 16 entscheidet“ (a. a. O., Fussnote 78).

Als weiteres Beispiel könnte man auch Stefan Schreiber heranziehen, welcher ganz ähnlich folgert wie der von Wolter zitierte Haacker. Schreiber beruft sich dabei (Schreiber 2006, 92) unter anderen auch auf Jürgen Roloff und Peter Stuhlmacher: „An die Stelle der im Tempel verborgenen kapporaet und des auf sie bezogenen Sühneritus hat Gott Jesus treten lassen, der durch ‚sein Blut‘, d. h. durch seine Lebenshingabe Sühne wirkt“, Jürgen Roloff, Artikel ἱλαστήριον, in: Exegetisches Wörterbuch zum Neuen Testament, Stuttgart 1992, 455–457, dort 456; etwa zur gleichen Zeit geht Peter Stuhlmacher noch weiter, indem er darin „eine radikale Kritik am Sühnekult im Jerusalemer Tempel“ sieht: Stuhlmacher 1992, 194. Eine solche „typologische Deutung“ (Schreiber, 92) ist hier tatsächlich auch aus meiner Sicht völlig fehl am Platz. Recht geben muss ich Schreiber aber vor allem auch, wenn er das Münden einer solchen Interpretation von Röm 3,25 in „Verzeichnung“ und sogar „Antithetik mit antijüdischer Wertung“ an den Pranger stellt (93), wie er es etwa bei Thomas Knöppler, Sühne im Neuen Testament. Studien zum urchristlichen Verständnis der Heilsbedeutung des Todes Jesu, WMANT 88, Neukirchen-Vluyn 2001, 116 ausmacht.

Diese Gefahr läuft trotz aller gegenteiliger Bekenntnisse auch, wie schon erwähnt, die Schrift der Evangelischen Kirche Deutschlands „Für uns gestorben“ (EKD 2015, insbesondere S. 36f, 49f und 170, wo sogar behauptet wird, dass „Jesus schon vor der Zerstörung [des Tempels] als das Ende aller dieser Opfer bekannt wurde“).

Als letztes Beispiel unter vielen sei hier Stiewe/Vouga 2011, 121 genannt, mit (gerade in Zusammenhang mit Röm 3,25 nicht ganz einfach nachvollziehbarem) Bezug auf René Girard, Das Heilige und die Gewalt, Zürich 1987 (Original in Französisch 1972): „Die Interpretation des Todes Jesu mit der Metapher des Sühneortes oder des Sühnemittels setzt also keine opfertheologische Interpretation, sondern vielmehr ein sie ausschliessendes Verständnis der befreienden Bedeutung dieses Todes voraus. Die literaturwissenschaftliche (und theologische) Reflexion René Girards über die anthropologische Bedeutung des Opfergedankens (…) unterstreicht die Relevanz der paulinischen Perspektive“.

Doch haben wir nun, so meine ich, mehr als ausreichende Gründe dafür gefunden, dass diese „typologische Deutung“ keineswegs die einzige Möglichkeit ist, um im ἱλαστήριον in Röm 3,25 einen von Paulus selber bewusst hergestellten Bezug auf Lev 16 und den כַּפֹּרֶת zu sehen!

118 Wolter, 2014, 259.

was Wolter als „Abstraktum" definiert, entspricht meines Erachtens durchaus dem, was Eschner mit „Funktionsbeschreibung" umrissen hat; der Bezug zum konkreten und örtlichen כַּפֹּרֶת bleibt ja auch bei Wolter ausdrücklich bestehen. Doch wie auch immer wir das „ἱλαστήριον" in Röm 3,25 interpretieren, dieser Bezug bleibt natürlich metaphorisch und somit auch in gewissem Sinne abstrahiert. Dazu noch einmal Wolter: „Wenn in der Septuaginta der Deckel der Lade ‚ἱλαστήριον' genannt wird, so handelt es sich (...) genauso um eine Funktionsmetapher wie bei der Bezeichnung der Weihegeschenke als ἱλαστήριον, denn die Bezeichnung eines Gegenstandes wird hier wie dort von seiner Funktion her bestimmt."[119]

Nachdem damit nun der Deutungsspielraum des Begriffsfeldes rund um den Gebrauch von „ἱλαστήριον" durch Paulus in Röm 3,25 geklärt wäre, können wir also schon einmal festhalten: Wiewohl das Heranziehen von Opfermetaphorik in der antiken Welt – gerade als Hilfsmittel zur Bewältigung eines besonders grausamen Todes – durchaus nichts Aussergewöhnliches mit sich bringt, insbesondere wenn letzterer mit einem Gefühl der Ohnmacht gegenüber der weltlichen Autorität einher geht, welche einen solchen Tod in zumindest subjektiv wahrgenommener brutaler Willkür angeordnet hat; wiewohl auch der Leidensdruck in dieser kaum auszuhaltenden Realität geradezu nach dem Entwurf einer Gegenwelt schreit und darin deshalb im zeitlichen und kulturellen Kontext zunächst einmal gar nichts Anstössiges zu finden wäre, schafft Paulus doch dadurch eine auffallend kühne Metapher, dass er mit viel Geschick und theologischer Kompetenz seinen eigenen, von der Hebräischen Bibel und vom Jerusalemer Tempel geprägten religiösen Hintergrund als Bildspender für das Verständnis des Kreuzestodes Jesu einsetzt und dies alles schliesslich im Zusammenhang mit dem bevorstehenden Zorn und Gericht Gottes zu einer aussagestarken Metapher über Sühne und Gnade verwebt.

Dabei bezieht er sich insbesondere auf Lev 16 und 17: Nirgendwo ist Gott so nahe am Menschen wie in der Bundeslade und erst recht in deren Deckel[120]; im kultischen Ritual des Versprengens von Blut (Lev 16,14f) erfährt das Volk neues Leben durch die Befreiung von seinen Sünden.

Schlüsselstelle zur Bedeutung des Blutes ist dabei Lev 17,11, das wir hier deshalb noch etwas genauer anschauen sollten. Mit Michael Rau[121] ist dieser Vers zunächst einmal von einer ganz wörtlichen Übersetzung her zu deuten:

---

119 A. a. O., 258f.

120 Dazu Friedhelm Hartenstein, Zur symbolischen Bedeutung des Blutes im Alten Testament, in: Frey / Schröter 2012, 119–137, dort 126, mit Bezug auf Lev 16f: „Die Kapporet bildet den Ort der unmittelbaren Gottespräsenz".

121 Michael Rau, Im Blut ist Leben! Eine kritische Nachfrage nach der biblischen Begründung des theologischen Denkmusters vom „stellvertretenden Sühnetod", Deutsches Pfarrerblatt 3 / 2002, 121–124, dort 123.

„Denn das Leben (naefes) des Fleisches, im Blut ist es. Und ich (Gott) selbst habe es euch für den Altar gegeben, damit es bedecke (le kippaer) über eurem Leben. Denn das Blut, durch das Leben (naefes) bedeckt es'. Auf einmal wird die Sache klar: Das Blut, das direkten Anteil hat am Leben Gottes [zuvor zeigt Rau auf, wie in der hebräischen Bibel das Leben immer Gott gehört, im Blut also nicht das individuelle Leben eines Menschen oder eben eines Opfertieres zu finden ist, sondern stets das Leben Gottes: ‚Das Blut steht für Gott! Es hat direkten Anteil an der Heiligkeit Gottes!', der Verf.], überdeckt die Sünden der Menschen. Das Blut überdeckt die Sünden mit dem Leben Gottes, der Heiligkeit Gottes, mit der Gegenwart des lebendigen Gottes. Was vom Blut berührt wird, wird geheiligt, sozusagen angesteckt von der Heiligkeit."

Rau unterscheidet hier übrigens auf sehr überzeugende Weise zwischen Blutritual und Rauchopfer, letzterem als *Geschenk*, mit dem der Mensch sich Gott annähert, dessen Gunst sichert (und gerade *nicht* als stellvertretenden Tod des Opfertieres! Dies in erster Linie gegen Hartmut Gese[122] und, in dessen Gefolge, z. B. Bernd Janowski[123]).

Wie Rau kritisiert (aus meiner Sicht durchaus zurecht) auch Friedhelm Hartenstein[124] die von Janowski[125] behauptete „Stellvertretung", welche durch die (vermeintliche) Handaufstemmung des Opfernden auf das zu schlachtende Tier gegeben sei; letztere bezieht sich in Lev 1,4b ausdrücklich nur auf das Brandopfer, wird in Lev nirgendwo mit dem Blutritual des Yom Kippur in Verbindung gebracht[126]: „Der Blutritus sollte in seinem Verhältnis zur

---

122 Hartmut Gese, Die Sühne, in: ders. Zur biblischen Theologie, Alttestamentliche Vorträge; Beiträge zur evangelischen Theologie, 78, München 1977.

123 Bernd Janowski, Sühne als Heilsgeschehen, Traditions- und religionsgeschichtliche Studien zur priesterschriftlichen Sühnetheologie, Neukirchen-Vluyn 1982.

124 Hartenstein 2012, 135.

125 Janowski 1982, 247.

126 Der einzige Beleg für die Annahme einer Handaufstemmung auch auf das zum Blutopfer am Jom Kippur zu schlachtende Tier findet sich ja, wie wir gesehen haben, erst in der Mischna, Traktat Yoma (mYom IV,2):

קשר לשון של זהורית בראש שעיר והעמידו כנגד בית שלוחו, ולנשחט המשתלח כנגד בית שחיטתו. בא לו אצל פרו שניה, וסומך שתי ידיו עליו ומתודה. וכך היה אומר, אנא השם, עויתי פשעתי חטאתי לפניך אני וביתי ובני אהרן עם קדושיך. אנא השם כפר נא לעונות ולפשעים ולחטאים, שעויתי ושפשעתי ושחטאתי לפניך אני וביתי ובני אהרן עם קדושך, ככתוב בתורת משה עבדך (ויקרא טז), כי ביום הזה יכפר עליכם לטהר אתכם מכל חטאתיכם לפני יי תטהרו. והן עונין אחריו, ברוך שם כבוד מלכותו לעולם ועד:

„Dann band er (d. h. der Hohepriester) einen karmesinroten Streifen an den Kopf des fortzubringenden Bockes und brachte ihn an die Stelle, von der aus er fortgebracht werden sollte. Was aber den zu schlachtenden Bock anbetrifft, so (brachte er ihn) zu der Stelle, wo er geschlachtet werden sollte. Nun trat er zu seinem zweiten Farren, legte beide Hände auf ihn und sprach dabei folgendes Sündenbekenntnis: ‚O du Name, ich habe mich vor dir vergangen, verfehlt, versündigt, ich, die Meinigen und dein heiliger Stamm, die Söhne Aarons. Vergib doch, o Name, die Vergehn, Verfehlungen, Versündigungen, mit denen ich mich vergangen, verfehlt, versündigt habe, ich und die Meinigen sowie dein heiliger Stamm, die Aaroniden, nach dem Worte im Gesetzbuch deines Knechtes Moses: Denn an dem Tage wird man euch Söhne erwirken usf.' Die

‚Sühne' für sich genommen und in seinem unmittelbaren Kontext (der Chattat) und nicht im Blick auf die (einzig aus Lev 1,4b abzuleitende) ‚Stellvertretung' interpretiert werden."[127] und: „Dass die Tötung des Tieres und die Blutbesprengung im Heiligtum nach Lev 4 und 16 aber ihren entscheidenden Skopos in der stellvertretenden Hingabe des Lebens an das Heilige hat, lässt sich an dem oben skizzenhaft dargelegten Textbefund gerade nicht ausdrücklich erheben."[128]

Die untrennbare Verbindung von Blut und Leben betont hingegen auch Christian Eberhart[129]: „In alttestamentlichen Kultritualen besteht ein Zusammenhang zwischen Opferblut, Leben und kultischer Sühne. Insofern das Blut von Opfertieren deren Leben repräsentiert und selbst heilig ist, bewirkt es bei kultischen Applikationsriten Reinigung und/oder Weihe."[130]

Meines Erachtens verdient dazu ergänzend die genannte Überlegung Raus Beachtung, wonach im Blut mehr ist als „nur" das individuelle Leben des Opfertiers, weil es durch das Leben *an Gott selber* Anteil hat: Damit wird die *Heiligkeit* des Blutes erst plausibel.

Kommt es aber beim kultischen Sühneopfer wirklich nur auf das heilige, reinigende, lebensspendende Blut an, dann wird auch verständlich, dass eine Handaufstemmung für dieses Ritual deshalb in den entsprechenden Texten des Alten Testaments nirgendwo vorkommt, weil sie gar nicht relevant sein *kann*, was auch immer ihre Bedeutung sein möge (dazu später), und „Stellvertretung" ist dann definitiv nicht die passende Deutungskategorie.

Dem oft vorgebrachten Einwand schliesslich, Jesus könne nicht gleichzeitig Opfernder, Altar und Opfertier, insbesondere Sühne*ort* und Sühne*blut* sein, treten zuletzt etwa Janowski und Rau berechtigterweise mit dem Argument entgegen, dass es Paulus einerseits – wie wir schon gesehen haben – überhaupt nicht darum geht, einen neuen Kult zu etablieren: „das Denotat von Kultmetaphern ist nicht der Kult. Sonst wären die Metaphern keine Metaphern"[131]; anderseits intendiert ja Paulus auch offensichtlich nirgendwo, Jesus

hinter ihm Stehenden gaben zur Antwort: ‚Gebenedeit sei der herrliche Name seines Reiches immer und ewig'".

Auffallend ist tatsächlich die Aufstützung der Hände auf den „zu schlachtenden Bock", doch lässt sich diese Quelle aufgrund ihrer doch sehr späten Entstehung kaum als Hinweis auf eine reale Kultpraxis am Tempel heranziehen …

127 Hartenstein 2012, 135, Fussnote 49.

128 Ibid.

129 Eberhart 2013, 91, vgl. auch schon 78ff.

130 Damit ginge auch EKD 2015, 47 einig: „‚Blut' steht hier für das hingegebene Leben, weil – schon nach dem Verständnis alttestamentlicher Anthropologie – das Leben im Blut erhalten ist"; doch in 49f wird dann wieder allzu undifferenziert der Blutritus an Yom Kippur mit Sünd- und Brandopfern vermischt (d. h. Lev 16 mit Lev 1 und 4), um die Blutbesprengung des „Gnadenstuhls" im Versöhnungsritual als Vorbild für die stellvertretende Lebenshingabe Jesu (auch hier durch die angebliche Handaufstemmung) heranholen zu können …

131 Janowski 2012, 115, mit Bezug auf Löning 2001, 323.

als Handelnden (also Opfernden) darzustellen: Es ist immer nur Gott selber, der Sühne wirkt und Leben spendet. Die Metapher des Blutes Jesu zielt deshalb auf die „Aufhebung der Distanz zwischen Gott und der Menschenwelt“[132]; sie steht dann auch nicht, wie so oft behauptet, für seinen „Opfer*tod*“ (welcher ja tatsächlich mit Jesus als Sühne*ort* in Konflikt treten müsste), sondern für das *Leben* an sich: Das und nichts anderes impliziert das Bild des ἱλαστήριον auf dem Hintergrund von Lev. 17,11: „Auch wo das Leben im Blut lokalisiert wird, ist Gottes eigenes Leben gemeint.“[133]
Wenn wir nun zusammenfassen, dann fällt in Röm 3,25 also auf, wie Paulus hier auf eine Metapher zurückgreift, die sich direkt auf auch seinen Lesern aus Lev 16 und 17 LXX bekannte Rituale am Tempel von Jerusalem bezieht (und eben nicht auf das pagane Motiv einer Votivgabe, welche die Gottheit günstig stimmen sollte), mit allen darin enthaltenen Bedeutungsfeldern, in erster Linie auch dem der lebensspendenden Präsenz Gottes im Blut, das auf den Ort der Sühne versprengt wird, für den wiederum der Begriff „ἱλαστήριον“ steht. Dabei geht es Paulus aber keineswegs darum, den Tempel durch eine neue „virtuelle“ Kultstätte zu ersetzen, sondern er will im Gegenteil in seinen Lesern eine bekannte und vertraute Vorstellungswelt heraufbeschwören, mit deren Hilfe er anschaulich machen kann, was sich ansonsten jeglichem menschlichen Begreifen zu entziehen scheint.
Legitimiert fühlen darf sich Paulus dazu nicht zuletzt deshalb, weil er diese Bildsprache ja nicht einfach selber erfindet, sondern auf wohl schon vorhandenes Traditionsgut zurückgreifen kann, auch wenn jeder Versuch, dieses präziser zu umreissen, wohl zum Scheitern verurteilt bleibt, wie Michael Wolter feststellt: „Eine als Text überlieferte vorpaulinische ‚Formel‘ oder desgleichen kann man hier also nicht herauspräparieren, und es ist darum erst recht aussichtslos, ihren Wortlaut rekonstruieren zu wollen. Man wird sich vielmehr mit der Annahme begnügen müssen, dass Paulus in Röm 3,24–25 Deutungen des Todes Jesu wiedergibt, die in der frühen Christenheit schon vor und auch neben ihm verbreitet waren.“[134]

Vgl. dazu auch Wolter 2014, 258f: „Die Näherbestimmung von ἱλαστήριον durch ἐν τῷ αὐτοῦ αἵματι legt es vielmehr nahe, dass Paulus hier in der Tat auf den grossen Blutritus des Versöhnungstages anspielt, der in Lev 16,15–17 beschrieben wird. Um dieser Anspielung willen nennt er Jesu Tod darum wohl auch in metonymischer Weise ‚αἵμα‘. Gegen diese Interpretation kann nicht eingewandt werden, dass Jesus sowohl als die כַּפֹּרֶת vorgestellt (wäre) als auch als das Opfer, dessen Blut versprengt wurde. Denn wenn Jesus (…) als ἱλαστήριον bezeichnet wird, so fungiert dieser Begriff (…) als sekundäre Metapher, die als primäre Metapher die Septuaginta-Übersetzung des hebräischen Wortes כַּפֹּרֶת (von hebr. ‚כפר‘) durch ἱλαστήριον voraussetzt.“

132 Löning 2001, 259, zitiert in Janowski 2012, 115

133 Rau 2003, 123

134 Wolter 2014, 246.

Wie solche Deutungen sogar in den Ereignissen rund um den Tod Jesu selber verwurzelt sein könnten, das wird uns im Weiteren noch beschäftigen müssen.

Hier halten wir aber schon einmal fest: Mit Hilfe der Kultmetaphorik, mit Hilfe der Analogie zum alttestamentlichen Blutritual, finden die Anhänger Jesu auch in der an sich so niederträchtigen Versprengung seines Blutes eine ganz neue, reinigend-sühnende und heiligende, weil lebensspendende Bedeutung, kann Paulus so etwa die unmittelbare Nähe Gottes und das Heilsgeschehen seiner Gnade gegenüber dem sündigen Menschen in einem einzigen Wort, „ἱλαστήριον“[135], untrennbar mit Jesus verknüpfen.
Da aber im Ritual des Sühneopfers, aus dem dieses Bild stammt, das Konzept der „Stellvertretung“ gar keinen Platz hat, fehlt dieser Aspekt auch in der Metapher vollständig und darf deshalb kaum einfach hineingelesen werden.

Das ist auch der Hintergrund vom Römer 5,9, doch ist das Bild der Blutversprengung[136] hier in einen Zusammenhang eingebaut, der eine wesentlich komplexere Metaphorik aufweist. Paulus nimmt auf sehr kreative Weise gleich mehrere Motive auf, verschränkt sie zum Teil ineinander, stellt andere direkt daneben:

> „6 Denn Christus ist, als wir noch schwach waren, *für* (ὑπέρ) *die damals noch Gottlosen gestorben.* 7 Nicht einmal für einen Gerechten will einer sterben –

---

[135] Alles was wir hier zu Röm 3,25 gesagt haben, gilt grundsätzlich auch für I Joh 2,2 und 4,10, wo der eng verwandte Begriff „ἱλασμός“ dieselbe Metaphorik evoziert, dazu Eberhart 2013: „Mit der Bezeichnung Jesu als ἱλασμός (Sühne) in 1 Joh 2,2; 4,10 liegen weitere Anknüpfungen an kultische Terminologie vor. Im unmittelbaren Kontext wird diese Sühne als Reinigung durch Jesu Blut sowie als Sündenvergebung konkretisiert und entspricht damit traditionellen kultischen Sühnekategorien“.

[136] Die Blutmetapher findet sich dann zum Beispiel in I Joh 1,7 wieder: „Wenn wir aber unseren Weg im Licht gehen, wie er selbst im Licht ist, dann haben wir Gemeinschaft untereinander, und das Blut seines Sohnes Jesus reinigt uns von aller Sünde“, dort also mit Betonung der reinigenden Kraft des Blutes (vgl. Apk 7,14, „sie haben ihre Gewänder gewaschen und sie weiss gemacht im Blut des Lammes“); in I Petr 1,1.2 steht sie in eindeutigem Zusammenhang mit der Auserwählung und Weihung des Volkes Gottes (nach dem Sinaibund in Ex 24,1–11; vgl. Eberhart 2013, 212ff): „1 Petrus, ein Apostel Jesu Christi, an die auserwählten Fremdlinge, die verstreut wohnen in Pontus, Galatien, Kappadozien, der Provinz Asien und Bithynien, 2 die Gott, der Vater, ausersehen hat durch die Heiligung des Geistes zum Gehorsam und zur Besprengung mit dem Blut Jesu Christi: Gott gebe euch viel Gnade und Frieden!“; manchmal finden wir auch die Verbindung der beiden Gedanken der Versöhnung/Sühne und der Weihe, z. B. in Apk 1,5b6a: „Ihm, der uns liebt und uns durch sein Blut von den Sünden erlöst hat, der aus uns ein Königreich gemacht hat, eine Priesterschaft für Gott“; ganz ähnlich auch Eph 2,13: „Jetzt aber, in Christus Jesus, seid ihr, die ihr einst weit weg wart, ganz nahe durch das Blut Christi (ἐν τῷ αἵματι τοῦ Χριστοῦ)“. Nicht jede Erwähnung von Blut ist eine *Kult*metapher, oft steht dieses einfach für den Tod (Apg 20,28, Apk 12,11, Kol 1,20 usw.), manchmal verbunden mit dem Bild des Freikaufens (z. B. I Petr 1,18), auch darauf kommen wir noch zurück.

für eine gute Sache allenfalls mag einer sogar sein Leben aufs Spiel setzen –, 8 Gott jedoch zeigt seine Liebe zu uns gerade dadurch, dass *Christus für uns gestorben ist*, als wir noch Sünder waren. 9 Nun, da wir *gerecht gemacht sind durch sein Blut*, werden wir durch ihn erst recht bewahrt werden vor dem Zorn."

„Paulus greift hier eine urchristliche Tradition auf, die er jedoch verfremdet: Dass Christus sein Leben ‚für uns' (ὑπὲρ ἡμῶν: Röm 8,32; II Kor 5,21; Gal 3,13; I Thess 5,10; s. auch Röm 14,15; I Kor 8,11; Eph 5,2; Tit 2,14; I Joh 2,2; 4,10) oder ‚für unsere Sünden' (I Kor 15,3; Gal 1,4s; s. auch Röm 4,25; 8,3; I Petr 3,18; I Joh 2,2; 4,10) dahingegeben hat, war schon vor Paulus eine christliche Glaubensgewissheit. Nirgendwo sonst werden beide Formulierungen aber so zusammengezogen wie hier: dass Christus ‚für Gottlose' (ὑπὲρ ἀσεβῶν; Vers 6b) gestorben ist."[137] So weit ich das abschätzen kann, treffen wir hier bei Paulus auch zum ersten und einzigen Mal auf eine Verknüpfung von Sterbeformel (Vers 6 und 8) und hellenistisch inspirierter Freundschaftsethik (Vers 7; auf diese beiden Motivkreise werde ich noch je für sich eingehen müssen) in unmittelbarer Nähe mit kultischer Sühnetradition, auch wenn letztere nur gerade anklingt, nicht weiter ausgebaut wird.[138]

Sollte Paulus damit ganz ungewollt den Grundstein für eine spätere Identifikation von einem Tod Jesu „für uns" gelegt haben, welcher als „stellvertretendes Opfer zur Rechtfertigung vor Gott" verstanden wird, so hält deren Ableitung von unserem Text einer genaueren Überprüfung kaum stand: Wie auch immer gela-

---

[137] Wolter 2014, 328.

[138] Wenn Eberhart 2013, 106 hier eine strikte Trennung zwischen Aussagen über den *Tod* Jesu und der *sühnenden* Wirkung des Blutes anwenden will und deshalb Römer 5,9 als *Blutvergiessen* (synonym zum Tod) und nicht als Blut*versprengung* ansieht, („Deshalb ist ein kultisches Verständnis der Aussage ausgeschlossen, da der Begriff ‚Blut' in kultischen Texten des Alten Testaments nie den Tod des Opfers umschreibt"), so kann ich ihm nicht ganz folgen: Der Begriff „Tod" kann meines Erachtens durchaus einen Anknüpfungspunkt für eine Anspielung an die Blutmetapher liefern (es ist nun einmal dieser Tod, der den Weg zur Metapher erst öffnet – und den zu ertragen diese wiederum eine grosse Hilfe bietet), ohne dass damit in einem solchen Zusammenhang auch das Blut jedes Mal wieder *nur* für den Tod stehen müsste. Dieser Umkehrschluss scheint mir weder zwingend noch begründet, im Gegenteil, oft ist gerade diese Ambivalenz der Blutmetapher mit ein Grund, dass die Autoren auf sie zurückgreifen. Es würde meines Erachtens also auch für Römer 5,9 gelten, was Eberhart richtigerweise zu I Petr 1,2 anmerkt (2013, 112f): „Den alttestamentlichen Texten zufolge reinigen und weihen Applikationsriten durch direkten physischen Kontakt Menschen und Gegenstände; die Weihe wird – allgemeinen kulturell-religiösen Konventionen des Alten Orients zufolge – durch das im Blut manifeste Tierleben bewirkt, und dieser Vorgang wird insgesamt als Sühne bezeichnet. Wenn nun in 1 Petr 1,2 von ‚Besprengung mit dem Blut Jesu Christi' die Rede ist, dann ist in Analogie zu solchen alttestamentlichen Kultvorstellungen ein Weihegeschehen evoziert, durch das die Adressaten geheiligt worden sind. Diese Weihe ereignet sich konkret nicht aufgrund des Todes Jesu, sondern durch den Kontakt mit dem dabei verfügbar werdenden Blut, welches Jesu Leben repräsentiert. Dieser Tradition zufolge ist Jesu Tod vielmehr Voraussetzung und Ermöglichungsgrund dafür, dass dieses Blut verfügbar wird uns seine weihende Wirkung entfalten kann."

gerte Kausalzusammenhänge von Selbsthingabe, Opfer und Sühne sind hier nämlich noch in keiner Weise angesprochen, ja sie scheinen nicht einmal ansatzweise im Hintergrund mitzuschwingen; einen Gedanken von „Stellvertretung" meine ich an dieser Stelle nirgendwo ausmachen zu können[139]. Ein „von Gott gewolltes und von Jesus selber dargebrachtes Sühneopfer zur Rechtfertigung der Menschheit" herauszulesen, würde Paulus also heillos überinterpretieren: Wo er uns berichtet, dass Jesus für uns gestorben sei und dass dieser Tod nun Sühne bewirke, dürfen wir das nicht umkehren, die Aussage über die Sühne ist hier immer *Folge*, nicht Ursache des Todes Jesu!

---

[139] Anders Jörg Frey, Die Deutung des Todes Jesu als Stellvertretung, in: J. Christine Janowski, Bernd Janowski, Hans P. Lichtenberger, Stellvertretung. Theologische, philosophische und kulturelle Aspekte. Band 1. Interdisziplinäres Symposion Tübingen 2004. Neukirchen-Vluyn 2004, 87–121, dort 112f: Zwar ist auch er der Meinung, dass das Blut in Röm 5,9 „sicher nicht nur den Aspekt des ‚vergossenen' Blutes, also den gewaltsamen Tod bezeichnet, sondern darüber hinaus das ‚gerecht' machende – und weil darin ein Anklang an den Sühnekult vorliegt – ‚sühnende' Blut." Doch sieht er generell in den paulinischen Aussagen vom „Sterben für" eine „Stellvertretung" (94; 107ff). Wenn ich auch (darauf kommen wir noch zurück) hinter diesen Formeln tatsächlich eine (zuerst einmal rein exkludierende) Stellvertretung vermute (also ein Sterben „für" im Sinne von „anstelle von"), so sehe ich doch keine Hinweise darauf, dass Paulus dies hier explizit oder implizit aussagen will: Eine ursprüngliche Bedeutung der Formel (die ich also, im Unterschied zu Frey, 99ff; 107, nicht für eine paulinische Verkürzung einer Stellvertretungsformel mit Sündenbegriff halte, sondern als eigenständiges Traditionsgut betrachte) und ihre Verwendung durch Paulus müssen sich nicht decken. Frey begründet seine Position so (93): „Wo Stellvertretung ausgesagt ist, muss nicht notwendigerweise der Sühnegedanke impliziert sein; auch wenn umgekehrt das Motiv der (kultischen) Sühne nur im Rahmen einer gewissen Vorstellung von Stellvertretung verständlich wird" und verweist dabei auf Bernd Janowski: „Die Sühnetradition ist ohne das Stellvertretungsmotiv nicht verständlich zu machen, aber die Stellvertretungsvorstellung führt nicht eo ipso zur Sühne" (B. Janowski, „Hingabe" oder „Opfer"? Zur gegenwärtigen Kontroverse um die Deutung des Todes Jesu, in Weth 2001, 13–43, dort 40, Fussnote 107); während ich der zweiten Aussage absolut zustimmen kann, sei hier daran erinnert, dass ich der ersten schon in Zusammenhang mit Römer 3,25 widersprochen habe.

Eine noch einmal deutlich unterschiedliche Position nimmt Cilliers Breytenbach ein in Versöhnung, Stellvertretung und Sühne. Semantische und traditionsgeschichtliche Bemerkungen am Beispiel der Paulinischen Briefe, in NTS 39, Cambridge 1993, 59–79, 79, wo er eine klare Unterscheidung zwischen der Metaphorik von Röm 3,25 und 5,6–9 verlangt und in 5,8 keinerlei Hinweis auf kultische Sühne sieht, dafür den Aspekt der Stellvertretung hervorhebt: „Wenn Paulus im Kontext des Römerbriefes ein dem Tempel entgegengesetztes Sühneverständnis mit der Auffassung des Stellvertretungstodes kombiniert (Röm 5,6–9), bedeutet dies noch lange nicht, dass diese zwei von Paulus im Römerbrief zuerst aufeinander bezogenen Deutungsmuster traditionsgeschichtlich selben oder gleichen Ursprungs sind." Was Stellvertretung dabei für ihn bedeutet, beschreibt er so (77): „In 2 Korinther 5 wird die Bedeutung des Stellvertretungstodes (2 Kor 5.14) mit Hilfe der Versöhnungsvorstellung interpretiert. In Römer 5 expliziert er (d. h. Paulus) die Bedeutung des Stellvertretungstodes Christi, indem er in einer parallelen Argumentation auf die Versöhnungsvorstellung und die Rechtfertigung zurückgreift. Durch die Versöhnung werden die Feinde in eine Friedensrelation zu Gott gebracht. Die Gottlosen werden gerechtfertigt. Konstant bleiben die Stellvertretung und der Grundgedanke, dass Tod und Auferstehung die Neuschöpfung des Sünders ermöglichen. Paulus versteht Jesu Tod als vorverlegtes Endgericht." Schlüssel dazu ist also II Kor 5,14: Indem Jesus „für uns" stirbt, werden wir dadurch in die neue Schöpfung hineingenommen. Doch scheint aus meiner Sicht nichts darauf hinzuweisen, dass Röm 5,9 nur auf dem Hintergrund von II Kor 5,14 verständlich werden sollte …

Ganz anders gelagert ist in I Kor 5,7b:

> „Denn *als unser Passalamm ist Christus geopfert* (wörtlich ‚geschlachtet') *worden* (καὶ γὰρ τὸ πάσχα ἡμῶν ἐτύθη Χριστός)."

„Hierbei handelt es sich um eine von Röm 3,25 zu unterscheidende Rezeption von Kultmetaphorik. Das Blut des Passalamms diente nicht dazu, von Sünden zu reinigen, noch handelt es sich bei der Tötung dieses Lammes überhaupt um einen Opfervorgang. Das θύειν in I Kor 5,7 sollte deshalb nicht als ‚opfern', sondern als ‚schlachten' wiedergegeben werden. Die Funktion des Passalamms war es vielmehr, vor Vernichtung zu bewahren. (...) Auch hier handelt es sich somit um eine Metapher, die sich der übergeordneten Konzeptmetapher ‚Tod führt zum Leben' zuordnen lässt. Wie bei der ἱλαστήριον-Metapher besteht die Übertragung darin, dass es um Tod geht, der Leben bewirkt."[140]

Auch wenn Paulus die Passametapher kaum in ihrer ganzen Bandbreite und bis zum Letzten ausreizt, sondern für seinen paränetischen Appell an die Reinheit der Gemeinde nur kurz darauf anspielt, bewahrt er hier doch eine Tradition, deren Ursprünge ebenfalls genügend weit zurück liegen, dass die Frage nach ihrer Entstehung und Verknüpfung mit den Geschehnissen mehr als berechtigt erscheint und uns noch beschäftigen muss.

---

[140] Schröter 2003, 66
Vgl. dazu auch Christine Schlund, Deutungen des Todes Jesu im Rahmen der Pesach-Tradition, in Frey / Schröter 2012, 397–412, mit einem Überblick zur Alttestamentlichen Pesachtradition (400f) und zu Pesach im Frühjudentum: LXX, Targumin, Phil, Jos, Jub, EzTrag (401ff), 404: „Der kurze Blick auf Jub, LXX und Ezechiel Tragicus hat gezeigt, dass es dabei (wie natürlich auch im ägyptischen ‚Ur-Päsach') um eine vor dem Bösen geschützte Gemeinschaft geht."
Ich halte also an einer Betonung der Unterscheidung verschiedener Opfertypologien (vgl. dazu z. B. die Übersichten bei Ina Willi-Plein, Opfer und Kult im alttestamentlichen Israel, Stuttgart 1993, S. 26 und 71ff) fest, auch wenn diese zumindest für die Neutestamentliche Zeit immer wieder in Frage gestellt wurde und wird, so etwa durch Thomas Knöppler, Das Blut des Lammes. Zur soteriologischen Relevanz des Todes Jesu nach der Johannesapokalypse, in: Frey / Schröter 2012, 477–511, dort 483, in Bezug auf den Begriff des Lammes im Buch der Offenbarung: „Wenn es zudem zutrifft, dass dem Blut der Passalämmer in neutestamentlicher Zeit sühnende Wirkung zugeschrieben wurde, so schafft Jesus als das eschatologische Passalamm durch sein Blut die Entsühnung der Gemeinde." Meines Erachtens beweist ein Blick auf die Vielfältigkeit der Opfermetaphorik im Neuen Testament das Gegenteil: Die Autoren (und Paulus ganz besonders) setzen ihre aus der kultischen Tradition entlehnten Bilder durchaus gezielt und mit präzisem Wissen um deren spezifische Kraft ein, von einer Verwischung der Inhalte kann nicht die Rede sein!
Was nun spezifisch I Kor 5,7 angeht, so möchte ich zu bedenken geben, dass das Blut des Lammes hier von Paulus gar nicht erst angesprochen wird, im Fokus steht auch keineswegs das Töten des Lammes selber, sondern der durch das Anklingen dieses Rituals entstehende Bezug zur ganzen mit dem Passafest verbundenen Bilderwelt, insbesondere der des Sauerteigs.

Das Passalamm hat jedenfalls seinen festen Platz in der Kultmetaphorik rund um den Tod Jesu gefunden, wie viele Beispiele im Buch der Offenbarung 5,6 (auch 12,11; 13,8 usw.)[141] zeigen.

Umstritten ist, ob sich auch I Petrus 1,18.19 auf das Passalamm bezieht:

> „18 Ihr wisst doch, dass ihr nicht mit Vergänglichem, mit Gold oder Silber, freigekauft wurdet aus einem Leben ohne Inhalt, wie es euch von den Vätern vorgelebt wurde, 19 sondern mit dem teuren Blut eines makellosen, unbefleckten Lammes, mit dem Blut Christi (τιμίῳ αἵματι ὡς ἀμνοῦ ἀμώμου καὶ ἀσπίλου Χριστοῦ)."

Auch wenn hier keine apotropäische Bedeutung auszumachen ist, so verknüpft der Autor meines Erachtens auf durchaus kreative (aber logisch stringente) Weise den unlösbar mit dem Passafest (an dem Jesus ja den Tod gefunden hat!) verbundenen Gedanken der Befreiung aus der Sklaverei mit dem im Neuen Testament verbreiteten Loskauf-Motiv, auf das wir noch weiter eingehen werden[142].

Ob auch Brotwort und/oder Blutmetapher in den Einsetzungsworten des letzten Mahls (I Kor 11,23–26; Mk 14,22–25; Mt 26,26–29; Lk 22,14–20) einen Bezug auf das Passafest oder sogar auf das Passalamm implizit einschliessen, bleibt noch abzuklären: Dem werden wir aber erst dann eingehender nachgehen können, wenn wir auch das Problem des chronologischen Ablaufes der Ereignisse angegangen sind, um zu sehen, ob für das dort beschriebene Geschehen überhaupt ein Passamahl in Frage kommen konnte; deshalb behalte ich mir vor, mich später noch einmal mit der Frage zu befassen.

Doch die Einsetzungsworte sind ja auch ohne Passabezug reich an Aussagen, in denen Kultmetaphorik anklingt. Auf jeden Fall weist zum Beispiel die Verbindung von „Blut" und „Bund" deutlich rituelle Züge auf, I Kor 11,25:

---

[141] Vgl. z. B. Eberhart 2013, 188, seinerseits mit Bezug auf Knöppler 2012, 482f und Verweis auf den Motivkreis der Rettung aus lebensbedrohlicher Gefahr, der auf die Passaüberlieferung hinweist.

[142] Anders a. a. O., 182f: Eberhart sieht hier eine eigenständige Verbindung von Brandopfer und paganem Motiv des Freikaufs aus der Sklaverei, unabhängig vom Passafest. Die Terminologie hilft uns kaum weiter, Num 28,3 (Brandopfer) und Num 28,19 (Passa) unterscheiden sich hier nicht, beide Male ist dort von כְּבָשִׂים בְּנֵי־שָׁנָה / ἀμνοὺς ἐνιαυσίους ἀμώμου (LXX) die Rede. Allerdings würden wir gerade Eberharts eigene Argumentation heranziehen können, um hier einen deutlichen Hinweis auf Passa zu postulieren, beschreibt er doch überzeugend die Verschiebung der Bedeutung des Passalammes nach der dtr. Kultreform, weg vom apotropäischen Ritus (186): „Das Moment der Bewahrung in existenzieller Bedrohung wird folglich durch dasjenige der Befreiung aus Gefangenschaft substituiert." Es scheint uns also nicht ein paganer, sondern ein für die Zeitenwende geradezu modellhafter jüdischer Passa-Hintergrund zu sein, den wir hier vermuten können! Um es wieder mit Eberhart (a. a. O., 200) zu sagen: „Derartige Bezüge artikulieren im Sinne der Passatradition primär Rettung und Befreiung vor bedrohlichen äusseren Gewalten."

„Dieser Kelch ist der neue Bund in meinem Blut. Das tut, so oft ihr daraus trinkt, zu meinem Gedächtnis";

Mk 14,24:

„Dies ist mein Blut des Bundes, das vergossen wird für viele."

Hier scheint ein Bezug auf Exodus 24,8 wahrscheinlich:

„Darauf nahm Mose das Blut und sprengte es über das Volk und sprach: Seht, das ist das Blut des Bundes, den der HERR mit euch geschlossen hat, mit all diesen Worten."

Wenn die Metapher von Blut und Bund zumindest im Kern auf Jesus selber zurückgeht – und das halte ich für sehr wahrscheinlich – würde verständlich, weshalb das Abendmahl in der Gemeinde der Anhänger Jesu zu einem Ritual geworden ist, dem die besondere Eigenschaft zugeschrieben wird, die Gemeinschaft als Gott geweihtes Volk immer wieder zu erneuern, denn dieser Aspekt steht ja bei der Handlung des Mose am Sinai im Vordergrund; durch das Schlachtopfer darf ja dort sogar auch von einem Gemeinschaftsmahl ausgegangen werden[143].

Das Sprengen des Blutes kann aber, wie wir gesehen haben, auch eine reinigende und daher sühnende Funktion aufweisen. Die Frage, inwieweit dieser Aspekt schon bei Jesus selber im Vordergrund stehen konnte, lässt einen grossen Ermessensspielraum zu: Geht es ihm in erster Linie um den *Bund*, der im Blut besiegelt wird (zum antiken Ritual des Bundesschlusses gehört ja das gemeinsame Schlachten und Teilen eines Opfertieres, wie der hebräische Begriff כרת ברית, einen Bund „schneiden", noch durchscheinen lässt) oder hat Jesus diesen Begriff („Blut des Bundes") wirklich wegen des Sühnecharakters der damit verbundenen Metaphorik gewählt? Schon in Exodus 24 findet sich jedenfalls nicht einmal eine Anspielung auf eine besondere Betonung oder Bedeutung der *sühnenden* Wirkung des von Mose vollzogenen Blutrituals: Es geht dort wirklich nur um die *Besiegelung des Bundes* zwischen Gott und seinem Volk, das Blutritual steht ganz in deren Dienst, weshalb ich hier sehr vorsichtig wäre, etwas in Jesu Worte hineinzuinterpretieren, was möglicherweise gar nicht seine Intention gewesen war[144]. Wenn hingegen später „in der Abendmahlstradition (…) die Tradition der kultischen Sühne mit der des vergossenen Blutes verbunden"[145]

143 Eberhart 2013, 120.

144 Anders Thomas Söding, Sühne durch Stellvertretung. Zur zentralen Deutung des Todes Jesu im Römerbrief, in: Frey/Schröter 2012, 375–396, dort 382: „Das Blut Jesu ist das Mittel zur Sühne, die Gott vollzieht, indem er den neuen Bund stiftet".

145 Eberhart 2013, 123.

wird, dann kann man dies tatsächlich für beide Aspekte (sühnendes und vergossenes Blut) zwar an der Version von Markus festmachen, nicht aber bei Paulus, und es bleibt doch sehr fraglich, was davon wirklich auf Jesus selber zurückgehen mochte.

Ganz gewiss fällt jedenfalls auf, dass nur schon die Erwähnung von „Blut" für die anwesenden Hörer ja wohl auch „Tod" bedeuten musste, ein „Blut des Bundes" nicht ohne Schlachtung des Opfertieres vonstattengehen konnte; Jesus hat hier also höchst wahrscheinlich, ähnlich wie wir das zuvor bei Tacitus in Zusammenhang mit dem Tod des Senators Thrasea Paetus zur Zeit Neros gesehen hatten und dann wieder bei christlichen Märtyrern wie Polykarp oder Ignatius von Antiochia antreffen werden, seinem bevorstehenden Tod einen tieferen, religiös verwurzelten Sinn gegeben, indem er auf Opfermetaphorik zurückgriff. Was das bedeutet für sein eigenes Verständnis der Geschehnisse, die zu seiner Hinrichtung geführt haben, müssen wir an anderer Stelle noch einmal genauer untersuchen ...

Hier aber schon einmal so viel: Ganz gewiss hat Jesus mit seiner Zeichenhandlung den Gedanken des „Bundes" in den Mittelpunkt gestellt (auch auf dessen Bedeutung für seine Anhänger werden wir noch einmal zurückkommen müssen); wenn er von einem „*neuen* Bund" spricht, so sei hier aber davor gewarnt, dies als Bruch mit dem „*alten* Bund" zu interpretieren, noch einmal Christian Eberhart: „Ein solches Ereignis sollte keinesfalls antijüdisch gewendet werden, wie das vor allem in Barn 4,6–8 geschieht, da es keine spezifisch christliche Innovation ist, sondern im Gegenteil judäischer Tradition entspricht. Der Umstand der vielen Bundesschlüsse und Bundeserneuerungen im Alten Testament (z. B. Abraham, Gen 15,7–18; 17,2–14; Isaak, Gen 17,19–21; 26,2–4; Jakob, Gen 28,13–14; s.a. Ex 2,24; Israel, Ex 6,4; 24,1–11; 31,12–17 [beim Sabbatgebot]; Dtn 28,69–29,28 [im Lande Moab]; unter Josua beim Landtag zu Sichem, Jos 24; mit David, II Sam 23,5; Ps. 89; unter Joasch, II Kön 11,17; unter Josia, II Kön 23,1–3) ist einerseits in Gottes Treue begründet und anderseits darin, dass ein im Rahmen der Religion Israels und Judas geschlossener Bund von seinem Wesen her keine Angelegenheit der Vergangenheit ist, sondern immer wieder mit der neuen Generation zu aktualisieren ist: ‚Der Herr, unser Gott, hat am Horeb einen Bund mit uns geschlossen (כָּרַת עִמָּנוּ בְּרִית / διέθετο πρὸς ὑμᾶς διαθήκην), und hat nicht mit unseren Vätern diesen Bund geschlossen, sondern mit uns, die wir heute hier sind und alle leben' (Dtn 5,2f)."[146]

Zusammenfassend lässt sich zu den Einsetzungsworten also sagen: Jesus benutzt im Zusammenhang mit seinem bevorstehenden Tod eine Blutmetapher, die eindeutig kultische Konnotationen impliziert; diese beziehen sich mit recht grosser Gewissheit auf das Ritual des Bundesschlusses zwischen Gott und seinem Volk; ob dabei schon bei Jesus selber auch der Begriff der Sühne mit anklingt,

---

[146] A. a. O., 127f.

scheint allerdings mehr als fraglich[147]. Wie wir noch sehen werden, sprechen hingegen deutliche Hinweise dafür, dass Anklänge auf das Schlachten des Passalamms schon auf seine eigenen Worte zurückgehen könnten; auf jeden Fall stellt Jesus einen Zusammenhang her zwischen seinem Tod und dem Leben seiner Anhänger.

Der Vollständigkeit halber wollen wir an dieser Stelle auch Joh 1,29b kurz erwähnen:

> „Seht, das Lamm Gottes, das die Sünde der Welt hinwegnimmt."

Natürlich haben wir es hier ebenfalls mit Kultmetaphorik zu tun, Johannes spielt vielleicht auch ganz bewusst mit dem Begriff „Lamm"[148], stellt er doch in seiner von den Synoptikern unterschiedlichen Chronologie und mit dem Zitat in 19,36 („*Kein Knochen wird ihm gebrochen werden*") eine Parallele zwischen der Kreuzigung Jesu und der Schlachtung des Passalamms her[149], doch an dieser Stelle nimmt er meines Erachtens ausdrücklich Bezug auf die Vertreibung des „Bocks für Asasel" in Lev 16[150], es geht ihm also nicht um ein Opfer, sondern um die symbolische Übertragung der Schuld auf ein Tier[151]; hier und nur hier mag man

---

147 Vgl. in diesem Zusammenhang auch Stiewe / Vouga 2011, 118, zu I Kor 11,23–26: „Die Vorstellung eines Sühneopfers oder eines stellvertretenden Opfers sind dem theologischen Gedankengang des Apostels fremd. Das Brot wird vielmehr ‚für euch/für uns' gegeben, damit die, die es empfangen, leben, und es wird an die Glaubenden verteilt, damit sie einen Leib bilden. Christus hat sich selbst für das Leben der Glaubenden dahingegeben".

148 Zimmermann 2012, 348 und Eberhart 2013, 192 sprechen hier treffend von einem „mehrsinnigen Motiv", auch wenn für sie die Gottesknechts- und Passamotive im Vordergrund stehen.

149 Zur Betonung der Relevanz des Passafestes bei Johannes, trotz aller seltsamen Unschärfen in seinen Anspielungen, sowohl bei der Zeitangabe (19,14: Sechste Stunde des Rüsttages, während des Prozesses durch Pilatus) als auch im genannten Zitat 19,36 (das nicht wörtlich Ex 12,46 oder Num 9,12 LXX wiedergibt), vgl. Schlund 2012, 406.

150 Einen ähnlichen Bezug stellen wohl auch II Kor 5,21 und Gal 3,13 her (letztere Stelle in Verbindung mit dem Motiv des Loskaufs, dem wir noch begegnen werden).

151 Eine interessante Interpretation von 1,29 als Verbindung des Versöhnungsrituals vom Jom Kippur mit Jesaja 53 sei hier mit dem Beitrag von Christoph Schröder zum V. Colloquium Johanneum, Zürich 2016 erwähnt. Wie schon der Titel ausdrückt, „Gottes Lamm, das der Welt Sünde fortschafft". Joh 1,29 als Ausdruck der Verschmelzung von eschatologischer Jom Kippur- und jesajanischer Gottesknechtstheologie, zeigt Schröder hier plausibel auf, dass Joh 1,29 keine Bezüge zu Sühneopferriten herstellt, sich aber auch nicht auf das Passafest bezieht: „Ist Joh 1,29 als Passalamm-Typologie zu deuten? Dagegen spricht: 1. Das Blut des Passalamms hat apotropäische, nicht sühnewirksame Funktion. Im Passaritus geht es nicht um Sühnevergebung, sondern um Schutz von dem Bösen. 2. Das Passalamm wird in antiken jüdischen Texten nie als ‚Gottes Lamm' bezeichnet. 3. In 1,29 trägt das Lamm selbst, nicht sein Blut, die Sünde fort. Daraus ergibt sich: Die vermeintliche Passa-Symbolik ist erst aus der Passa-Theologie der joh. Passionsgeschichte in 1,29 hinein projiziert" (S. 3).
Zum Ritual der Verjagung des Sündenbockes in Lev 16 vgl. auch Hartenstein, 2012, 130, mit einer leicht anderen Gewichtung, die aber unserer Argumentation keinen Abbruch tut: „Die ganze Ritualsequenz ist eliminatorisch, sie dient der Beseitigung der quasi ‚substanzhaft' ge-

im Zusammenhang mit den Kultmetaphern von Stellvertretung reden, doch, so Jens Schröter: „Es ist auch darauf zu achten, dass hier gar nicht vom Sterben die Rede ist, sondern vom Wegtragen der Sünden“[152]. Das Tier wird ja effektiv im Ritus des „Sündenbocks“ vertrieben, aus der Gemeinschaft ausgestossen, aber nota bene nicht getötet!

Nirgendwo wird hingegen Opfermetaphorik expliziter ausgedrückt als in Epheser 5,1.2, dort allerdings, wie wir schon gesehen haben, bezeichnenderweise in einem ganz anderen Zusammenhang als die gemeinhin behauptete Verbindung von Sühne und Opfer vermuten liesse:

> „1 Folgt nun dem Beispiel Gottes als geliebte Kinder, 2 und führt euer Leben in der Liebe, wie auch Christus uns geliebt und *sich für uns hingegeben hat als Gabe und Opfer für Gott, als ein lieblicher Wohlgeruch.*“

Hintergrund sind hier die Ausführungen zum Brandopfer am Anfang von III Mose: Der „liebliche Wohlgeruch“ erscheint in Lev 1,9; 1,3b gibt dort die Stossrichtung an: „… um Wohlgefallen zu finden vor dem Herrn“. Der Opfervergleich zielt also auch hier keineswegs auf die Tötung (und auch nicht auf irgendeine stellvertretende Sühnewirksamkeit des Brandopfers, die man vielleicht aus Lev 1,4 würde ableiten können[153]!), sondern auf die „göttliche Akzep-

---

dachten Verschuldungen Israels. Von einer Tötung des Bockes ist dabei keine Rede. Ausdrücklich wird er zweimal als ‚lebend‘ bezeichnet (V. 10.20), im Gegensatz zu dem im Sündopferritual getöteten Bock (nur hier wird implizit der Gegensatz von Tod und Leben angedeutet)“.

[152] Schröter 2000, 286; auch er stellt fest: „Wenn hier, was wahrscheinlich ist, ein Bezug auf Jesaja 53 vorliegt, dann stellt Johannes auf diese Weise eine Beziehung zwischen dem Knecht und Jesus her, die beide den Zusammenhang von Verfehlungen anderer und deren Folge aufheben, indem sie die Verfehlungen bereitwillig davontragen“.

[153] Doch scheint mir der Beleg von Lev 1,4 dazu eigentlich nicht stichhaltig genug zu sein, die Bedeutung des Aufstemmens der Hand zu unklar, kommt sie doch auch beim Freudenopfer Lev 3,2 vor (!), wo eine Stellvertretung kaum in Frage käme: Mehr als um Stellvertretung (das hiesse also eine Übertragung der Sünde auf das zu opfernde Tier) scheint es da um eine klare Zuweisung zu gehen, eine Art „Besitzergreifen“, damit kein Zweifel darüber bestehe, wer Gott diese Gabe offeriert und so um seine Gunst anhält. Das Handaufstemmen beim Brandopfer sollte dabei nicht mit dem Yom-Kippur-Ritual verwechselt werden, bei dem einerseits die Übertragung der Schuld auf das Tier mit beiden Händen erfolgt und das anderseits auch kein eigentliches Opfer ist, weil ja das Tier bekanntlich nicht getötet wird.“
Israel Knohl, The Sanctuary of Silence. The Priestly Torah and the Holiness School, Minneapolis 1995, 136 Fussnote 47, sieht in der sühnenden Wirkung des Brandopfers von Lev 1,4 sowieso einen Bedeutung, die viel allgemeiner zu fassen ist und sich nicht direkt auf zu sühnende Sünde beziehen könne: „Although we do find, in several places, that the burnt offering atones along with the sin offering (see Lev 5:7–10; 12:6–8; 14:19–20; 14:14–15, 29–30; 16:24; Num 6:10–11), there is none instance in PT of the burnt offering atoning by itself for sin or specific impurities. Some of these passages clearly indicate that the sin offering is the main sacrifice and the burnt offering is the less important one (note the formulation of Lev 14:19–20 and the secondary nature of the burnt offering in the Day of Atonement ceremony in Leviticus 16).“ Und 151f: „Indeed we find in PT an atonement formula unrelated to recognition of any single defined sin: this

tanz"[154] und die „sinnliche Wahrnehmung der Gegenwart Gottes"[155]. Wieder ist die Absicht zur Einführung der Kultmetapher rein paränetisch, das Bild der Selbsthingabe des Christus wird auch keinesfalls bis zum Letzten ausgeschöpft, sondern hier im Kontext sogar ganz einfach als direkte Parallele hingestellt zu einem wohlgefälligen Leben als „Gottes geliebte Kinder", die ein „Leben in der Liebe" führen[156].

Zusammenfassend können wir also zumindest bis hierhin feststellen, dass die Opfermetaphorik vor allem (aber nicht nur) bei Paulus weit komplexer ist, als sie in vielen gängigen Theologumena wiedergegeben wird[157]. So lässt sich etwa die

---

is the meaning of the statement ‚that it may be acceptable in his behalf, to atone him' (Lev 1:4), in the case of a whole offering which is unrelated to any particular act of sin. This expresses the idea that the very approach to the holy requires atonement an appeasement", hier auch mit einem Verweis auf Rava im babylonischen Talmud (b.Zebahim 7b) in Fussnote 116: „According to Rava, the burnt offering is a gift, a doron":

Damit wäre die sühnende Wirkung des Brandopfers also deutlich relativiert und eine Stellvertretungs-Funktion des Opfertieres noch unwahrscheinlicher.

154 Vgl. dazu Eberhart, 2013, 54: „Nach den Regeln des Bedeutungstransfers im Rahmen metaphorischer Rede gilt auch für das Neue Testament, dass Opfermetaphern nicht vorrangig oder gar ausschliesslich unter dem Aspekt der Tötung zu verstehen sind, da hierin nicht die Substanz von Opfern als bildspendender Bereich liegt. Diese Schlussfolgerung mag im Hinblick auf heute übliche christologische Opferkonzepte, die sich in der Regel primär auf den Kreuzestod Jesu beziehen, überraschen. Sie wird allerdings nachdrücklich bestätigt durch eine Passage im Philipperbrief, in der Paulus den Erhalt von Gaben der Gemeinde in Philippi, die ihm Epaphroditus überbracht hat, unter Verwendung von ähnlicher Terminologie quittiert (Phil 4,18)".

Vor allem der von Eberhart hier herangeführte (und im Folgenden, S. 55–58 eingehend erläuterte) Vergleich zu Phil 4,18 verdient dabei besondere Aufmerksamkeit, weil dort Paulus sowohl die Opfermetapher als auch den Bildvergleich mit dem „lieblichen Geruch" auf einen ganz „profanen" Bereich, nämlich das Erhalten von Geschenken überträgt („Ich habe aber alles erhalten und habe Überfluss. Ich habe in Fülle, nachdem ich durch Epaphroditus empfangen habe, was von euch gekommen ist: ein lieblicher Geruch, ein angenehmes Opfer, Gott gefällig").

Daraus schliesst Eberhart nun: „Aufgrund dieser Analogie lässt sich von Phil 4,18 her für den Gehalt der Opfermetaphorik in Eph 5,2 folgern, dass auch hier nicht ausschliesslich ein Tötungsgeschehen illustriert werden soll. Die Opfermetaphorik in Eph 5,2 vermittelt vielmehr: Christi Lebensweg (nicht ausschliesslich der Tod Christi) war von ausserordentlicher Qualität; daher ist Christus von Gott nicht verworfen, sondern akzeptiert worden. In der Existenz Christi, die seinen gerechten Lebenswandel, seine Verkündigung und Wunder wie auch seinen Tod und seine Auferstehung umfasst, ist Gottes Liebe als Zentrum des Heilsgeschehens in einzigartiger Weise manifest. Referent des Opfermotivs in Eph 5,2 ist also Jesu Proexistenz zugunsten anderer; eben diese Proexistenz wird der Gemeinde in Ephesus zur Nachahmung empfohlen".

155 A. a. O., 76; zum Aspekt der Theophanie im kultischen Opfer (und im Speziellen im Verbrennen der Opfermaterie) vgl. auch 46f, 60f.

156 Vgl. a. a. O., 28: „Im Sinne einer solchen, dem Kontext verpflichtenden Exegese ist darauf hinzuweisen, dass in Eph 5,2 Hingabeformel und Opfermetaphorik zur Illustration eines durch Liebe bestimmten Lebenswandels dienen" und 31, wo Eberhart anhand vieler Beispiele aufzeigt, wie die Wendung „καθῶς καί" jeweils einen paränetischen Zusammenhang bestätigt.

157 Besonders deutlich ist hier die Position von Breytenbach 1993, 66: „Bis zum Schreiben des Römerbriefes fehlt der Begriff der ‚Sühne' bei Paulus".

Oder auch in „Christus starb für uns". Zur Tradition und paulinischen Rezeption der sogenannten „Sterbeformeln", in NTS 49, Cambridge 2003, 447–475, 454: „Sofern wir nicht alles von Röm uns so geläufige enge Verknüpfung von Opfer, stellvertretendem Tod und Rechtfertigung kaum direkt aus den von ihm verwendeten Bildern ableiten. Selbst wo, wie in Röm 6,6–9, mehrere Motive in unmittelbare Nähe gerückt auftreten, scheint mir dies mehr ein Nebeneinander darzustellen als eine direkte kausale Verbindung auszudrücken; auch fehlt der Aspekt der Stellvertretung ganz.

Doch gilt nach meiner Einschätzung vor allem Eines festzuhalten: Die Metaphorik von Blut und Sühne ist auch für Paulus, Johannes und die anderen Autoren des Neuen Testaments nicht dieselbe wie jene des Rauchopfers und noch einmal wesentlich anders gelagert als die des Schlachtens eines Passalammes[158]!

Wenn uns diese Unterscheidungen heute nicht mehr so nahe liegen, so dürfen

---

3,25 her lesen wollen, bleibt festzuhalten, dass weder Paulus noch die von ihm übernommene Tradition die Terminologie der Sühne benutzen. Ebensowenig spricht Paulus von ‚atonement' oder ‚expiation'. Stattdessen wird die Bedeutung des Todes Christi durch präpositionale Wendungen ausgedrückt. Inmitten des Tumults des exegetischen Sturms schlage ich vor, dass wir unser Augenmerk auf den Leuchtturm des sprachlichen Beweismaterials richten und, Paulus' Sprache folgend, über Christus als denjenigen sprechen, der ‚für uns', ‚für die Gottlosen', ‚für alle' oder ‚für unsere Sünden' starb. (…) Im Lichte der Chronologie der Paulusbriefe ist es sehr problematisch, alle ‚für uns' Passagen im Sinne möglicher Opfer-Anspielungen im Brief an die Römer zu interpretieren".

158 Darauf weist insbesondere Rau 2003, 124 hin: Auch die Unterscheidung der Opfertypen in Lev ist wesentlich komplexer als ihr Niederschlag in vielen christlichen Interpretationen der Opfermetaphorik, die unbewusst begangene Sünde und deren Sühne in Lev 5 etwa kaum direkt mit den Konzepten „Verschuldung" und „Rechtfertigung" zu vergleichen; Rau erinnert in diesem Zusammenhang auch mit Recht daran, dass der hebräische Begriff für Opfer קָרְבָּן von Buber mit „Nahung" übersetzt wird und wirklich ein „Nahekommen" meint, daher eher den Sinn einer „Gabe" als den eines „Opfers" hat; wenn Sigrid Brandt in Brandt 2001, 68 die Notwendigkeit einer Unterscheidung von Gabe und Opfer betont und dabei den besonderen Charakter des „Opfers" herausstreicht, so könnten wir auch nach ihrem Kriterium – „ein Opfer ist ein Geschenk vielmehr erst dann, wenn mit ihm eigene, zum eigenen Selbsterhalt wichtige Lebensressourcen (nicht einfach gegeben, sondern) vergeben werden" – die „Opfer" in Lev 5 eben eher als „Gabe" denn als „Opfer" bezeichnen. Ob aber auch der Blutritus in Lev 16 letztendlich eine Form der „Gabe" darstellt, welche Gott dem Menschen anvertraut, damit dieser sie ihm zurückgeben kann, wie Hartenstein ausserdem mit Bezug auf Christian A. Eberhart, Studien zur Bedeutung der Opfer im Alten Testament. Die Signifikanz von Blut- und Verbrennungsriten im kultischen Rahmen, WMANT 94, Neukirchen-Vluyn 2002, vorschlägt (2012, 136f: „Wenn das Blut Sitz im Leben ist bzw. mit der Lebenskraft identifiziert wird, könnte mit seiner Ausschüttung an den Fuss des Altars und mit der Applikation an Altar und Heiligtum die Rückgabe des Lebens an seinen Geber verbunden sein. […] Die Verwendung von Tierblut für die kultische Sühne ist demgegenüber eine zusätzliche Gabe des Schöpfergottes. Dabei gibt dieser die Lebenskraft, näpäs, für die Reinigung/Beseitigung von Verfehlung/Schuld kurzzeitig um des Menschen willen in die Hand des Menschen, um sie aus dieser wieder zu empfangen"), bleibt meines Erachtens durchaus zu erwägen.

Vgl. dazu auch Eberhart 2013, 49f: „Dabei ist speziell die kultische Verbrennung der Opfermaterie auf dem Brandopferaltar zu beachten und zu würdigen. Insofern dieses Ritualelement als einziges bei allen Opferarten vorkommt, ist ein Zugang zu einer umfassenden Wahrnehmung des Opferkultes als vielgestaltiges Phänomen gewonnen. Die kultische Verbrennung repräsentiert ihrerseits die Übergabe der Opfer an Gott und deren Akzeptanz. Sie ist die Basis dafür, dass alle Opferarten in Lev 1–7 als ‚Gabe/Darbringung für JHWH' (קָרְבָּן לַיהוָה, δῶρόν τῷ κυρίῳ) gelten." Dem würde ich – mit aller Vorsicht – zustimmen, auch wenn das Fehlen eines Oberbegriffs für „Opfer" in der hebräischen Sprache jegliche Verallgemeinerung nur unter Vorbehalten erlaubt.

wir doch davon ausgehen, dass sie damals absolut zum religiösen Hintergrund sowohl der Verfasser als auch der Leser der Texte gehörten.

Doch letztendlich liegt gerade in diesen unterschiedlichen Facetten und Nuancen auch ein beträchtliches Potential zum Verständnis der Geschehnisse rund um den Tod Jesu, das bis anhin kaum vollständig ausgeschöpft worden ist und das wir deshalb für unsere weitere Suche im Hinterkopf behalten wollen.

Es gibt im Neuen Testament aber einen Text, der bekanntlich den Tod Jesu ganz direkt mit der Darbringung im Tempel zu verbinden scheint, einen Text, der landläufig als typischstes Beispiel für die unmittelbare Verknüpfung von Kreuz und stellvertretender Sühne gilt; andere sehen in ihm zumindest jene Ausnahme, welche die spätere Regel begründet[159]: Der Hebräerbrief lässt Jesus auch gleich alle am Ritual beteiligten Funktionen übernehmen, vom Hohepriester zum Blutspender bis zum Opfertier.

Hebräer 9,11–14:

> „11 Christus aber, der *als Hoher Priester* der wirklichen Güter gekommen ist, ist durch das grössere und vollkommenere Zelt gegangen, das nicht von Menschenhand gemacht ist und also nicht zu dieser Schöpfung gehört. 12 Auch nicht mit dem Blut von Böcken und Kälbern, sondern *mit seinem eigenen Blut* ist er ein für alle Mal in das Heiligtum hineingegangen und hat ewige *Erlösung erlangt.* 13 Wenn nun schon das Blut von Böcken und Stieren und die Asche einer Kuh Verunreinigte, die damit besprengt werden, heiligt – zur Reinigung des Fleisches –, 14 um wie viel mehr wird dann das Blut Christi, der durch ewigen Geist *sich selber als makelloses Opfer dargebracht* hat, unser Gewissen von toten Werken reinigen und uns zum Dienst am lebendigen Gott bereitmachen!“

Doch aufgepasst: An dieser Stelle kommt der Begriff „Opfer“ im Originaltext von Vers 14 gar nicht wörtlich vor (ἑαυτὸν προσήνεγκεν ἄμωμον heisst zunächst einmal „sich selber makellos dargebracht hat“)! Und obwohl die Kultmetapher hier im Vergleich zu Römer 3,25 insofern ausgebaut erscheint, als Jesus auch der Priester ist, ändert dies nicht wirklich etwas an der Bedeutung: Auch hier ist es allein der Blutritus, auf den sich die Metapher bezieht; würden wir auch die

---

159 Eberhart 2013, 204: „Eine Ausnahme im Rahmen neutestamentlicher Soteriologie bildet die innovative Christologie des Hebräerbriefs, die aufgrund des einmaligen Selbstopfers Jesu das Verständnis von kultischer Sühne und kultischem Opfer auf den Tod Jesu konzentriert. Dieser einzigartige (und ggf. spät zu datierende) Ansatz sollte jedoch nicht für die Interpretation von Sühne- und Opfervorstellungen anderer neutestamentlicher Schriften herangezogen werden.“ Wenn wir, was den zweiten Satz betrifft, zumindest bis anhin nur bestätigende Argumente gefunden haben, so wird nun die Schlüssigkeit des ersten Satzes auf dem Prüfstand bestehen müssen …

Schächtung des Opfertieres durch den Hohepriester darin einschliessen wollen, müssten wir sie heillos überfrachten und uns in unlösbare Widersprüche verwickeln, doch hat ja auch hier tatsächlich die Tötung des Tieres selber durch den Priester keine eigenständige Funktion, ja sie wird nicht einmal ausdrücklich erwähnt.

Aber legitimiert vielleicht Hebr 10 die Übertragung eines weiter gefassten Opferbegriffes auch auf den vorausgehenden Abschnitt, ist ja dort ausführlich vom „Opfer" die Rede? Nehmen wir einmal Hebräer 10,11–14:

> „11 Jeder Priester steht Tag für Tag da, versieht seinen Dienst und bringt immer dieselben Opfer dar, die doch niemals Sünden beseitigen können. 12 *Er aber hat ein einziges Opfer* (θυσίαν) *für die Sünden dargebracht* und sich für immer zur Rechten Gottes gesetzt; 13 fortan wartet er, bis seine Feinde hingelegt werden als Schemel für seine Füsse. 14 Denn durch *eine einzige Darbringung* hat er diejenigen, die geheiligt werden, für immer zur Vollendung geführt."

Wie Sigrid Brandt überzeugend aufgezeigt hat[160], können wir diesen Abschnitt nur auf dem Hintergrund der vorausgehenden Verse 4–10 verstehen:

> „4 Denn es ist unmöglich, dass das Blut von Stieren und Böcken Sünden hinwegnimmt. 5 Darum sagt er bei seinem Kommen in die Welt: Opfer und Gabe wolltest du nicht, einen Leib aber hast du mir bereitet. 6 An Brandopfern und Sühnopfern hattest du kein Gefallen.
> 7 Da sprach ich: Siehe, ich komme – in der Schriftrolle steht geschrieben, was für mich gilt –, um deinen Willen, o Gott, zu tun. 8 Zuerst also hat er gesagt: *Opfer und Gaben und Brandopfer und Sühnopfer wolltest du nicht und hattest kein Gefallen an ihnen,* und doch werden sie nach dem Gesetz dargebracht. 9 Und dann hat er gesagt: *Siehe, ich komme, um deinen Willen zu tun.* Das Erste hebt er auf, um das Zweite in Kraft zu setzen. 10 In diesem Willen sind wir ein für alle Mal geheiligt durch die *Darbringung des Leibes Jesu Christi* (διὰ τῆς προσφορᾶς τοῦ σώματος τοῦ Ἰησοῦ Χριστοῦ ἐφάπαξ)".

Sie nehmen nämlich wörtlich Psalm 40,7–9 auf, wo der Beter in einer ausweglos scheinenden Notsituation erkennt, dass Gott „kein Gefallen an Brandopfern oder Sündopfern", ihm aber „Ohren aufgetan" hat (Psalm 40,7), damit er „Gottes Willen tue" und „seine Weisungen im Herzen trage" (40,9):

„Diese Stelle aus Psalm 40 zitiert der Hebräerbrief in Kap. 10,4–7. Er legt sie dem in die Welt eintretenden Sohn Gottes in den Mund. Zitat:

---

160 Brandt 2001, 70ff

(4) Denn unmöglich kann Blut von Rindern und Böcken Sünden hinwegnehmen. (5) Daher sagt er (gemeint ist der Sohn Gottes) bei seinem Eintritt in die Welt: ‚Opfer und Gabe hast du nicht gewollt, einen Leib aber hast du mir bereitet. (6) an Brandopfern und Sündopfern hast du kein Wohlgefallen gefunden. (7) Damals sprach ich: Siehe ich komme – in der Buchrolle steht über mich geschrieben – um deinen Willen zu tun, o Gott'.'

Vers 10 gibt die Entscheidende Erklärung: ‚Und in diesem Willen sind wir geheiligt durch die Opfergabe des Leibes Jesu Christi ein für allemal.' Die zitierte Stelle aus Ps 40 bildet im Hebräerbrief also das Motto, die Devise, für die Fleischwerdung von Gottes Sohn: Dieser erklärt, in der Buchrolle bzw. in den Psalmen stehe bereits geschrieben, dass Gott keine kultischen Opfer wolle, dass er aber seinem Sohn einen Leib gegeben habe (in Psalm 40 heisst es Ohren bzw. ein Gehör), damit er Gottes Willen erfülle. Für den Hebräerbrief besteht das Ziel der Menschwerdung von Gottes Sohn also darin, dass dieser Gottes Willen erfüllt. Das geschieht, indem er unter den Menschen, seinen irdischen ‚Geschwistern', Gottes Namen verkündet (2,12). Zu diesem Zweck der Verkündigung hat ihm Gott einen Leib gegeben. Es ist genau diese Willenserfüllung im Leibe, die der Hebr-Verfasser als Opfer versteht. Hebr 10,10 erklärt:

‚Und in diesem Willen sind wir geheiligt durch die Opfergabe des Leibes Jesu Christi ein für allemal.'

Im Blick auf die Verse 4–7 und 10 wird deutlich, dass der Hebräerbrief das Opfer Jesu Christi weder satisfaktionstheoretisch noch juridisch, weder kultisch noch metaphorisch versteht. Desgleichen wird deutlich, dass er mit dem Opfer Jesu Christi nicht in erster Linie Jesu Kreuzestod meint, sondern Jesu Existenz im Leibe, sein leibliches Leben zur Erfüllung von Gottes Willen, genauer: zur Verkündigung von Gottes Namen."[161]

---

[161] Brandt a. a. O., 71f.
Nicht ganz so weit geht etwa Helmut Löhr, Wahrnehmung und Bedeutung des Todes Jesu im Hebräerbrief, in Frey / Schröter 2012, 455–476, dort 472, und doch stärkt auch er Brandts Argumentation letztendlich, wenn er zu Hebr 10,1–18 festhält: „Die conclusio in V. 10 wertet den Begriff des σῶμα eindeutig im Sinne des Opferleibes aus, doch halte ich es für möglich, dass mit σῶμα nicht allein der Opfertod Christi, sondern darüber hinaus auch seine irdische Existenz gemeint ist. Für diese Vermutung spricht zum einen die Zitateneinleitung in V. 5, welche den Psalm Christus bei dem Kommen die die Welt, d. h. doch: bei der Inkarnation, in den Mund legt. Und zum anderen wird den verschiedenen Opfern die Erfüllung des göttlichen Willens (V. 7C, aufgenommen in V. 9) entgegengestellt, die sich gewiss auf den Opfertod, aber vielleicht doch auch auf die vorgängige irdische Existenz bezieht. Schon in 5,7–9 war ja der Gedanke des Gehorsams Christi gegenüber Gott ausgesprochen worden, und auch in jener Passage war er nicht allein auf den Opfertod zu beziehen."
Wenn nun also der Verfasser des Hebräerbriefes seine Opfermetaphorik offensichtlich nicht zufällig, sondern ganz bewusst unscharf bleiben lässt (was sich auch an anderen Stellen wie etwa 2,17 aufzeigen liesse) und eine direkte Identifikation zwischen „Opfer" und „Tod" Jesu sogar ganz konsequent vermeidet, so tut er dies nicht von ungefähr; für uns bedeutet es wiederum, dass

Brandt zeigt hier auf durchaus überzeugende Weise auf, dass auch der Hebräerbrief letztendlich dieselbe Bilderwelt verwendet, wie wir sie von Paulus kennen, dabei auch die gleiche Übertragung der Opfermetapher auf ein gottgefälliges Leben verwendet, die uns schon aus der hebräischen Bibel mehr als geläufig sein muss, eine exklusive Fokussierung derselben auf Jesu Tod hier alles andere als zwingend erscheint[162].

Wir können zusammenfassend festhalten: Wenn die Opfermetaphorik des Hebräerbriefes im Vergleich zu allem bisher gesehenen auch noch einmal reicher befrachtet in Erscheinung tritt, lässt sie sich doch nur verstehen, wenn wir die subtile Unterscheidungen zwischen Passalamm, Sühneblut und Brandopfer, welche bei Paulus notwendig ist, hier ebenfalls beibehalten und gleichzeitig davon ausgehen, dass im Hebräerbrief genauso jeder Hinweis und jede Anspielung auf Texte unseres Alten Testamentes (und auch jede entsprechende analoge Wortwahl) bewusst und zielgerichtet erfolgt, deshalb niemals ausser Acht gelassen werden darf.

Was Christian Eberhard für die Zeit bis 70 sagt, behält meiner Überzeugung nach auch für die folgenden Jahrzehnte vor allem dort noch immer Gültigkeit, wo wir, wie im Hebräerbrief, von einem jüdischen Hintergrund und bewusster Bezugnahme auf den Tempelkult ausgehen können[163] (einmal ganz unabhängig von dessen Datierung, für die es ja mit dem wohl kurz vor 100 verfassten 1. Clemensbrief, in dem er zitiert wird, eine Obergrenze gibt, die aber ansonsten nicht eindeutig festzulegen ist[164]): „Zu erwähnen ist, dass urchristlichen Autoren bis

---

diese Tatsache nicht einfach unter den Tisch gewischt werden darf, sondern ernst genommen sein will!

162 Obwohl Eberhart 2013, 131 dies prinzipiell bestätigt (vgl. auch 140: „Letztlich geht es im Hebräerbrief um soteriologische und paränetische Anliegen, in deren Dienst die neu adaptierten Kultmotive gestellt werden"), so sei hier doch der Vollständigkeit halber daran erinnert, dass er das Selbstopfer Jesu in 7,27 und 9,14 anders als Brandt, „in zunehmendem Kontrast zum frühjüdischen Opferkult" sieht (138): „Mit der Gewichtsverlagerung auf den Tod Jesu als Selbstopfer kommt es zu einer entscheidenden Neubestimmung der Opfermetapher" (141), einer Christologie, die „das Verständnis von kultischer Sühne und kultischem Opfer auf den Tod Jesu konzentriert" (204), durch die der Autor sich aber letztendlich selbst in seinen Behauptungen bezüglich des Opferkults widerspreche (139). Dass Brandt mit ihrer Argumentation die Annahme solcher inneren Widersprüche vermeidet, ist aus meiner Sicht ein Argument zu ihren Gunsten. Doch auch wenn (mit Brandt) der Opferbegriff im Hebräerbrief nicht so direkt auf Jesu Tod angewandt werden dürfte, bleibt natürlich eine gewisse Spannung bestehen zwischen der Blutmetapher einerseits und dem Bild des Hohepriesters andererseits: Hier darf man wohl die Bilderwelt des Hebräerbriefes nicht überstrapazieren, sondern muss sie je für sich betrachten.

163 Dazu Eberhart 2013, 23, Fussnote 50, mit vielen Belegbeispielen: „Trotz der Tempelzerstörung blieb der Tempel als solcher sowie sein Opferkult im rabbinischen Judentum Gegenstand gelehrter Debatten und Imagination".

164 Vgl. a. a. O., 131f: „Kaum eine Schrift des Neuen Testamentes gibt so viele Rätsel auf wie der sog. Hebräerbrief – diese Aussage gilt im Blick auf die Verfasserfrage, das Datum und den Ort der Entstehung sowie die Adressaten. Ferner ist auch das literarische Genre der Schrift umstritten (…) So schwanken Vorschläge zur Datierung zwischen 60 und 100 n. Chr.".

zur Tempelzerstörung im Jahre 70 n. Chr. in der Regel alle drei Formen des hier differenzierten realen Tempelkults[165] vertraut waren. Sie haben also möglicherweise an Opferritualen am Jerusalemer Tempel teilgenommen, ihnen waren diverse diesbezügliche Reflexionsansätze vertraut, und sie kannten Schriften über kultische Lehrtraditionen, wozu das Alte Testament und andere literarische Zeugnisse gehören."[166]

Und nicht nur das: „Aufgrund der gewählten Begriffe und Metaphern lässt sich darauf schliessen, dass den Rezipientinnen und Rezipienten (der urchristlichen Autoren) kultische Gegebenheiten wenigstens ansatzweise vertraut waren."[167] „Im Urchristentum waren Kultmetaphern folglich mit hoher Wahrscheinlichkeit keine ‚verblassten' Metaphern, die von den Rezipientinnen und Rezipienten nicht mehr wahrgenommen worden wären."[168]

Das heisst nun auch, dass wir hier genauso bedenken müssen, was wir schon zuvor immer wieder im Zusammenhang mit der Opfermetapher beobachtet hatten: Im Mittelpunkt der Bilderwelt, die sie in ihrem eigentlichen Umfeld evoziert, steht nicht die *Tötung* des „Opfers", wie wir das heute oft vorschnell assoziieren, sondern seine „Gottgefälligkeit", und deshalb kann sich die Metapher auch auf ganz selbstverständliche Weise mindestens so sehr wie auf Jesu Tod (der natürlich auch dazu gehört) auf sein ganzes Leben beziehen, sein Wirken, seine Worte und Taten.

Was also schon für die Paulusbriefe gesagt werden musste, gilt nach meiner Einschätzung nicht weniger für den Hebräerbrief[169]: Wo man ihn herangezogen hat, um nach seinem vermeintlichen Muster Opfer, Tod, Blut und Sühne in ein und dieselbe Kultmetapher einzupacken und sich dadurch legitimiert fühlte, die späteren Interpretationen des Todes Jesu davon abzuleiten als ein Gott von ihm selber freiwillig für das Wohl der Menschheit dargebrachtes Opfer, dessen Blut die Menschheit von Sünde reinige und dessen schreckliches Leiden so stellvertretend Sühne schaffe, dort wird man ihm kaum gerecht, sondern missbraucht ihn als Projektionsfläche für eigene Deutungen.

---

165 Eberhart bezieht sich zuvor auf die schon genannte Unterscheidung, welche W. Stegemann von I.U. Dalferth übernommen hat, wir fassen sie zum besseren Verständnis noch einmal mit Eberharts Worten zusammen: 1. „tatsächlich vollzogene Opfer" am Tempel; 2. zeitgenössische „unterschiedliche Reflexionsansätze, aufgrund derer die Handlungen des tatsächlich vollzogenen Kultes als symbolische Akte verstanden werden, durch die mit einer metaphysischen Wirklichkeit kommuniziert wird"; 3. „ursprünglich oral artikulierte und später verschriftete Lehrtraditionen, die den tatsächlichen Vollzug von Opfern beschrieben, interpretiert und zu einem kultischen Regelsystem entwickelt haben", a. a. O., 12f.

166 A. a. O., 13.

167 A. a. O., 17

168 A. a. O., 19

169 „Dem Hebräerbrief ist nämlich traditionelle Opfermetaphorik vertraut ...", a. a. O., 143, mit Bezug auf Hebr 5,7.

Doch eines stimmt tatsächlich: Alle unsere Quellen sind reich an Bildern, die, aus dem kultischen Bereich schöpfend, den Tod Jesu mit Befreiung, sein Opfer mit Erlösung, das Versprengen seines Blutes mit Sühne in Verbindung bringen. Wir werden auch, so viel sei hier vorweggenommen, immer wieder der Erinnerung an eine Selbsthingabe Jesu „für uns" begegnen.

Aber wo wir auch hinschauen, sei es in den Opfergesetzen der Hebräischen Bibel, sei es in den zahlreichen Kultmetaphern des Neuen Testaments von Paulus bis zum Johannesevangelium, vom Hebräerbrief bis zum Buch der Offenbarung: Eine eindeutige, ganz explizite Aussage, wonach auch nur irgend eines der dort erwähnten Opfer (eines Tieres oder einer anderen Gabe, des „Lammes" oder Jesu) direkt durch dessen Tötung einen sühnenden Charakter annehmen könnte oder diesen zumindest dadurch erreichen würde, dass sein Blut „stellvertretend für den Sünder vergossen" werde, suchen wir vergeblich.

Wir können höchstens annehmen, dass ein solcher „stellvertretender Sühneopfertod" in den Texten implizit intendiert sei[170] – doch dürfen wir dann wohl auch die Frage stellen: Weshalb sollte ein aus unserer Sicht doch so wesentliches und zentrales Konzept nicht ganz einfach beim Namen genannt werden können?

Selbst wenn ihm damals eine derartige Bekanntheit und Selbstverständlichkeit inne gewesen wäre, dass es einfach ungesagt mitschwingen *musste:* Wäre die Wahrscheinlichkeit nicht gross, dass wir es, zumindest in Form einer Bemerkung, innerhalb einer Doxologie oder eines Hymnus, irgendwo einmal klar und deutlich in Worte gefasst oder zumindest in einer ganz eindeutigen Anspielung überliefert vorfänden?

Wenn dem aber nicht so ist, dann legt sich doch der Verdacht nahe, dass eine solche Lesart erst dann entstehen konnte, wenn sich die Konturen der bildgebenden Realität des kultischen Opferrituals längst in Unschärfe verwischt haben, die Erinnerung an die konkrete Praxis der Priester längst verblasst ist, man den Tempel nur noch vom Hörensagen kennt.

Dann aber legt sich doch auch der Verdacht nahe, dass dieses Konzept des „stellvertretenden Sühneopfertodes" nicht Ursprung, sondern erst nachträgliche und deutlich spätere Interpretation jener Erinnerungen ist, deren Ausgangspunkt also ein ganz anderer sein musste; dass nur schon beim Terminus „Opfer", im Alten wie im Neuen Testament, ein Spektrum an Bedeutungen mitschwang, die uns heute zum grossen Teil verloren gegangen sind, zum Beispiel wesentlich näher am Begriff der „Gabe" als an der für uns üblichen negativen Konnotation stan-

170 Als ein Beispiel unter den Vielen für eine solche (von uns nicht geteilte) Interpretation mag hier noch einmal Knöppler 2012, 295 für Lev 17 dienen: „... die ganze Person des Sünders ist in die beim Sühnopfer sich vollziehende Stellvertretung einbezogen. Auf dem Wege des tödlichen Gerichts, das über das Tier und auf diese Weise auch über das eigene alte, der Schuld verfallene Leben ergeht, gelangt der Sünder zu Gott und damit zu neuem Leben".

den, welche so sehr auf „Verzicht", „Leiden" oder „Ohnmacht des Getöteten" fokussiert bleibt.

Wenn hingegen unsere Quellen im Zusammenhang mit Jesus von „Opfer" sprechen, dann meinen sie damit viel mehr als nur seine letzten Stunden: Sie beziehen sich auch auf seine ganze „Proexistenz zugunsten der Menschheit"[171].

Und wo sie vom Tod reden, da könnte dieser allein niemals als Sühne verstanden werden: Das Sterben des Opfertieres hat – das ist noch fest im Bewusstsein unserer Autoren verankert – für sich genommen keinerlei sühnende Wirkung, es ist höchstens die Voraussetzung dafür, dass sein Blut zum Sühneritus bereitsteht.

Eines möchte ich hier noch festhalten: Nur schon auf dem Hintergrund jener Typen von Opfermetaphorik, denen wir bis anhin begegnet sind, können wir deren Heranziehen als durchaus stringenten Umgang mit so traumatischen Ereignissen betrachten, wie sie die Anhänger Jesu anzugehen gezwungen waren, einen Umgang also, der in keiner Weise dem üblichen, jüdischen, römischen oder griechischen Verarbeitungsprozess zuwiderlaufen würde. Ich bin also daher der Meinung, dass auch eine Interpretation des Todes Jesu als letztendlich „sühnende Wohltat Gottes" allein die Abspaltung des Christentums vom Judentum keinesfalls erklären könnte, dass, im Gegenteil, die grosse Bandbreite an Bezügen zu Opferritualen im Tempel von Jerusalem die tiefe Verankerung der Anhänger Jesu in ihrer Religion geradezu bezeugt und deshalb auch dem Paulus in keiner Weise als „religionsstiftendes Moment" zugeschrieben (oder untergeschoben) werden kann.

Doch so aussagestark diese Bilder für die Deutung des Todes Jesus sein mögen, Rückschlüsse auf die Ereignisse selber rund um seine Verhaftung, seinen Prozess und seine Hinrichtung lassen sie letztendlich keine zu.

All das wiederum bedeutet aber auch, dass unsere Suche nach einem möglichen Hintergrund, einem möglichen faktischen Anstoss, einer plausiblen Erklärung für die enge Verknüpfung dieses Geschehens mit Metaphern aus der rituellen Kultpraxis des Tempels von Jerusalem erst ganz am Anfang steht …

---

[171] Eberhart 2013, 203: „Vernachlässigt wird häufig, dass im Neuen Testament die Proexistenz Jesu zugunsten der Menschheit u. a. anhand des Opfermotivs artikuliert wird. Das Christusereignis umfasst neben dem Kreuzestod und der Auferstehung auch die Inkarnation und das gesamte Leben Jesu. Letzteres bildet ein facettenreiches Vorbild für das Wagnis einer sich selbst auf Spiel setzenden Liebe".

2.5 Hinter die Opfermetapher zurück weisende Spuren

2.5.1 Wonach wir suchen wollen

„Als konstruktives Element der Sprache besitzt die Metapher wirklichkeitsstrukturierende und -erschliessende Kraft. Die Analyse ihrer Verwendung innerhalb der Christologie erhellt deshalb einen wichtigen Bereich der Konstruktion der Sinnwelt des urchristlichen Glaubens. Die Bedeutung historischer und traditionsgeschichtlicher Fragen zur Entstehung der Christologie wird dadurch nicht relativiert. Die Frage nach dem Zusammenhang zwischen Wirken und Geschick Jesu auf der einen und den urchristlichen Glaubensaussagen auf der anderen Seite macht vielmehr Aspekte der frühen Christologie, die bereits bei Jesus selbst angelegt waren, in ihrer Entstehung plausibel. Die neuere Diskussion hat gezeigt, dass sich hier mehr Verbindungslinien aufzeigen lassen, als die Forschung längere Zeit anzunehmen geneigt war."[172]

Wenden wir diese (absolut stringenten) Überlegungen von Jens Schröter nun direkt auf die Opfermetaphorik im Neuen Testament an: Was könnten die historischen Fakten sein, welche hinter den Deutungsmustern stehen, worauf könnten sich diese stützen, gibt es eine Möglichkeit, näher an das Geschehen heranzukommen, auch wenn unsere Quellen erst Jahrzehnte später abgefasst wurden und somit auf ganz natürliche Weise von den Interpretationsmustern ihres Umfelds durchtränkt sind? In der grossen Vielfalt Spuren auszumachen, die uns näher an die eigentlichen Ereignisse heranführen könnten, darin besteht nun die Herausforderung.

Denn, um es mit Adriana Destro und Mauro Pesce zu sagen: „Wir gehen davon aus, dass in den Erzählungen der Evangelien ungetilgte Spuren erhalten sind, die uns in gewissen Fällen erlauben, einen flüchtigen Blick auf das Geschehen zu werfen. Spuren, die klare Anzeichen dafür sind, was in der Vergangenheit geschehen war. Wie wenn die Flut sich zurückzieht und den schlammigen Sand der Lagune voller Abdrücke hinterlässt, mehr oder weniger deutliche Indizien von Leben, das nicht mehr da ist. Wir wissen aber, dass es da war.

Grundlage unserer Arbeit ist genau diese Suche nach Spuren unter und hinter den expliziten Aussagen der Texte. Nur wenn offensichtlich wird, dass sich die Ereignisse nicht gleichzeitig in unterschiedlicher Art und Weise abspielen konnten, fragt man sich, was wirklich geschah und wie wir es erfahren können."[173]

Wenn wir nun also all diesen so verschiedenen Spuren folgen, dann fällt schnell einmal auf, dass ein besonderer Abdruck, in unterschiedlicher Ausprägung, immer wieder auftaucht, wo auch immer wir danach Ausschau halten, von

---

172 Schröter 2003, 54f.

173 Destro / Pesce 2014, 8 (eigene Übersetzung).

den Paulusbriefen bis zu den spätesten Schriften, von frühesten Glaubenssätzen bis zu theologisch und philosophisch ausgereiften Traktaten.

„Jesus ist für uns gestorben", heisst es da jeweils, in vielfältigen Ausdrucksformen[174], doch was meint diese sogenannte „Sterbeformel"[175] in ihrer ursprünglichsten Erscheinung, ist sie als eigenständige „Metapher" zu verstehen[176]? Hat Paulus sie selber eingeführt[177] oder wo kommt sie her?

Was mochte sie für die kleine Anhängerschar einmal bedeutet haben, längst bevor die Botschaft sich weiter auszubreiten, vielerorts im ganzen römischen Reich zu verankern und mit Menschen in Kontakt zu treten begann, denen das konkret Erlebte der Augenzeugen zwangsläufig fremd bleiben musste; längst bevor diese Botschaft, den neuen Gegebenheiten angepasst, so weitergegeben wurde, dass sie auch in diese Welt hinein sprechen konnte?

„Es bleibt festzuhalten, dass es nicht im Geringsten klar ist, was mit der Wendung ‚Christus starb für uns' oder ‚für unsere Sünden' gemeint sei."[178]

Es wird also eine besondere Herausforderung sein, dennoch nach einer plausiblen Antwort auf diese Frage zu suchen …

2.5.2 Wo lassen sich Spuren älterer Überlieferungen deutlich erkennen?

Nach breitem Konsens sind die allgemein als echt anerkannten Briefe des Apostels Paulus die ältesten erhaltenen schriftlichen Zeugnisse des Gedankenguts von Anhängern Jesu, so wollen wir also unsere Spurensuche hier wiederaufnehmen, doch spielt für uns die – oft ja sehr umstrittene – Datierung der Texte nur eine untergeordnete Rolle: Unser Augenmerk gilt Hinweisen auf noch ursprünglichere, in die Texte eingeflossene und von ihnen verwendete Überlieferungen.

Tatsächlich finden wir bei allen Autoren immer wieder Indizien für Formeln, Hintergrundwissen, vom Schreiber als bekannt vorausgesetztes historisches Gedankengut. All dies wollen wir zuerst einmal einfach sammeln, ohne interpretierend darauf einzugehen, denn es interessiert uns ja hier mehr, was für Material sie in welcher Form schon vorgefunden hatten und viel weniger, wie oder wozu sie es dann selber eingesetzt haben.

Nun also zu Paulus, wir übernehmen hier die im Kanon festgesetzte Reihenfolge.

---

174 Vgl. Mk 10,45; Lk 22,14–24; Joh 3,16; Joh 10,1–18; Joh 11,49–53; Joh 13,21–30; Joh 15,13; Joh 18,4–14; Röm 3,31–36; Röm 4,25; Röm 5,6–10; Röm 8,2; I Kor 15,3; II Kor 5,14–15; Gal 1,3–4; Gal 2,20; I Thess 5,9–11; Tit 2,14; Eph 5,2; Eph 5,25–26; I Tim 2,5–6; Hebr 9,27–28; I Petr 1,18–19; I Petr 2,22–24; I Joh 3,16.

175 Der Begriff wurde von Klaus Wengst eingeführt, in seiner Monographie „Christologische Formeln und Lieder im Urchristentum", in StNT 7, Gütersloh 1972.

176 Vgl. Breytenbach 2003, 454, 473 usw.

177 So etwa Frey 2004, 99f, 107.

178 Breytenbach 2003, 453

Da treffen wir zuerst in Römer 4,25 auf einen Satz, der in seiner Wortwahl etwas von einer fertigen Formel hat, wir können also annehmen, dass Paulus ihn als solche schon angetroffen[179] und übernommen[180] hat:

> „25 *wegen* (διά) *unserer Verfehlungen* (παραπτώματα, auch einfach *Fehler*) *wurde er dahingegeben* (παρεδόθη) und um unseres Freispruchs willen wurde er auferweckt".

Ähnliche, aber etwas stärker bearbeitete oder mit Paulus-eigenen Gedanken angereicherte Sätze finden sich im Römerbrief häufig;

Römer 5,6–8 sind wir schon begegnet:

> „6 Denn Christus ist, als wir noch schwach waren, *für* (ὑπέρ) *die damals noch Gottlosen gestorben.* 7 Nicht einmal für einen Gerechten will einer sterben – *für eine gute Sache allenfalls mag einer sogar sein Leben aufs Spiel setzen* –, 8 Gott jedoch zeigt seine Liebe zu uns gerade dadurch, dass *Christus für uns gestorben ist*, als wir noch Sünder waren."

Dann Römer 8,32:

> „32 Er, der seinen eigenen Sohn nicht verschont, sondern *für* (ὑπέρ) *uns alle dahingegeben* (παρέδωκεν) hat, wie sollte er uns mit ihm nicht alles schenken?"

---

179 Dazu insbesondere Eschner 2010, 415, mit zahlreichen weiteren Autorenhinweisen in den Fussnoten 111–114: „Dass es sich bei dieser zweigliedrigen Aussage in Röm 4,25 um eine überlieferte Formel handelt, ist aufgrund der Form in der Forschung nahezu opinio communis, wenngleich der genaue Umfang der Tradition umstritten ist, dabei wird zumeist V.25 insgesamt als Tradition bestimmt, doch sprechen einige Exegeten auch nur für V.25a von einer Tradition, für V.25b hingegen von einer Paulinischen Analogiebildung." Eschners systematische Analyse der in der griechischen Literatur belegten Sterbe- und Hingabeformulierungen erlaubt im Übrigen einen ganz neuen Blick auf den komplexen kulturellen Hintergrund, zwischen Judentum und Hellenismus, sowohl von Paulus selber als auch (vielleicht mehr noch) der Adressaten und somit Rezipienten seiner Briefe und somit auch auf deren frühe Wirkungsgeschichte.

180 Vgl. auch Wolter 2012, 312 zu Römer 4,23–25 und I Korinther 15,1–5: „In beiden Fällen wird seit längerem mit guten Gründen davon ausgegangen, dass Paulus vorliterarisches Traditionsgut zitiert", mit Verweis auf Wengst 92ff; 97ff.
Wolter relativiert allerdings später diese seine eigene Position für Röm 4,25: „Es muss offen bleiben, ob Paulus eine bereits im hellenistischen Judenchristentum geprägte Formulierung aufgreift, die bereits vorher den Tod Jesu in das Licht von Jes 53 gestellt hatte, oder ob er erst selbst die Formulierung von Röm 4,25a dem Text 53,12^{LXX} nachgebildet hat. Doch selbst wenn letzteres der Fall sein sollte, macht er diese Querverbindung für seine Leser nicht besonders deutlich erkennbar. So oder so – ausser Frage steht jedenfalls, dass Paulus hier keine ‚Formel' zitiert." Wolter 2014, 312.
Auf die Rolle von Jesaja 53 komme ich noch zu sprechen; hier hingegen tendiere ich nach wie vor dazu, eine Begrifflichkeit auszumachen, welche Paulus und seinen Lesern so oder so schon vertraut war.

Nur schon in diesen Zitaten fällt auf, dass der Tod Jesu durch zwei Präpositionen mit „uns" beziehungsweise „unseren Verfehlungen" (oder „Fehlern") in Verbindung gebracht wird, die im Allgemeinen mit „wegen" (διά) oder „für" (ὑπέρ) übersetzt werden, wobei ὑπέρ ja durchaus auch „zugunsten von", „wegen" oder sogar „anstelle von" bedeuten kann, also a priori eine gewisse Mehrdeutigkeit mit sich bringt[181]. Das müssen wir für unsere hypothetische Annahme von ganz ursprünglichen Formulierungen und ihrer allerersten inhaltlichen Bedeutung einmal im Hinterkopf behalten.

Interessant, weil von Paulus explizit als „Tradition" deklariert, ist das Zitat in I Korinther 15,3[182]:

> „3 Denn ich habe euch vor allen Dingen weitergegeben, was auch ich empfangen habe: dass Christus *gestorben ist für unsere Sünden* (ὑπὲρ τῶν ἁμαρτιῶν ἡμῶν) gemäss den Schriften, ..."

Wieder haben wir es mit Worten zu tun, die eigentlich ein breites Interpretationsspektrum offen lassen: ἁμαρτία kann ja auch einfach „Schuld" bedeuten[183], der Satz könnte also auch mit „... dass Christus gestorben ist wegen unserer Schuld ..." wiedergegeben werden. Das können wir einfach einmal festhalten, ohne uns für die eine oder andere Übersetzung zu entscheiden: Was Paulus hier zitiert, das mochte also vielleicht ursprünglich auch noch ganz andere Facetten zeigen als jene, die er darin sieht oder daraus verwendet.

Auch in Galater 1,3–4 scheint Paulus auf dieses Traditionsgut zurückzugreifen, zum Teil mit genau demselben Wortlaut, diesmal liegt aber schon aus dem Zusammenhang (typische griechische „Selbsthingabeformulierung"[184]) eine kausale Übersetzung von ὑπέρ näher:

---

181 ThWNT VIII, Stuttgart, Berlin, Köln 1969 (Nachdruck 1990), 510–518 (Harald Riesenfeld). Vgl. auch Eschner 2010, 12, mit Belegen in Fussnote 23
und Jens Schröter, Sterben für die Freunde. Überlegungen zur Deutung des Todes Jesu im Johannesevangelium, in: Religionsgeschichte des Neuen Testaments. Festschrift für Klaus Berger zum 60. Geburtstag, Tübingen und Basel 2000, 267: „Durch die Verwendung der Präposition ὑπέρ ist dabei noch nicht ausgedrückt, wie das hiermit qualifizierte Handeln konkret zu bestimmen ist – ob es sich also um ein Eintreten zugunsten eines Sache, einer Überzeugung oder anderer Menschen, die Vertretung eines Menschen durch einen anderen, die Bezeichnung der Sache, im Hinblick auf die bzw. die Ursache, derentwegen etwas geschieht, handelt".

182 Vgl. dazu noch einmal Wolter, 2012, 312 (Zitat siehe oben, S. 84, Fussnote 180);
Eschner 2010, 107, mit Belegen in Fussnote 1: „... greift Paulus in V3b–5 auf eine ihm vorgegebene urchristliche Glaubensüberlieferung zurück, welche vermutlich die älteste uns zugängliche ‚urchristliche Lehrfestigung' darstellt".

183 ThWNT I 1933 (Nachdruck 1990), 267–320, mit besonderem Augenmerk auf die Sprachgeschichte, 296–305 (Gustav Stählin / Walter Grundmann).

184 Eschner 2010, 386.

„3 Gnade sei mit euch und Friede von Gott, unserem Vater, und dem Herrn Jesus Christus, 4 *der sich hingegeben* (δόντος) *hat um unserer Sünden* (bzw. Schuld) *willen* (ὑπὲρ τῶν ἁμαρτιῶν ἡμῶν), um uns herauszureissen aus der gegenwärtigen bösen Weltzeit nach dem Willen Gottes, unseres Vaters."

In Galater 2,20 finden wir eine solche Selbsthingabeformulierung wiederum direkt in Verbindung mit der ersten Person (diesmal im Singular):

„20 Nicht mehr ich lebe, sondern Christus lebt in mir; sofern ich jetzt noch im Fleisch lebe, lebe ich im Glauben an den Sohn Gottes, der mich geliebt und *sich für mich hingegeben hat* (παραδόντος ἑαυτὸν ὑπὲρ ἐμοῦ)."

Abschliessend könnten wir also feststellen, dass Paulus in seiner Interpretation von Jesu Tod auf Formeln zurückgreifen kann, in denen sein „Sterben für/wegen/anstelle von" oder seine „Hingabe für/wegen" direkt mit seinen Anhängern („mich/mir", „uns") bzw. deren „Verfehlungen/Fehler" bzw. „Sünden/Schuld" oder deren „Leben/Erlösung" in Verbindung gebracht wird.

Obwohl wir es bei Paulus bereits mit einem hoch entwickelten Stadium von theologischer Reflexion zu tun haben, blicken ursprüngliche, ganz einfache Überlieferungen immer noch ganz deutlich zwischen den Zeilen durch. Wie ich schon anderweitig angetönt habe, scheint sich mir dabei aber, im Unterschied zur oft vertretenen Meinung, in keiner Weise eine Suche danach aufzudrängen, ob alle diese im Einzelnen verschiedenen Aussagesätze vielleicht von einer einzigen Urform abstammen könnten – entweder als Verkürzung einer Sterbeformel mit Sündenbegriff[185] oder umgekehrt als Erweiterung einer einfachen Hingabeformel[186]; als Ableitung der Herrenmahlworte[187] oder aus der hellenistische Freundschaftsethik[188]: Ich gehe davon aus, dass solche Sätze durchaus von Anfang an schon nebeneinander in den unterschiedlichsten Formulierungen und Zusammenhängen zirkulieren konnten, ohne dass dabei eine literarische Abhängigkeit rekonstruierbar wäre, ja eine solche auch gar nicht erst postuliert werden muss.

Welche Bedeutung diesen Aussagen aber dabei in den oft sehr weiten Wortfeldern ursprünglich wirklich zu Grunde gelegen haben mag, wird sich noch weisen müssen; um das zu entscheiden, sind wir auf weitere Indizien angewiesen[189].

---

185 Vgl. dazu, wie bereits erwähnt, Frey 2004, 99f.

186 So etwa Wengst 1972 und, in Anlehnung, an Wengst, Gerhard Barth, Der Tod Jesu Christi im Verständnis des Neuen Testaments, Neukirchen-Vluyn 1992, 43: „Am Anfang standen die einfache Sterbensformel (wie Röm 5,8) und die einfache Auferweckungsformel (wie Röm 10,9)".

187 Diese These wird von Harald Riesenfeld in ThWNT VIII 1969 (Nachdruck 1990) vertreten.

188 Vgl. Breytenbach 2003, 470.

189 Dabei werde ich noch weiter gehen als Wolter 2012, 301, der dort, z. B. gegen M. Hengel, Der stellvertretende Sühnetod Jesu. Ein Beitrag zur Entstehung des Urchristlichen Kerygmas, IKaZ 9 (1980), 11 und P. Stuhlmacher, Biblische Theologie des neuen Testaments I, Göttingen 1992,

Soviel sei hier schon vorweggenommen: Dass es sich schon zu Beginn bei all diesen so ganz ähnlichen und doch nicht identischen Sätzen um *metaphorische* Aussagen handelt, halte ich für höchst unwahrscheinlich, dazu sind sie einfach zu früh zu vielfältig präsent. Wir müssen also nach einer Erklärung suchen, die sich, innerhalb des von den Wortfeldern angebotenen Bedeutungsspielraumes, denotativ und ganz konkret auf plausible Weise ergeben könnte …

Doch nicht nur bei Paulus finden wir Spuren von offensichtlich sehr alten Traditionen. Auch die Synoptiker und, in ganz erstaunlichem Masse, Johannes, bergen wertvolle Schätze früher, ja vielleicht sogar frühester Überlieferung.

Einen ersten interessanten Hinweis gibt uns Markus: 10,45 wirkt schon als Ganzes wie ein Zusatz, den Markus zur Episode 10,35–44 assoziiert; 45b erscheint in diesem Zusammenhang eigentlich sogar ganz unerwartet – offensichtlich ein Wort, das Markus bekannt war, vielleicht auch schon in Verbindung mit dem „Menschensohn" (wir werden auf diesen Begriff später noch zurückkommen) und das ihm hierhin zu passen schien:

> „45(a) Denn auch der Menschensohn ist nicht gekommen, um sich dienen zu lassen, sondern um zu dienen (45b) und *sein Leben hinzugeben* (δοῦναι) *als Lösegeld* (λύτρον) *für viele.*"

Markus geht an dieser Stelle dann gar nicht weiter auf diese bedeutungsschwangeren Worte ein …

Dass die Begriffe „Lösegeld" und „Loskaufen" aber ebenfalls schon wesentlich früher im Umlauf waren, belegen Stellen wie I Kor 6,20, wo sie bereits metaphorisch eingesetzt werden:

> „Ihr aber seid teuer *erkauft* (ἠγοράσθητε)" // I Kor 7,23;

Gal. 3,13:

> „Christus hat uns *freigekauft* (ἐξηγόρασεν) vom Fluch des Gesetzes"

191, vor den „weit verbreiteten Behauptungen" warnt, dass „überall dort, wo vom Sterben Jesu ‚für uns' etc. Die Rede ist, die Vorstellung vom Sterben Jesu ‚für unsere Sünde' etc. mitgedacht sei".

Auch werden wir uns fragen müssen, ob wirklich auch für uns gilt, wenn Breytenbach 2003, 454 meint, „dass die Belege, an denen den Präpositionen ὑπέρ und διά die ‚Sünden' oder ‚Vergehen' folgen, von den Belegen zu trennen sind, an denen der jeweiligen Präposition Personalobjekte wie ‚uns', ‚ihr', ‚alle', ‚die Gottlosen' folgen. Das trifft sowohl für die Interpretation als auch für die ‚Traditionsgeschichte' zu".

und Gal 4,4f:

> „4 Als aber die Zeit erfüllt war, sandte Gott seinen Sohn, zur Welt gebracht von einer Frau und dem Gesetz unterstellt, 5 um die unter dem Gesetz *freizukaufen* (ἐξηγόρασεν), damit wir als Söhne und Töchter angenommen würden",

wo Paulus solche Begriffe sehr frei und in einer völlig selbstverständlichen Art und Weise einsetzt und für seine ureigene Sichtweise adaptiert (Freiheit gegen Gesetz).

Wie dann auch Markus steht aber schon Paulus offensichtlich keineswegs unter irgendeinem Drang, weitere Erklärungen zur Verbindung der Bilderwelt des „Freikaufens" mit dem Tod Jesu abgeben zu müssen: Sie scheint ihrem Publikum bereits hinreichend bekannt zu sein und reicht offensichtlich auf ein sehr frühes Stadium der Überlieferung zurück.

Später treffen wir diese Metapher noch öfters an, oft in eindeutig paränetischen Zusammenhang und eingebettet in einen Text mit ausformuliertem Bekenntnischarakter, wie in I Petrus 1,18–19 (als Teil von 1,18–21):

> „18 Ihr wisst doch, dass *ihr* nicht mit Vergänglichem, mit Gold oder Silber, *freigekauft* (ἐλυτρώθητε) *wurdet* aus einem Leben ohne Inhalt, wie es euch von den Vätern vorgelebt wurde, 19 sondern mit dem teuren Blut eines makellosen, unbefleckten Lammes, mit dem Blut Christi."

Das Loskaufmotiv erscheint auch im Lukanischen Doppelwerk (in Verbindung mit der Blutmetapher, Apg 20,28) und gleich mehrmals im Buch der Offenbarung (dort ebenfalls mit dem „Blut des Lammes" in 1,5b und 5,9 und schliesslich, ohne Blut, in 14,3c.4b).

Doch zurück zu den Evangelien: Rund um die Einsetzungsworte zum letzten Mahl Jesu mit seinen Jüngern (dem wir zuvor im Zusammenhang mit der Opfermetaphorik begegnet sind) finden sich immer wieder Formulierungen, welche ebenfalls die schon bei Paulus angetroffenen Selbsthingabeformeln anklingen lassen, allerdings unterscheiden sich die verschiedenen Versionen dadurch, dass gerade diese Aussagen nie an ein und derselben Stelle auftreten, sondern je nach Autor unterschiedlich platziert sind, was, wie gesagt, eine Ableitung solcher Formeln von ursprünglich an das Herrenmahl gebundenen Aussagen Jesu zumindest literarisch unmöglich macht – und doch gleichzeitig offen lässt, ob Jesus nicht (auch) in diesem Zusammenhang seinen bevorstehenden Tod mit einem „für euch" verbunden haben könnte – dazu später mehr.

Schauen wir hier das Erscheinen solcher Begriffe aber schon einmal am Beispiel des Lukasevangeliums an, das den Bericht zum Abendmahl mit Zusätzen bereichert, die er wohl aus von Markus unabhängigen Überlieferungen kannte. Lk 22,14–20:

> „14 Und als die Stunde kam, setzte er sich zu Tisch, und die Apostel mit ihm. 15 Und er sagte zu ihnen: Mich hat sehnlich verlangt, vor meinem Leiden mit euch dieses Passalamm zu essen. 16 Denn ich sage euch: Ich werde es nicht mehr essen, bis es seine Erfüllung findet im Reich Gottes. 17 Und er nahm einen Kelch, sprach das Dankgebet und sprach: Nehmt ihn und teilt ihn unter euch. 18 Denn ich sage euch: Von jetzt an werde ich von der Frucht des Weinstocks nicht mehr trinken, bis das Reich Gottes kommt. 19 Und er nahm Brot, sprach das Dankgebet, brach es und gab es ihnen und sprach: Das ist mein Leib, *der für euch gegeben wird* (ὑπὲρ ὑμῶν διδόμενον). Dies tut zu meinem Gedächtnis. 20 Und ebenso nahm er den Kelch nach dem Mahl und sprach: Dieser Kelch ist der neue Bund in meinem Blut, das vergossen wird *für euch.*"

Während das Vergiessen des Blutes „für euch" (V. 20, anstelle des markinischen „für *viele*") durchaus eine von Lukas gestaltete Parallelisierung sein mag, erinnert die Hingabe des Leibes (V. 19b, welche bei Markus fehlt) wiederum tatsächlich direkt an die Selbsthingabeformeln, die wir bereits bei Paulus angetroffen haben und die vor allem auch in dessen (ja wohl ältester) Version der Einsetzungsworte, I Korinther 11,24, im „für euch" anklingt (dort in Verbindung mit dem Blut aber gänzlich fehlt).

Ausgerechnet das Johannesevangelium, das seine Informationen manchmal fast bis zur Unkenntlichkeit umarbeitet und in ein ganz eigenes Gesamtbild integriert, lässt doch immer wieder ein Wissen aufblitzen, eine Grundlage, auf der es seine Überhöhung der Person Jesu, des Geschehens um ihn und seines Handelns aufbaut, die oft einen genuinen Charakter bewahrt hat und uns ein Fenster öffnet zu den Gedanken einer Gemeinde, welche anscheinend noch immer weiss, wovon Johannes spricht[190]. Schauen wir uns das einmal an:

Zuerst die berühmte Sendungsformel in Johannes 3,16:

> „Denn so hat Gott die Welt geliebt, dass er den einzigen Sohn gab (ἔδωκεν), damit jeder, der an ihn glaubt, nicht verloren gehe, sondern ewiges Leben habe."

---

190 Theissen / Merz 2011, 102: „Das JohEv könnte in seinen erzählenden Abschnitten historisch zutreffende Informationen bewahrt haben, wo die spezifisch johanneische Stilisierung des Jesusbildes nicht wirksam ist".

Auch Johannes stellt also eine Verbindung her zwischen dem Tod des Einen, Jesus, und der Rettung aller Anderen; wir finden dieses Konzept bei ihm noch wesentlich expliziter ausgedrückt als alles, was wir bisher angetroffen hatten:

Johannes 10,11–18:

> „11 Ich bin der gute Hirte. *Der gute Hirte setzt sein Leben ein* (τίθησιν) *für die Schafe.* 12 Der Lohnarbeiter, der nicht Hirt ist, dem die Schafe nicht gehören, der sieht den Wolf kommen und lässt die Schafe im Stich und flieht, und der Wolf reisst und versprengt sie. 13 Er ist eben ein Lohnarbeiter, und ihm liegt nichts an den Schafen. 14 Ich bin der gute Hirt und kenne die Meinen, und die Meinen kennen mich, 15 wie der Vater mich kennt und ich den Vater kenne. *Und ich setze mein Leben ein* (τίθημι) *für* (ὑπέρ) *die Schafe.* 16 Und ich habe andere Schafe, die nicht aus diesem Pferch sind; auch die muss ich leiten, und sie werden auf meine Stimme hören. Und sie werden eine Herde werden mit einem Hirten. 17 *Darum liebt mich der Vater, weil ich mein Leben einsetze* (τίθημι), um es wieder zu empfangen. 18 Niemand nimmt es von mir, sondern *ich setze es von mir aus ein.* Ich habe Vollmacht, es einzusetzen, und ich habe Vollmacht, es wieder zu empfangen. Diesen Auftrag habe ich von meinem Vater empfangen."[191]

Zu den Zeugen, ja sogar den Initianten dieser Opferung des Einen für die Vielen zählt Johannes auch den Hohepriester Kajafas, dessen Worte er als einziger überliefert, auch wenn er sie offensichtlich bewusst umdeutet:

Johannes 11,49–53:

> „49 Einer von ihnen aber, *Kajafas, der in jenem Jahr Hoher Priester war, sagte zu ihnen: Ihr versteht nichts, 50 auch bedenkt ihr nicht, dass es für euch von Vorteil wäre, wenn ein einzelner Mensch für das Volk stirbt* (ἀποθάνῃ ὑπέρ) *und nicht das ganze Volk zu Grunde geht.* 51 Das aber sagte er nicht aus sich selbst, sondern als Hoher Priester weissagte er, *dass Jesus für das Volk sterben sollte,* 52 und nicht nur für das Volk, sondern auch, um die zerstreuten Kinder Gottes zusammenzuführen. 53 Von jenem Tag an hielten sie es für beschlossen, dass sie ihn töten wollten."

---

[191] Zumindest teilweise gegen Jens Schröter, Schröter 2000, 270: „Der Hirt setzt sein Leben zur Verteidigung und somit zum Schutz der Schafe ein, weshalb der Gedanke der Stellvertretung – und erst recht jener der Sündenbeseitigung – hier nicht vorliegt" halte ich es hier mit Bernd Janowski, Janowski 2001, 40, Fussnote 107: „Der These, dass Joh 10,11.18 nicht von Sündenbeseitigung oder gar Sühne spricht, ist zuzustimmen, nicht aber der Behauptung, dass hier kein Stellvertretungsgedanke vorliegt. Das ὑπέρ in der Wendung ‚das Leben geben/einsetzen für' ist dabei m. E. unterbestimmt. Denn der gute Hirte ist bereit, sein Leben ‚für' seine Schafe, d. h. für ihre Verteidigung und für ihren Schutz einzusetzen (vgl. ders. a. a. O., 270, 277 u.ö.) und zwar in lebensbedrohlicher Situation (‚Wolf'). Wie will man diese aus Liebe erwachsene Lebenshingabe der guten Hirten anders als ‚stellvertretend' verstehen?".

Dass Jesus weiss, ja sogar mitinitiiert, was auf ihn zukommt, passt zwar einerseits durchaus ins überhöhte Bild, das Johannes uns von ihm wiedergibt, wirkt aber in diesem Zusammenhang trotzdem seltsam störend, denn es tritt in eklatanten Widerspruch mit der Rolle des „Bösewichts", die er Judas zuteilt; Johannes wird diese dafür an anderer Stelle ausbauen müssen ...

Johannes 13,21–28:

> „21 Nachdem Jesus dies gesagt hatte, geriet er in Erregung und sagte noch einmal mit Nachdruck: Amen, amen, ich sage euch, einer von euch wird mich ausliefern. 22 Die Jünger schauten einander ratlos an, weil sie nicht wussten, von wem er redete. 23 Einer von den Jüngern Jesu lag in seinem Schoss, der, den Jesus liebte. 24 Diesem nun gibt Simon Petrus einen Wink, er solle herausfinden, wer es sei, von dem er rede. 25 Da lehnte sich jener an die Brust Jesu zurück und sagte zu ihm: Herr, wer ist es? 26 Jesus antwortet: Der ist es, dem ich den Bissen eintauchen und geben werde. Dann taucht er den Bissen ein, nimmt ihn und gibt ihn Judas, dem Sohn des Simon Iskariot. 27 Und nachdem er den Bissen genommen hatte, fuhr der Satan in ihn. *Da sagt Jesus zu ihm: Was du tun willst, tue bald!* 28 Niemand am Tisch verstand, wozu er das sagte."

Eine der schönsten und gleichzeitig genuinsten Formulierungen der Selbsthingabe Jesu finden wir in Johannes 15,13:

> „13 Niemand hat grössere Liebe als wer sein Leben einsetzt (θῇ) für seine Freunde."[192]

Im Bericht der Verhaftung Jesu fällt schliesslich auf, dass nur bei Johannes erklärt wird, weshalb die Jünger zwar Todesängste ausstanden und dann auch die Flucht ergriffen, im Moment aber unbehelligt blieben:

Johannes 18,4–14:

---

[192] Mit dem Zusammenhang zwischen Selbstopferung und Freundschaftsethik werden wir uns noch eingehender befassen; zur Bedeutung der Terminologie rund um Freunde/Freundschaft bei Johannes vgl. Ekkehard W. Stegemann, Freundschaftstopik im Neuen Testament, München 2006, 19ff; zu unserer Stelle insbesondere 20: „Dass hier der ihm bevorstehende Tod als der Lebenseinsatz für Freunde, wie er zur Freundschaftsethik gehört, gemeint ist, so dass Jesus seinen Tod als Ausdruck der Freundschaft deutet, wird überall angenommen. Es liegt auch durchaus nahe. Doch zunächst einmal gilt, dass das Lebensopfer für einen anderen als der überall bekannte höchste Beweis von aktiver Solidarität eingeführt wird. Die Lebenshingabe (für das Vaterland und) für den Freund mit dem Ziel ihrer Rettung ist der Gipfel eines solchen edlen Verhaltens der Liebe. (...) Bemerkenswert ist jedoch, dass im Zusammenhang bei Johannes die Lebenshingabe als Beweis der Freundesliebe der ausdrücklichen Anrede der Schüler als ‚Freunde' vorangeht". Was das bedeuten könnte, wird uns noch beschäftigen müssen.

„4 *Jesus, der alles wusste, was auf ihn zukommen würde*, ging hinaus, und er sagte zu ihnen: *Wen sucht ihr?* 5 Sie antworteten ihm: Jesus von Nazaret. Er sagte zu ihnen: Ich bin es! Und Judas, der ihn ausliefern sollte, stand auch bei ihnen. 6 Als er nun zu ihnen sagte: Ich bin es!, wichen sie zurück und fielen zu Boden. 7 Da fragte er sie wieder: Wen sucht ihr? Und sie sagten: Jesus von Nazaret. 8 Jesus antwortete: Ich habe euch gesagt, dass ich es bin. *Wenn ihr also mich sucht, dann lasst diese gehen.* 9 So sollte das Wort in Erfüllung gehen, das er gesprochen hatte: Von denen, die du mir gegeben hast, habe ich keinen verloren. 10 Simon Petrus nun hatte ein Schwert und zog es und schlug damit nach dem Knecht des Hohen Priesters und hieb ihm das rechte Ohr ab. Der Knecht hieß Malchus. 11 Da sagte Jesus zu Petrus: Steck das Schwert in die Scheide! *Den Kelch, den mir mein Vater gegeben hat, soll ich ihn etwa nicht trinken*? 12 Die Kohorte nun und ihr Anführer und die Gerichtsdiener der Juden nahmen Jesus fest und fesselten ihn 13 und führten ihn zuerst vor Hannas. Der war nämlich der Schwiegervater des Kajafas, der in jenem Jahr Hoher Priester war. 14 *Kajafas aber war es, der den Juden den Rat gegeben hatte, es sei von Vorteil, wenn ein Einzelner sterbe anstelle des Volkes.*“

Johannes weiss also darum, dass durch den Tod Jesu der Tod seiner Freunde verhindert werden konnte; er bewahrt sogar auch die Erinnerung daran, dass dies (und nichts Anderes!) offensichtlich auch die eigentliche Motivation des Hohen Priesters für dessen Entscheidungen gewesen sein muss …

Die Sterbe- und Selbsthingabeformel findet sich auch immer wieder in den übrigen Briefen des Neuen Testaments, oft weiter reflektiert und interpretiert, manchmal auf dem Hintergrund und mit Zuhilfenahme von Prophetentexten, da und dort ohne jeglichen weiteren Bezug auf theologische gedeutete Inhalte.

Auf solche Stellen, wo sie ganz unmittelbar und unreflektiert erscheint, wo der Autor sie oft als Vorbild für seine Paränese einsetzt, wollen wir ein besonderes Augenmerk richten, wir finden sie besonders in den Deuteropaulinen[193]:

Epheser 5,2 haben wir schon angetroffen:

„und führt euer Leben in der Liebe, wie auch Christus *uns geliebt und sich für uns hingegeben hat* (παρέδωκεν) als Gabe und Opfer für Gott, als ein lieblicher Wohlgeruch.“

193 Vgl. Wolter 2012, 306 zu I Tim 2,1–6.

Epheser 5,25–26:

> „Ihr Männer, liebt eure Frauen, wie auch Christus die Kirche *geliebt und sich für sie hingegeben hat* (παρέδωκεν), 26 um sie zu heiligen und rein zu machen durch das Bad im Wasser, durch das Wort.“

I Thessalonicher[194] 5,9–10:

> „9 Denn Gott hat uns nicht dazu bestimmt, dass wir dem Zorn verfallen, sondern dass wir die Rettung erlangen durch unseren Herrn Jesus Christus, 10 *der für uns gestorben ist* (ἀποθανόντος ὑπὲρ ἡμῶν), *damit wir* alle miteinander, ob wir nun wachen oder schlafen, zusammen mit ihm *leben werden*“.

I Timotheus 2,5.6:

> „5 Einer nämlich ist Gott, einer auch ist Mittler zwischen Gott und Menschen, der Mensch Christus Jesus, 6 *der sich selbst gegeben hat* (δούς) *als Lösegeld* (ἀντίλυτρον) *für alle* – das Zeugnis zur rechten Zeit.“

Titus 2,14:

> „14 *der sich selbst für uns hingegeben hat* (ἔδωκεν ἑαυτὸν ὑπὲρ ἡμῶν), *um uns zu erlösen* von aller Ungerechtigkeit und sich als sein Eigentum ein reines Volk zu erschaffen, das nach guten Werken strebt“.

In I Petrus 2,22–24 findet sich auch ein gutes Beispiel dafür, wie Jesu Tod als Erfüllung von Jesaja 53 (der leidende Gottesknecht) gedeutet wurde – was allerdings hier nicht im Brennpunkt unseres Interesses stehen kann (wir werden auch darauf noch kurz zurückkommen); der Autor lässt dabei aber wieder die Thematik der Selbsthingabe anklingen:

> „22 *Er tat nichts,* was Sünde wäre, *und in seinem Munde fand sich kein Falsch.* 23 Er schmähte nicht, wenn er geschmäht wurde, er drohte nicht, wenn er leiden musste, sondern stellte es dem anheim, der gerecht richtet. 24 Er *selbst hat unsere Sünden getragen* am eigenen Leib ans Holz hinauf, damit wir den Sünden absterben und der Gerechtigkeit leben; *durch* seine *Striemen wurdet ihr geheilt.*“

---

[194] Zur Einordnung von I Thessalonicher unter die Deuteropaulinen: Crüsemann 2010, siehe oben, S. 24, Fussnote 52.

Als letztes Beispiel I Johannesbrief 3,16, in einer Wortwahl, die noch einmal stark an Johannes 15,13 erinnert:

> „16 *Daran haben wir die Liebe erkannt, dass er sein Leben für uns* (ὑπὲρ ἡμῶν) *eingesetzt hat* (ἔθηκε). Auch wir sind verpflichtet, das Leben einzusetzen für die Brüder."

Abschliessend möchte ich also als Zwischenbilanz einmal festhalten: Lange bevor die Berichte zu Leiden und Sterben Jesu zumindest in jener Gestalt vorlagen, auf die wir heute zurückgreifen können, gehörten offensichtlich kurze formelhafte Sätze bereits zum Traditionsgut, in denen Menschen Jesu Tod direkt mit ihrer Errettung in Verbindung gebracht haben.

Wie genau diese Verbindung in den „Hingabe-" und „Sterbeformeln" zu verstehen ist, das festzumachen lassen die erkennbaren Spuren der ursprünglichsten Formulierungen nicht zu, dafür sind sie zu offen gestaltet, die Wortfelder zu breit[195].

Gerade dadurch erlaubten sie den biblischen Autoren aber wohl auch einen derart weiten Spielraum für ihre eigenen Interpretationen, der in den uns vorliegenden Texten tatsächlich schon recht weit ausgelotet erscheint, wobei wir allerdings nicht mit einem einzigen oder vorherrschenden Muster, sondern mit einer „Vielfalt von Deutungskategorien" rechnen sollten, „ohne dass eine von ihnen im frühen Christentum oder auch nur bei einem einzelnen Autor – den Hebräerbrief vielleicht ausgenommen – so etwas wie eine Leitfunktion eingenommen hätte. Wir haben dementsprechend davon auszugehen, dass es eine Vielzahl von Kategorien und Vorstellungen war, die die Deutung des Todes Jesu als Heilstod möglich und plausibel machte und ihr auf der Ausdrucksebene der Texte jene Sprachgestalt verlieh, die wir in den neutestamentlichen Texten vorfinden. Diese Kategorien und Vorstellungen gehörten zum überindividuellen kulturellen Wissen der Menschen jener Zeit. Sie waren Bestandteil ihrer sprachlichen Kompetenz und machten es möglich, nicht nur das Leben, sondern auch den Tod Jesu als Bestandteil der Epiphanie des universalem Heilswillens Gottes zu deuten."[196]

Wir hatten schon angetroffen, wie der Bezug auf Riten am Tempel von Jerusalem als mögliche Deutungskategorie zu einer reichen Opfermetaphorik führen konnte; wir mussten aber auch feststellen, dass damit allein noch längst nicht alle offenen Punkte eine Erklärung finden und viele Fragen nach dem kulturellen Hintergrund der Aussagen des Neuen Testaments noch einer Antwort harren.

---

195 Vgl. Wolter 2012, 301, wo er die „unübersehbare Offenheit und Unbestimmtheit der meisten Texte" betont: „Es ist darum auch angeraten, mit Generalisierungen überaus zurückhaltend umzugehen, die Texten eine Eindeutigkeit unterstellen, die ihnen auf der Ausdrucksebene fehlt".

196 Ibid.

2.6 Jüdische und hellenistische Verarbeitungsschlüssel

2.6.1 *Märtyrertod*

Tatsächlich sind es nicht nur kultische Motive, welche die Anhänger Jesu in ihrer Deutung der Ereignisse rund um den Tod Jesu geleitet haben mögen. Wie wir gleich sehen werden, verfügen wir sogar über eine weitere zeitgenössische Quelle aus dem jüdischen Umfeld, in der recht explizit von einem „stellvertretenden Sühnetod" die Rede ist!

Sie handelt jedoch nicht etwa von Jesus Christus, nein, wer da seinem eigenen Sterben eine sühnende Wirkung und infolgedessen Erlösung für das ganze Volk zuschreibt, ist Eleasar, der fromme Jude, von dem die Makkabäerbücher berichten.

Ob da vielleicht ein Zusammenhang zu den Interpretationen des Todes Jesu durch seine Anhänger bestehen mag, das soll in der Folge geklärt werden.

Gerade im jüdisch-hellenistischen Raum dürfen wir ja davon ausgehen, dass Schriften wie Makkabäer oder Daniel den Anhängern Jesu durchaus Analogien zum Verständnis der Ereignisse anbieten konnten. Wenn wir nun also der Frage nachgehen, inwieweit diese dabei vielleicht auch direkt auf den Inhalt der neutestamentlichen Überlieferungen Einfluss genommen haben, folgen wir dabei weitgehend Jan Willem van Henten, der anhand von II Makk 6,18–31, II Makk 7, IV Makk 4–12, Dan 3 und Dan 6 aufgezeigt hat, wie solche jüdischen Märtyrerberichte[197] jeweils einem ganz bestimmten, fünfstufigen Schema folgten[198]:

[197] Zum Begriff „Märtyrer" E. Stegemann, „Und Jakob zog seine Füsse auf das Bett zurück und verschied". Abschiedskunst in der Bibel, Vorlesung, Basel 2011, 9: „Abgesehen von Cyprian ist das ein Sprachgebrauch, der den engeren christlichen Begriff für ein (Blut-)Zeugnis oder einen (Blut-)Zeugen ausweitet, der zum ersten Mal im 2. Jahrhundert für das Martyrium des Polykarp auftaucht. Ein Märtyrer im engeren Sinn ist der Christ oder eine Märtyrerin ist eine Christin, die zu seinem oder ihrem Bekenntnis zu Christus oder als Christ stehen und nur allein deswegen hingerichtet werden. Freilich ist die Übertragung dieses Begriffs auf andere gewaltsame Tode als die von Christuszeugen bzw. seine Verwendung als Allgemeinbegriff sprachlich ganz selbstverständlich geworden. Ein Märtyrer ist dann jemand, der für etwas stirbt, sei es für das Vaterland, für den Staat oder das Land, für die Gesetze und für die Wahrheit oder die Philosophie. Freilich erfordert der Märtyrerbegriff immer den gewaltsamen oder erzwungenen Tod. Das Sterben treuer Sklaven für ihren Herrn oder die Selbsthingabe für die Landsleute, die Familie, für die Kinder, für den Ehepartner oder die Ehepartnerin, aber auch für den Sieg in der Schlacht, für den Frieden und so weiter werden wir zwar ein Sterben für etwas oder für Personen verstehen, aber nicht unbedingt als Martyrium bezeichnen. In der Literatur, auch der wissenschaftlichen, wird der Martyriumsbegriff zumal auch auf den gewaltsamen Tod jüdischer Menschen für ihr Volk, für Gott und für die Gesetze angewandt. Im Hebräischen heisst Martyrium kiddusch haschem, also Heiligung des göttlichen Namens, und der Märtyrer kaddosch meunäh. Für uns ist hier von Interesse, dass Martyrien nicht zuletzt im Zusammenhang der Zwangshellenisierung durch die Seleukiden in der Mitte des zweiten Jahrhunderts vor Christus erzählt werden".

[198] Jan Willem van Henten, Jewish Martyrdom and Jesus' Death in Frey / Schröter 2012, 139–168, dort 157f., eigene Übersetzung.

„1) Ein Edikt, das von den (heidnischen) Autoritäten erlassen wird, ist der Ausgangspunkt der Erzählung. Auf die Nichteinhaltung des Edikts steht die Todesstrafe.
2) Die Durchsetzung des Gesetzes bringt Juden in einen Loyalitätskonflikt. Weil sie ihrem Gott, dem Gesetz und dem jüdischen Lebenswandel nicht treu bleiben können.
3) Wenn Juden gezwungen werden - nach ihrer Gefangennahme - zu entscheiden zwischen dem Einhalten des Edikts der Regierung und der Treue gegenüber ihrer Religion und deren Gebräuche, ziehen sie es vor, zu sterben als den Autoritäten zu gehorchen.
4) Diese Entscheidung kommt zum Vorschein im Dialog mit dem Herrscher oder anderen Machtträgern, der manchmal von Folter begleitet wird.
5) Die Hinrichtung wird beschrieben oder zumindest angedeutet."

Im Vergleich dazu lassen die Passionsberichte des Neuen Testaments, so van Henten, vor allem in ihrer synoptischen Version ein eigenes, achtteiliges Schema erkennen:

„1) Ein Entschluss der jüdischen Obrigkeit, dass Jesus getötet werden müsse (Mk 14,1f //; vgl. Joh 11,47–53).
2) Verrat durch Judas (Mk 14,10f.18–21 //; vgl. Joh 6,70f; 13,2.21–30).
3) Passamahl/Abendmahl (Mk 14,12–25 //; vgl. Joh 6,51–59).
4) Jesu Festnahme in Getsemaneh oder auf dem Ölberg (Mk 14.26.32–52; Mt 26.30.36–56; Lk 22,39–54a; vgl. Joh 18,1–12).
5) Die Verleugnung durch Petrus (Mk 14,27–31.54.66–72; Mt 26,21–35.58.69–75; Lk 22,31–34.54b–62; vgl. Joh 13,36–38; 18,15–18.25–27).
6) Gerichtsszenen: Jesus vor dem Sanhedrin, später vor Pilatus und in Lukas auch vor Herodes Antipas (Mk 14,53.55–65; 15,1–15; Mt 26,57.59–68; 27,1f.11–26; Lk 22,54.63–71; 23,1–25; vgl. Joh 18,13f.19–24.28–40; 19,1.16a).
7) Verhöhnung, Folter und Hinrichtung Jesu (Mk 15,16–41 //; vgl. Joh 19,2f.16b–37).
8) Jesu Grablegung (Mk 15,42–47 //; vgl. Joh 19,38–42)."[199]

Ein erster Augenschein zeigt gleich auf, dass trotz einiger Gemeinsamkeiten die Unterschiede doch wesentlich stärker ins Gewicht fallen, so sind es zum Beispiel in den Evangelien die jüdischen und nicht die heidnischen Autoritäten, welche den Beschluss zum Tod Jesu führen (allerdings erinnert Lk 13,31 an eine andere Ausgangslage, darauf kommen wir später noch zurück); ein Verrat durch eigene Leute ist den jüdischen Märtyrerberichten ebenfalls fremd, genauso wie der Bericht des letzten Mahles, der Verleumdung durch Petrus oder der Grablegung.

[199] A. a. O., 159, eigene Übersetzung.

Gewisse Gemeinsamkeiten bietet, je nach Version, die Verhaftungsszene; vor allem bei Lukas behält Jesus die volle Kontrolle und geht wie Daniel, seine Freunde und die Makkabäer freiwillig und selbstbewusst dem Martyrium entgegen[200].

Das Gebet Jesu in Getsemaneh (Mk 14,35f // und zusätzlich Lk 22,43f), das auch oft mit den letzten, an Gott gerichteten Worten der jüdischen Märtyrer verglichen wird, hat hingegen eigentlich eine ganz andere Funktion als deren Fürbitten (II Makk 7,37f; IV Makk 6,28f; 9,24; 12,17; ähnlich das Gebet des Azariah in griech. Dan 3,25–45 LXX).

Auch die Gerichtsszenen lassen sich nur beschränkt vergleichen: Während sie in den Makkabäerbüchern und Daniel das Motiv des „edlen Todes" herausarbeiten (Dan 3,13–18; II Makk 6,21–28; IV Makk 5; 6,12–23; 8,1–9,9), dienen sie in den neutestamentlichen Texten (Mk 14,53.55–65; 15,1–15; Mt 26,57.59–68; 27,1f.11–26; Lk 22,54.63–71; 23,1–25; Joh 18,13f.19–24.28–40; 19,1–16a) durchs Band dazu, Jesu wahre Identität (als Messias, Menschensohn, Gottessohn, König der Juden) zum Vorschein kommen zu lassen.

Bei der Verspottung und Hinrichtung Jesu lassen sich hingegen wieder gewisse Übereinstimmungen bis in die Wortwahl festmachen zwischen II Makk 7,7.10 und Mk 15.20.31 // mit der ansonsten eher selten anzutreffenden Verwendung des Idioms ἐμπαιγμός / ἐμπαίζω für die Verspottung während der Folterung.

Der Höhepunkt der Handlung in einer Hinrichtungsszene ist zwar den beiden Schemata gemeinsam, doch zeigen sich auch hier bedeutsame Differenzen: Während diese in den jüdischen Märtyrerberichten sehr plastisch geschildert wird, bleiben die Evangelisten hier äusserst zurückhaltend.

Betrachtet man die Erzählungen als Ganzes, so kann das Fazit also nur eines sein: Eine direkte Abhängigkeit der Passionsüberlieferungen von jüdischen Märtyrerberichten kann nicht in Betracht gezogen werden, zu mannigfach sind die Unterschiede, zu vielfältig auch die anderen in den Evangelien erkennbaren Einflüsse und Bezüge[201].

---

200 So etwa in Lk 22,47–53, vgl. dazu Christfried Böttrich, Proexistenz im Leben und Sterben: Jesu Tod bei Lukas, in Frey/Schröter 2012, 413–436, dort 432: „Die Passion Jesu hat Lukas so geschildert, dass sie als ein vorbildliches Martyrium erscheint. An der göttlichen Regie der Ereignisse, die alles andere als ein tragischer Zufall sind, hat Jesus selbst Anteil. Er ist der Souverän der Handlung, bestimmt die Ereignisfolge und setzt selbst die Akzente".

201 „Significant differences imply that it would be disproportionate to categorize the passion narratives as martyrdoms. My comparison shows that several narrative elements stem from other traditions and the literary forms connected with them, implying that the passion narratives' genre is a mixture of several literary forms", a. a. O., 168.
Vgl. auch Böttrich 2012, 136 zur Passionsgeschichte bei Lukas: „Für diese Art der Darstellung mussten sich Assoziationen an die Tradition des leidenden Gerechten in besonderer Weise aufdrängen. Lukas hat solche Signale bewusst gesetzt. Wiederholt finden sich Hinweise auf den Topos vom Prophetenmord (vgl. Lk 6,23; 11,47–51; 13,34–35; Act 7,52), die im Lichte der prophe-

Dass bei einzelnen Motiven aber eine Abhängigkeit bestanden haben mag, kann zumindest nicht ausgeschlossen werden, wie uns gewisse Analogien im Sprachgebrauch schon gezeigt haben.

Die Frage stellt sich nun, ob wir in den Martyrien der Makkabäer konkrete Hinweise finden können auf den Hintergrund der Deutung des Todes Jesu durch das entstehende Christentum. Dazu bieten sich vor allem II Makk 6–8 und IV Makk 6 an, die Berichte des Todes des greisen Eleazar (II/IV Makk 6) und der sieben Brüder mit ihrer Mutter (II Makk 7f).

Das zweite Makkabäerbuch ist noch kurz vor Beginn unserer Zeitrechnung entstanden und gibt so einen interessanten Einblick in zeitgenössisches Gedankengut aus einem jüdischen Umfeld. Ganz gemäss dem von van Henten herausgearbeiteten Schema berichtet es davon, wie die Ptolemäer die Juden unter Androhung der Todesstrafe dazu zwingen wollen, heidnisches Opfer- oder Schweinefleisch zu essen. Dem greisen Eleazar wird dabei angeboten, er könne sich selber koscheres Fleisch zubereiten und nur so tun, als ober er dem Befehl gehorche, doch er weigert sich, der Jugend ein schlechtes Vorbild zu geben und zieht es vor, unter schrecklicher Marter zu sterben. Grausam ist auch das Schicksal der sieben Brüder und ihrer Mutter, sie werden ebenfalls zuerst gefoltert und dann einer nach dem andern auf unmenschliche Art und Weise getötet, weil sie sich weigern, gegen ihr Gesetz zu verstossen.

In diesem Zusammenhang nun erscheinen einige Aussagen, die für uns von Interesse sein dürften. Nicht nur wird der heldenhafte Tod auf geradezu selbstverständliche Weise mit (einer wohl unmittelbar auf den Tod folgenden) Auferstehung zum ewigen Leben verbunden (II Makk 7,9.14.23.29.36)[202], er wird auch explizit als ein „Sterben für“ bzw. „das Leben hingeben für“ bezeichnet, doch bestehen dabei nicht unwesentliche Unterschiede zu den Selbsthingabeformeln des Neuen Testaments; in II Makk 7,9b heisst es nämlich:

> „Aber der König der Welt wird uns, die *wir um seiner Gesetze willen sterben* (ἀποθανόντας ἡμᾶς ὑπὲρ τῶν αὐτοῦ νόμων), wieder erwecken in der Auferstehung zum ewigen Leben“

und in 7,37f:

> „Ich will Leib und Leben *um der Gesetze meiner Väter willen* dahingeben (καὶ σῶμα καὶ ψυχὴν προδίδωμι περὶ τῶν πατρίων νόμων) wie meine Brüder und

tischen Züge Jesu gerade bei Lukas besonders ins Auge fallen. Vor allem aber sind es die Anklänge an den leidenden Gottesknecht, die Jes 53 als einen wichtigen Bezugstext präsent halten.“ Darauf werden wir noch zurückkommen müssen.

202 Allerdings wird die Auferstehung jeweils nicht mit dem im NT üblichen Verb ἐγείρω ausgedrückt, sondern durchs Band mit ἀνίσταμαι, eine direkte literarische Abhängigkeit der Passionsberichte von II Makk lässt sich also zumindest hier nicht ausmachen.

zu Gott schreien, dass er bald seinem Volk gnädig werde, du aber unter grosser Marter und Qual bekennen musst, dass er allein Gott ist. 38 Der Zorn des Allmächtigen aber, der mit Recht über unser ganzes Volk ergangen ist, möge an mir und meinen Brüdern zum Stehen kommen".

Der Märtyrer stirbt hier also „für das Gesetz", doch verbindet er seinen Tod mit der Hoffnung, er möge den gerechten Zorn Gottes vom Volk abwenden. Wir haben es zwar gewiss mit einem Sterben zu tun, das dem Volk zugutekommen soll, doch kann man hier gewiss noch nicht von einem stellvertretenden Sühnetod sprechen[203]: So wie Gott dem Volk für seine Sünden zürnt, so soll er durch das besonders treue Verhalten der Märtyrer auch wieder gnädig gestimmt werden – nicht mehr und nicht weniger als „ein deuteronomistisches Geschichtsbild"[204].

Völlig anders präsentiert sich IV Makk. Nur schon die Wortwahl scheint uns darauf hinzuweisen, dass es hier doch um etwas mehr gehen muss, als nur um die Aufrechterhaltung des Gleichgewichts im Tun-Ergehen-Zusammenhang; IV Makk 17,22:

> „Sie waren gleichsam ein *Ersatz für die Sünde des Volkes* (ἀντίψυχον γεγονότας τῆς τοῦ ἔθνους ἁμαρτίας). Durch das Blut jener Frommen und ihren *Sühnetod* (ἱλαστήριον [![205]] τοῦ θανάτου) rettete die göttliche Vorsehung das vorher schlimm bedrängte Israel."

---

[203] Vgl. dazu etwa van Henten 2012, 148. „Several details in 2 Macc 7–8 indicate that the martyr's death is beneficiary, because it coincides with the change of God's wrath to mercy again. (…) Atonement is only hinted at in the appeal to God's mercy in 7,37f. and the notion of vicarious suffering or death by substitution is absent".
Vgl. dazu auch Henk S. Versnel, Making Sense of Jesus' Death. The Pagan Contribution, in Frey/Schröter 2012, 213–296, dort 255: „Vicarious death stricto sensu (…) cannot be demonstrated in 2 Maccabees and only becomes explicit in 4 Macc." Mit Verweis auf seine eigene Definition des stellvertretenden Todes, 226f: „By vicarious or soteriological death I mean any deliberately sought or accepted death that is – or is a posteriori interpreted as – both unconditionally required and explicitly intended to guarantee the salvation of another or others from present or impending doom or death." Und 259: „All the statements of the martyrs, being ‚clusters of motivations for their behavior' [mit Verweis auf J.W. van Henten, The Maccabean Martyrs as Saviors of the Jewish People: A study of 2 and 4 Maccabees, Leiden 1997, 124] do not make the martyrs death a vicarious death. The martyr's death is not substitutionary but exemplary and hence makes him the best conceivable advocate before God." Versnel bietet auch eine gute Übersicht über den Stand der Forschung zu diesem Thema, insbesondere S. 273ff.

[204] Van Henten 2012, 148.

[205] Wie Bailey 2000, 158 aufzeigt, ist ἱλαστήριον hier (im Unterschied zu Römer 3,25) allerdings nicht auf den Sühnedeckel (כַּפֹּרֶת) zu beziehen: „The mainstream Greek metaphor ‚the propitiatory offering of their death' or ‚their death as a propitiatory votive offering' is completely in keeping with the use of Greek heroic and athletic imagery elsewhere in 4 Maccabees 17:8–24."

Ganz besonders aber fällt auf, wie IV Makk das Martyrium des Eleazar aufnimmt und auf seine Weise bearbeitet. Die letzten Worte des sterbenden Märtyrers richten sich als Fürbitte an Gott, 6,28f[206]:

„Sei *gnädig* (ἵλεως) deinem Volk,
indem du an *unsere* Bestrafung *für sie* Genügen findest.
Zu einem *Reinigungsopfer* (καθάρσιον) *für sie* mache mein Blut,
Und als *Ersatz* (ἀντίψυχον) für ihr Leben nimm mein Leben."

Opfer- und Blutmetaphern geben hier den Ton an, wieder sogar ausdrücklich mit dem Begriff „Ersatz". Das Resultat gleicht nun aber einem „stellvertretenden Sühnetod" doch ganz verblüffend: „Die Sühne gilt nicht mehr, wie in den früheren Makkabäerbüchern, eigener, sondern fremder Schuld: Die Märtyrer sind gerecht; sie nehmen durch ihren Tod die Sünden Israels weg. Insofern ist er stellvertretender Sühnetod."[207] Könnte es vielleicht das fehlende Glied darstellen zwischen einem traditionellen Tun-Ergehen Zusammenhang in der Beziehung Gottes zu seinem Volk und dem anselmischen „Cur deus homo"?

Taugt es womöglich auch als Vorbild für die christlichen Deutungen des Todes Jesu? Dazu Ekkehard W. Stegemann: „Es ist klar: Er (Eleazar) sagt nicht, dass er ein Reinigungsopfer ist. Er sagt, dass er als solches gelten möchte. Gott soll ihn dafür nehmen. Gemeint ist also: Eleazar legt Gott nahe, dass deswegen, weil er, im Unterschied zu anderen Juden, zum Gesetz Gottes sich bekannt hat, wegen dieses Gesetzes qualvoll stirbt, nun aber von Gott erwartet, dass der seinerseits seinen Zorn auf die, die das nicht getan haben, vergisst und ihnen vergibt. Sein Martyrium soll angesehen werden von Gott als deren Reinigungsopfer; denn sie haben sich verunreinigt, aber er bringt das Reinigungsopfer, das sie bringen müssten. Sein Sterben soll ‚Ersatz zugunsten von ihnen' sein."[208]

Letztendlich geht es also auch hier nicht mehr und nicht weniger um ein Sterben für das Gesetz, welches wiederum das Gleichgewicht im Verhältnis zwischen Volk und Gott wiederherstellen soll, der Rahmen des Weltbildes von II Makk 7 ist keineswegs gesprengt, auch wenn die subtile Grenze zwischen edlem Tod aus

---

206 Übersetzung Ekkehard W. Stegemann, Stegemann 2011, 9.

207 Söding 2012, 381.
Vgl dazu auch Knöppler, 2012, 498f: „Insgesamt ist das Opferverständnis des Frühjudentums der intertestamentarischen Zeit (sic!, d. Verf.) dadurch bestimmt, dass die kultische Sühne mitsamt ihren Blutriten entweder den sühnewirkenden Tod eines Gerechten ersetzt oder unter Beibehaltung der durch die Sühneopfer charakteristischen Terminologie auf nichtkultische Gegebenheiten übertragen wird. (…) Die entscheidende Frage ist, ob das Blutvergiessen im Sinn eines gewaltsamen Sterbens soteriologisch gedeutet wird. Am ehesten dürfte hierbei an das Sterben von Märtyrern gedacht sein: ‚Sühnende Kraft hat das Blut von Märtyrern' [Zitat von O. Böcher, Art. Blut II: Biblische und frühjüdische Auffassungen, TRE 6 (1980), 729–736, 108] (4 Makk 6,29; 17,22). Als Mittel zur Rettung Israels dient das Blut der das Martyrium erleidenden Frommen und ihr sühnender Tod".

208 Stegemann 2011, 11f.

Treue zu Gott und der Idee eines stellvertretenden Sterbens für die Entsühnung des Volkes nun tatsächlich überschritten wird (wenn wir auch vom Gedanken weit entfernt sind, dass Gott selber von Eleazar ein solches Opfer einfordern könnte).

Wo die Wortwahl über den älteren Text hinausgeht, lässt sie allerdings auch kaum signifikante Ähnlichkeiten zu neutestamentlichen Idiomen erkennen.

Vor allem aber dürfen wir eines nicht ausser Acht lassen: IV Makk entsteht allerfrühestens in der zweiten Hälfte des 1. Jahrhunderts u. Zr., könnte also im besten Fall als zeitgenössisch zu unseren Evangelien angesehen werden, geht wahrscheinlich aber, wie van Henten überzeugend aufzeigen kann, wohl eher sogar erst auf das 3. Jahrhundert u. Zr. zurück[209] und würde deshalb als Inspiration für neutestamentliche Texte nicht mehr in Frage kommen können.

Es mag nun durchaus sein, dass zwischen Juden und Christen in Kleinasien oder Syrien in späterer Zeit noch immer Interaktionen bestanden haben, welche sich als gegenseitiger Beeinflussung in den jeweiligen Schriften niederschlagen konnten: „Natürlich ist es möglich, dass das Martyrium von Polykarp oder das Martyrium von Pionius, welche signifikante Wortwahl mit 4 Makkabäer teilen, diese Sätze aus 4 Makkabäer eingearbeitet haben. Aber es scheint noch wahrscheinlicher, dass 4 Makkabäer als Antwort auf frühe christliche Glorifizierungen des Märtyrertums entstanden ist, denn sonst hätte das Werk wohl eher andere und jüngere jüdische Märtyrer gepriesen, die bedeutend näher an der Zeit starben, in der das Werk aller Wahrscheinlichkeit nach entstanden ist."[210]

Zusammenfassend können wir festhalten:

Im Neuen Testament sind zwar Bezüge auf die Makkabäerbücher vorhanden, doch lassen sich diese nur auf das damals schon durch die LXX bekannte II Makk festlegen. Eine direkte Abhängigkeit der Passionserzählungen von jüdischen Märtyrerberichten kann hingegen ausgeschlossen werden. Literarische Parallelen finden sich wenn überhaupt, dann nur in der Wahl vereinzelter Begriffe; die inhaltlichen Parallelen beschränken sich auf die Tatsache, dass der Tod der Makkabäer dem Volk zugutekommen soll.

---

[209] Van Henten 2012, 144: „Two details in 4 Macc 4,26–5,3 are different from what we have in 2 Maccabees, 4 Maccabees' source. First, the martyrs are not only forced to eat pig meat but also ‚food sacrificed to idols' (εἰδωλόθυτα, 5,2) probably an alternative phrase for ἱερόθυτα ‚sacrifices', ‚meats offered to gods' (cf. 1 Cor 10,28). Non Roman attempts to force Jews to eat meat used for sacrifices, which would run contrary to the Roman practice of tolerating Jewish religion, are attested in the first two centuries of imperial age. We do know, however, of cases of Christian martyrs forced to eat meat for sacrifices (Mat Pion 18,2–6.13), especially after Decius' decree from the spring of 250 CE, with its command for all free inhabitants of the empire to sacrifice the gods, pour a libation and eat some sacrificial meat. Second, the depiction of Antiochius at the moment old Eleazar is brought before him closely corresponds to the description of how a trial scene in Christian passages about martyrdom begins".

[210] A. a. O., 144f, eigene Übersetzung.

Von der Idee einer Stellvertretung oder gar eines bewussten stellvertretenden Sühnetods kann hier (II Makk) auf jeden Fall noch nicht die Rede sein; das trifft zumindest im Ansatz dann aber auf IV Makk zu, ein Buch, das jedoch möglicherweise erst um das Jahr 250 u. Zr. entsteht und eher Gemeinsamkeiten mit christlichen Märtyrerberichten als mit neutestamentlichen Texten aufweist.

Doch wie auch immer man es datiert, eine für uns mehr als nur relevante Beobachtung lässt es jedenfalls zu: Es ist höchst interessant zu sehen, was für eine Entwicklung dieselbe Erzählung innert einiger Generationen durchmachen kann; wie sie in einem anderen zeitlichen Moment, einem unterschiedlichen Umfeld und von einem neuen Verfasser geschrieben – ohne dass der Sinn des Textes *bewusst* manipuliert oder umgekrempelt worden wäre – auf einmal Akzente aufweist, die man in der ursprünglichen Fassung noch nicht einmal geahnt hätte – und wie auf diese Weise ein ursprünglich traumatisches Ereignis zu einer ganz innovativen Sinngebung finden kann.

Das kommt uns doch bekannt vor …

Schliesslich wollen wir auch das mitnehmen: Wie die meisten Schriften des NT stammen II und IV Makk aus hellenistisch-jüdischen Kreisen und nehmen so Elemente griechisch-römischer Traditionen auf. Immerhin zeigt, so Jan Willem Van Henten, „2 Makkabäer schon auf, wie solche Traditionen mit der jüdischen Sicht zu Gottes Bund mit seinem erwählten Volk verbunden werden konnten. Die Beschreibung des edlen Todes in 2 Makkabäer hilft uns zu erklären, weshalb der Tod Jesu Einfluss auf die Sünden der Menschen haben konnte, genauso wie auf Gottes Zorn, der in Gnade umschlägt, und vielleicht auch, weshalb sein Tod als unbedingte Treue zu Gott betrachtet wurde. Solche Notionen sind den Griechisch-Römischen Quellen fremd. Doch wenn die Anhänger Jesu wirklich Märtyrertraditionen zur Interpretation seines Todes herangezogen haben, so haben sie diese ganz wesentlich angepasst."[211]

Wenn wir nun das Gewicht der jüdischen Märtyrerberichte für die Deutung des Todes Jesu im Neuen Testament abschätzen wollen, bleibt die Bilanz letztendlich dennoch recht ernüchternd. Dazu Van Henten: „Alles in Allem scheint dies nicht genug, um behaupten zu können, dass die wohltätige Bedeutung des Todes Jesu nur von einer Adaption jüdischer Märtyrertraditionen abhängen würde".[212]

Henk S. Versnel: „Eine Folgerung aus dieser Position ist, dass der Begriff der Stellvertretung in den Interpretationen des Todes Jesu nicht direkt und sicher nicht ausschliesslich auf der Basis des von diesen jüdischen Schriften gebotenen Modells abgeleitet werden kann. Wenn die Idee in keiner expliziten Form im AT und in vorchristlichen nichtkanonischen Schriften gefunden werden kann, ist es

211 A. a. O., 154, eigene Übersetzung.
212 Ibid.

wahrscheinlich, dass solche Interpretationen nach nichtjüdischen, in diesem Falle griechisch-römischem Beispiel gestaltet wurden."[213]

Und noch einmal van Henten: „Die Popularität von Ideen zu wohltätigem Tod in der griechisch-römischen Kultur mag ein weiterer wichtiger Einfluss für diese Interpretation gewesen sein, was Unterstützung findet in der Kontinuität der ‚Sterben für-' und ‚Hingabe-' Formeln, auf die in griechisch-römischen Passagen häufig eine Präposition folgt, welche Personen als Nutzniesser des Selbstopfers angeben."[214]

Schliesslich Michael Wolter: „Diese Formulierungen stammen aus der hellenistischen Umwelt des frühen Christentums. Ihnen liegt die Vorstellung zugrunde, dass Menschen ‚für' andere Menschen sterben, um diesen den Tod zu ersparen oder um drohendes Unheil von ihnen abzuwenden oder um sie von bestehendem Unheil zu befreien."[215]

Ob dies tatsächlich als Deutungskategorie genügen kann, das wird noch abzuklären sein. Doch zuerst wollen wir dieses griechisch-römische Umfeld einmal näher betrachten.

2.6.2 Sterben für die Freunde

Henk S. Versnel ist es zu verdanken, dass sich für die hellenistischen Vorbilder eines noblen oder gar stellvertretenden Todes die in der Forschung seit der Pionierarbeit von Klaus Wengst[216] und Sam K. Williams[217] klaffende Lücke von vier Jahrhunderten zwischen der griechischen Hochkultur mit den Dramen des Euripides und dem Niederschlag entsprechender Modelle in den Makkabäerbüchern schliessen konnte, indem er aufzeigte, dass auch in den Epochen dazwischen das Ideal eines solchen Sterbens stets weitergepflegt worden war und nie an Aktualität verloren hatte, im Gegenteil: Erst um die Zeitenwende kann man sogar von einer Modeerscheinung sprechen, die so den Zeitgeist mitgeprägt hat, quer durch Kulturen und Religionen[218].

Äusserst hilfreich für die Einordnung der hellenistischen Vorbilder ist es auch, wenn Versnel diese chronologisch ortet und zwei Hauptkategorien zuteilt; die erste, das *Sterben für eine Überzeugung*, betitelt er mit „Exempla virtutis", die

---

213 Versnel 2012, 255, eigene Übersetzung.

214 Van Henten 2012, 154, eigene Übersetzung.

215 Wolter 2010, 6f.

216 Wengst 1972.

217 Sam K. Williams, Jesus' Death as Saving Event: The Backgrounds and Origin of a Concept, Missoula 1975.

218 Versnel 2012, 283f: „In this period the notion of ‚dying for' became an attractive option to be admired, reflected on, and considered for application".

zweite, das *Sterben für* oder *anstelle von* unterteilt er nochmals in zwei weitere Untergruppen: „Dulce et decorum est pro patria mori" und „Unum pro moltis dabitur caput". Diese Einteilung wollen wir uns nun im Folgenden, stark zusammenfassend und kürzend, zu eigen machen.

1) *Exempla virtutis*: Wenn das II Makkabäerbuch Eleazar und die sieben Brüder für ihren Glauben und ihre Treue gegenüber Gottes Gesetz sterben lässt, so kann es sich dabei einreihen in eine alte Tradition von „Märtyrerphilosophen. Unter ihnen können sich drei eines Ehrenplatzes rühmen: Zenon, Anaxarchos und natürlich ganz besonders Sokrates. Zenon (5. Jh. v. Chr.) und Anaxarchos (4. Jh.) wurden zu Tode gefoltert. Zenon, wurde, weil er in einen Anschlag auf einen Tyrannen involviert war, unter Folter gestellt, um ihn zu zwingen, die Namen seiner Mitverschwörer zu nennen, was er verweigerte (Cic Tusc. 2.52: perpessus est omnia potius quam conscios delendae tyrannidis indicaret). Von ihm heisst es auch, er habe seine Zunge abgebissen, ‚damit sein Körper nicht durch die Folter dazu gezwungen werden könnte, etwas zu verraten, was nicht ausgesprochen werden dürfte'. Anaxarchos verdiente seinen grausamen Tod dadurch, dass er einen Tyrannen verunglimpft hatte."[219]

Auch wenn diesen Beispielen das Element der Freiwilligkeit des Todes abgeht, wurden beide durch Cicero zu einem Vorbild für ein „nobles Sterben", das dann auch bei Philo, Plutarch und Epictetus Aufnahme gefunden hat. „Diese bemerkenswerte Wiederaufnahme und funktionelle Ausarbeitung eines ursprünglich klassischen griechischen Themas in der späten republikanischen und frühen imperialen Periode der römischen Geschichte ist genau das, was sie gemeinsam haben mit dem einen echten philosophischen Märtyrertod: dem ‚exemplum Socratis'. Von ihm kann tatsächlich gesagt werden, dass er seinen Tod nicht nur akzeptiert, sondern sogar aus freiem Willen angestrebt hatte. (…) Darin kann Sokrates tatsächlich als erster echter Märtyrer im akzeptierten Sinn des Wortes[220] betrachtet werden. (…) Als beispielhaftes unschuldiges Opfer wird Sokrates beschrieben in einem Brief des Juden Mara bar Sarapion (2. oder 3. Jh. n. Chr.), gleich neben dem ‚weisen König der Juden'. Sein Tod wird mit dem Tod Jesu in den Acta Appollonii verglichen und wird in der späteren christlichen Literatur zum Topos. (…) Der Status des exemplum Socratis als beispielhafter edler Tod war nicht auf die rein literarische Erbauung beschränkt. Er war auch ein Vorbild, das im realen Leben nachgeahmt wurde, ganz besonders in Kreisen, die mit stoischer oder epikureischer Philosophie vertraut waren. Tacitus beschreibt die Selbstmorde von Seneca und Thasea Peatus als Nachahmungen von Sokrates, genauso wie Cicero es in Beziehung auf Cato's Tod gemacht hatte. (…) Wiewohl

---

[219] Versnel 2012, 227, eigene Übersetzung.

[220] Hier bezieht sich Versnel auf van Henten, 2012, 141: „A martyr is a certain person who in an extreme hostile situation prefers a violent death to compliance with a demand of the (usually pagan) authorities".

diese Form von ‚Sterben für' direkt relevant ist für den Tod der Märtyrer in 2 Makkabäer, handelt es sich nicht um einen effektiven[221], stellvertretenden oder sogar wohltätigen Tod im eigentlichen Sinn dieser Begriffe."[222]

2a) *Dulce et decorum est pro patria mori*[223]: Homer und Tyrtaios benutzen ὑπέρ (dessen ursprünglicher Sinn ja ein schützendes „Stehen über etwas" bedeutet) und περί (ursprünglich ein schützendes „darum herum Stehen") in Verbindung mit Sterben fast synonym in Berichten über Männer, die ihr Leben für das Vaterland geben[224].

Das Thema wird im 2. und 1. Jh. v. u. Zr. besonders populär, findet sich etwa bei Philostratos und Epictetus[225], wo die Begünstigten eines solchen Todes die Stadt oder auch die Freunde sein können, der Auslöser eine unkontrollierbare Ereignisfolge darstellt und oft auch das freiwillige Angebot, sein Leben zu geben dazugehören kann.

Eine Spielart desselben Motivs bildet die bedingungslose Forderung eines Lebens durch die Götter, damit andere Leben verschont würden. In Theben wurde die Bereitschaft, für einen Freund zu sterben sogar zur militärischen Strategie, indem Krieger als Paare ausgebildet wurden, in dem jeder sein Leben für seinen Partner zu geben bereit war[226].

Schon angetroffen haben wir auch die Beschreibung des Todes für die Gemeinschaft mit (meist bewusst metaphorisch) eingesetzten Opferbegriffen.

„All dies sollte uns anregen, sauberer zwischen den beiden Kategorien zu unterscheiden, als dies in früherer Forschung üblich war. (...) Der patriotische Tod in einem Kampf ist eine Form der Hingabe des Lebens zugunsten der Gemeinschaft. Allerdings: Wenn Soldaten auch erwarten mussten, zu sterben, so ist ihr Tod doch nicht unausweichlich, notwendig und unverhandelbare Bedingung. Ganz im Gegenteil: Soldaten können (und tun das auch) hoffen, zu überleben. (...) Umgekehrt besteht gerade die wesentliche Eigenschaft eines Todes als Opfer oder Stellvertretung von Einem für Andere, wie wir sehen werden, darin, dass eine Person freiwillig stirbt als Garantie dafür, dass die Gemeinschaft durch seinen Tod gerettet werde. In diesem Falle ist der Tod bedingungslos gefordert. Dies bedeutet natürlich nicht, dass ein stellvertretender Tod nicht auch in

---

221 Wir halten uns in der Übersetzung hier an Jens Schröter, Schröter 2000, 263–287, dort 265, Fussnote 11: „Ich verwende die Termini ‚Effekt' und ‚effektiv' im Anschluss an H. Versnels Formulierung von ‚effective death', weil sie die Vorstellung treffend zum Ausdruck bringt, dass der Tod eines Menschen eine positive Wirkung zeitigt (oder eine solche zumindest intendiert ist), ohne dass deshalb schon eine Aussage darüber getroffen wäre, worin diese Wirkung oder Intention konkret besteht."

222 Versnel, a. a. O., 228–230 mit Zitaten aus Tac. Ann. 15,62–64 und 16,34f; Cicero Tusc 1,74.

223 Versnel, a. a. O., 231ff.

224 Z. B. Homer, Ilias 15,496f, Tyrtaios 10,13f; West., in: a. a. O., 231.

225 Z. B. Philostratos, Vita Apollon. 7,12; Epictetus, Diss. 2.7.3, in: a. a. O. 231.

226 Plutarch, Pelop. 15; Athen 13,561f; Polyaen. 2.5.1, in: a. a. O., 232.

Schlachtsituationen erfolgen konnte, wie wir an den Beispielen von Leonidas und Kodros sehen werden. Wie gesagt ist das patriotische Sterben ὑπέρ/für omnipräsent in der griechischen und römischen Literatur aller Epochen, ganz im Unterschied zum Alten Testament. In den jüdischen Schriften setzt sich die Idee erst in späteren, nichtkanonischen Werken durch, vor allem in den Makkabäerbüchern, wo man sie sogar als typisch bezeichnen kann."[227]

2b) *Unum pro multis dabitur caput*: Unter den griechischen Klassikern hat besonders Euripides Gefallen an der Idee gefunden, dass eine Person durch ihren Tod die Gemeinschaft vor drohender Gefahr oder Vernichtung bewahren kann; seine Tragödien Iphigenie in Aulis, die Phönikerinnen, Herakles und vor allem Alkestis berichten davon. Iphigenie sagt, ihr Sterben sei Schicksal, Polyxenia stirbt freiwillig, König Kreon ist bereit, als „Lösegeld" für sein Land[228] zu sterben, usw. Dabei bleibt der Grund für die Forderung des Opfers oft verborgen, wird nur von einem Orakel oder von einem Seher erkannt, Göttern oder Dämonen zugeschrieben, kann aber auch in der Sühne für Verletzungen religiöser Regeln oder Beleidigungen liegen. „Spezifische Götter die durch ein Menschenopfer besänftigt werden müssten, werden selten genannt. Das passt zur Tatsache, dass das Opferritual, auf das sich Euripides im Zusammenhang mit freiwilligem, stellvertretendem Tod bezieht, stets jenes des Sphagion ist, des Tötens eines Opfers zu Ehren der meist anonymen Mächte der Unterwelt."[229]

Besonders aufschlussreich ist das Beispiel der Alkestis: Die Protagonistin ist bereit, freiwillig ihr Leben für das ihres Ehemannes hinzugeben, weil der Tod ein Opfer fordert, wenn nicht das ursprünglich vorgesehene, dann einen Ersatz.

Ähnliche Mythen kommen auch ausserhalb der dafür prädestinierten Tragödien vor[230]: Herakles kann Prometheus erst aus seinen Ketten befreien, nachdem der Zentaur Cheiron freiwillig seinen Platz einzunehmen bereit ist, und an seiner Stelle zu sterben. Als Kleostratos von Theben als Opfer für einen schrecklichen Drachen ausgelost wird, gibt sich sein Liebhaber Menestratos für ihn hin; der Athener König Kodros provoziert als Bettler verkleidet seinen Tod durch die feindlichen Mächte, weil ein Orakel die Befreiung der Stadt vom Sterben des Königs abhängig gemacht hatte. Die älteste Quelle, Lykurgus[231], berichtet wie die Könige jener Zeit lieber starben zur Errettung ihrer Untergebenen als ihr Leben durch Verlassen des Landes zu retten. Seltener sind Beispiele aus der an Mythen wesentlich ärmeren römischen Kultur, doch finden sich auch hier Beispiele: der Gründervater der *gens Valeria* opfert sich, um so seine Kinder von einer tödlichen Krankheit zu befreien.

---

[227] A. a. O., 233, eigene Übersetzung.
[228] Iph a. 2375; Heraclid. 548; Phoen. 969, in: a. a. O., 235.
[229] A. a. O., 235f, eigene Übersetzung.
[230] Alle Beispiele wieder aus a. a. O., 236f.
[231] Lykurgus, Leocr. 84–89, in: a. a. O., 237.

Auch in der Geschichtsschreibung sind (pseudo-)historische Beispiele überliefert, so berichtet Herodot[232] davon, wie ein spartanischer König sich absichtlich mit 300 seiner Soldaten den Feinden aussetzt, weil ein Orakel die Zerstörung der Stadt durch die Perser voraussagte, sollte nicht einer der Könige sterben; zwei junge Spartaner opferten sich Xerxes freiwillig als Wiedergutmachung für die Tötung eines persischen Herolds, worauf sich Xerxes allerdings weigert, die Spartaner so von ihrer Schuld reinzuwaschen. Schliesslich hat sich ein bemerkenswertes griechisches Ritual bis in historische Zeit bewahrt, das *Pharmakon*, die jährliche Vertreibung (einzelne Quellen sprechen auch vom Stürzen von einem Felsen) eines jungen Mannes (oder eines Paares) um Unglück von der Stadt abzuwehren.

Der *devotio* eines römischen Feldherrn in kriegerischen Extremsituationen (im Speziellen der Angehörigen der *Decii*) sind wir im Zusammenhang mit der Opfermetaphorik schon begegnet.

„Dies ist nur eine Auswahl von vielen Beispielen, eine Sammlung von Zeugnissen zu stellvertretendem Tod, die ad infinitum erweitert werden könnte, besonders wenn wir ähnliche Phänomene wie generelle Expulsionsriten, das nahöstliche Phänomen des ‚Ersatzkönigs', das phönizisch-punische Kinderopfer des Erstgeborenen oder ausdrücklich als Ersatz für Menschen bezeichnete Tieropfer mit einbeziehen würden."[233]

Auch in der späten römischen Republik und frühen Kaiserzeit war, wie gesagt, das *exemplum Socratis* zu einem regelrechten Topos geworden. Vor allem der Tod zum Schutz von Familie oder Freunden war als literarisches Thema durch die ganze Antike allgegenwärtig, die genannten Mythen und Berichte fanden immer wieder ihren Niederschlag, doch kamen auch neue Beispiele dazu. Besonders gut dokumentiert ist ein Fall, der stark an die immer noch sehr präsente Alkestis-Geschichte erinnert: Antilia L.f. Pomptilla, die ihrem Mann nach Sardinien gefolgt war – wahrscheinlich ins Exil – und ihr Leben geopfert hat, um ihren kranken Mann vom Tod zu bewahren. Sechzehn griechische und lateinische Inschriften aus einer Zeit zwischen dem 2. und 1. Jh. v. u. Zr. in einer Höhle in Sardinien haben die Aufopferung der Frau, die „grösser ist als Alkestis" unsterblich gemacht, dies in einer Begrifflichkeit, die stark an Texte des Neuen Testaments und des IV Makkabäerbuchs erinnert[234].

Aufopferung aus Liebe, zur Errettung von Krankheiten oder in Kriegssituationen (als Beispiel mag Marcus Salvius Otho dienen, er erdolcht sich im Jahr 69 u. Zr., als er von der Niederlage seiner Truppen erfährt, um weiteres Blutvergiessen zu vermeiden[235]), wird immer wieder als Tatsache berichtet, bildet aber auch regelrecht ein literarisches Genre. „All dies gleicht stark christlichen Märtyrer-

---

232 Herodot, 7.220 und 7.134–136, in: a. a. O., 237.

233 A. a. O., 239, eigene Übersetzung.

234 Für eine Auflistung a. a. O., 241.

235 Plutarch, Otho 15,4–6, in: a. a. O., 244.

akten, wo Christen genauso dazu geneigt sind, ihr Leben unter grausamen Foltern zu opfern wie die Heldinnen in diesen Geschichten für ihre Liebsten. Vielleicht besteht eine literarische Beziehung zwischen den Beiden."[236]

Schliesslich sei hier die *devotio pro principe* erwähnt, die in der imperialen Epoche an Gewicht gewinnt, wenn nun das Wohl des Volkes mit dem Wohl des Kaisers identifiziert oder zumindest von diesem abhängig gemacht wird. Sehr gut bezeugt sind Voten, in denen dem Wunsch Ausdruck gegeben wird, man möge vor dem Imperator sterben, mit der Variante der *devotio iberica*, wonach der Schwörende verspricht, dem Herrscher in den Tod zu folgen, sollte dieser vor ihm sterben und den Exzessen unter Caligula und Nero, die meinten, ihr Leben durch Opfer von Untergebenen retten zu können und solche auch einforderten[237].

Cilliers Breytenbach fasst so zusammen: „Wenn man den sprachlichen Befund ernst nimmt, muss man schlussfolgern, dass, indem sich sowohl das 2. und 4. Makkabäerbuch bei der Deutung des Todes der jüdischen Märtyrer als auch Paulus und die frühchristliche Tradition bei der Interpretation der Kreuzigung Jesu der Wendung ἀποθνῄσκειν ὑπέρ bedienen, beide die griechische Tradition heranziehen, die von Wengst rekonstruiert und von Williams, Hengel und Versnel modifiziert wurde. (...) Mit Versnel und van Henten müssen die Unterschiede zwischen dem patritischen Tod ‚für', pro, wie er im 2. und 4. Makkabäerbuch verwendet wird, und einem Ersatztod, wie im 4. Makkabäerbuch und in den Briefen des Paulus zum Ausdruck gebracht, ernst genommen werden. Es gibt Hinweise, dass das Beispiel der Alkestis, die ‚für' ihren Mann starb, sowie der Iphigenie und Polyxena, vermittelt durch die Tragödien des Euripides, in der frühen Kaiserzeit zum allgemeinen Gedankengut gehörten."[238]

Und: „Wenn man bedenkt, dass das ‚Sterben für' in der griechisch-römischen Antike den Sinn hatte, diejenigen, denen es zugute kommt, aus einer lebensbedrohlichen Lage zu retten, ist die urchristliche Deutung nachvollziehbar. Die Sünden führten zum Tod im Gericht. Dennoch handelt es sich hier um die Verschmelzung von zwei verschiedenen Deutungshorizonten. (...) Diese einmalige Kombination von ‚Tod für' und ‚unsere Sünden' reflektiert den Einfluss der LXX auf die präpositionale Wendung und weist darauf hin, dass die ersten Christen den Tod Christi verstanden als ‚um unserer Sünden willen', d. h. um die Auswirkungen der Sünden zu tilgen (vgl. Gal. 1,4; Röm 8,3)."[239]

---

236 A. a. O., 243, eigene Übersetzung.

237 Sueton, Cal 14.2/27 und Nero 36, in: a. a. O., 251.

238 Breytenbach 2003, 464.

239 A. a. O., 470.
Vgl. dazu auch Versnel 2012, 280: „Side by side with the analogies, there are of course also differences between the various contemporaneous forms of pagan vicarious death and NT concepts. The most obvious one is the disparity between purely physical salvation through the vicarious

Doch genügt dies wirklich, um die Existenz von Hingabe- und Sterbeformeln im Neuen Testament hinreichend zu erklären – oder müssen wir nicht eher davon ausgehen, dass ein solcher doppelter kultureller Hintergrund sich zwar durchaus anerbot, um mit diesen kurzen Kernsätzen der frühesten Überlieferung umgehen zu können, sie zu interpretieren und weiterzuentwickeln – ihre Entstehung aber damit noch keineswegs plausibel begründet ist?

Ich meine, es müsste sich auszahlen, dieser Frage noch weiter nachzugehen.

2.7 Bilanz

Das Bewusstsein um die Tatsache, dass es sich bei der Interpretation des Todes Jesu durch seine Anhänger – von seinen Jüngern bis zum Verfasser des Hebräerbriefes, von Paulus bis zu den Evangelisten – um einen komplexen Deutungsprozess handelt, der auf ganz vielfältige Bezüge und unterschiedlichste Hintergründe aufbaut, zusammen mit dem Verständnis für die Notwendigkeit eines solchen Prozesses vor allem in einer Situation, in der die Menschen in den entstehenden christlichen Gemeinden durch den zeitlichen, geographischen und kulturellen Abstand keinen unmittelbaren Zugang mehr fanden zu dem, was jene Zeugen berichten, welche Jesu Tod direkt miterlebt hatten, mag uns also ermutigen, noch einmal einen Schritt zurück zu treten und mit dem nötigen Abstand alle bisher gesammelten Informationen als Ganzes zu betrachten.

Es scheint mir, als könnten wir uns daraus doch ein recht genaues Bild davon machen, was das Rohmaterial bot, mit dem die Autoren des Neuen Testamentes zu tun hatten …

Sehr früh schon berichten also Menschen, dass Jesus für sie gestorben, dass ihr Leben dadurch gerettet worden sei.

Nehmen wir diese Aussage einmal einfach wörtlich, ohne jegliche theologische Deutung, dann müssen sich uns einige Fragen stellen:

> Hat die Verhaftung Jesu vielleicht ganz real eine Verfolgung seiner Anhänger verhindern können?
>
> Hat sich Jesus deshalb vielleicht sogar bewusst dem Risiko ausgesetzt, zum Tod verurteilt zu werden?

---

death of another in the pagan evidence, and the more theological perspective of Jesus' self-sacrifice for many, as transparent in occasional specification that it is for their/our sins and thus – implicitly and consequently – intended as a salvation from the wrath of God. The element ‚sin' is in my view a definitely non-pagan conception and must be a Jewish contribution".

Und: Haben sich Jesu Anhänger dabei sogar aus irgendeinem Grund mitschuldig an seinem Tod gefühlt?

Das frühe Auftauchen der Thematik rund um Verfehlungen und Fehler, Sünde und Schuld in den erhaltenen Formeln könnte dafür ein Indiz sein, genauso wie die Passamotive, welche mit dem Tod Jesu weit mehr also nur die reine zeitliche Koinzidenz verknüpfen und oft Rettung und Befreiung vom Bösen oder Bedrohlichen implizieren[240].

Solche Fragen scheinen gerade deshalb mehr als berechtigt, als für einige Evangelien etwa kaum zur Debatte steht, dass Jesu Anhänger sich spätestens nach seiner Verhaftung in akuter Gefahr wussten; nur schon die Erwähnung ihrer Flucht bei Markus und Matthäus oder die von allen Synoptikern überlieferte Verleugnung durch Petrus (sowie vielleicht auch die verschlossenen Türen und insbesondere die Rückkehr der Jünger nach Galiläa bei den Auferstehungsberichten des Johannes) wären dazu Beweis genug.

Doch wenn wir diesen Gedanken weiter verfolgen, dann müssen wir daraus Schlüsse ziehen, die uns zu einem Überdenken vieler überkommener christlicher Überzeugungen zwingen.

Die Anklage, welche zur Verurteilung Jesu geführt hatte, muss dann nämlich zwangsläufig einen Punkt betreffen, der zumindest nicht nur an seiner Person allein festgemacht werden kann, sondern seinen engeren Umkreis, vielleicht seine ganze Bewegung mit einbezieht.

Unter den bis heute im Christentum meistgenannten Gründen des Todesurteils würde damit zum Beispiel seine Art, von Sündenvergebung zu sprechen, völlig hinfällig.

Und seine Worte zur Zerstörung des Tempels, sind sie noch vorstellbar als plausible Ursache für seine Verurteilung? Spricht er da nicht auch allein für sich – oder hat er mit diesen Aussagen vielleicht eine Wirkung auf seine Anhänger, die uns entgangen ist?

Genauso die Episode im Tempel, Mk 11,15–19// (wie auch immer man diese liest: Als notwendige Reinigung des Tempels[241], als Demonstration „königlicher Autorität" in irdischer Stellvertretung des Königtums Gottes[242] oder als symboli-

---

240 Vgl. z. B. Eberhart 2013, 188, 200;
Schröter 2003, 66.

241 Z. B. Raymond E. Brown, The Death of the Messiah, New York 1994/1998, 454–460.
Vgl. auch Sanders 1985, 61f, wo er eine ganze Reihe von Beispielen für diese „ältere" Sichtweise („older understanding of the event") zitiert: Edersheim, Abrahams, Roloff, Jeremias, Aulén, Trocmé, Harvey, Bornkamm, Belege in Fussnoten 7–25.

242 W. Stegemann 2010, 344f, mit Verweis auf N.T. Wright, Jesus and the Victory of God, Minneapolis 1996, 491f: „Jesu Tempelaktion war genauso ‚königlich' (…) Der König hatte nämlich ultimative Autorität über den Tempel: Er würde sein Reformer und Erneuerer sein. Da Jesu Handlung auf die Rechtfertigung und Wiederherstellung dieses höchst zentralen Symbols zielte, muss

sche Vorwegnahme von dessen Zerstörung und Wiederaufbau durch Gott selber im kommenden Königreich[243] etc.): Könnten wir sie überhaupt noch in Betracht ziehen, oder müssten wir ihre Bedeutung im Zusammenhang mit dem Prozess gegen Jesus nicht auch hinterfragen[244], handelt Jesus hier doch anscheinend ebenfalls in ganz eigener Autorität und ohne jedes Zutun seiner Anhänger?

Hat also der Bericht von Markus, wonach Worte und Ereignisse rund um den Tempel letztendlich kaum ausschlaggebend waren (Mk 14,53–60), vielleicht sogar einen wahren Kern (auch wenn er in seiner vorliegenden Gestalt und in seinem angeblichen Zusammenhang nicht frei von Widersprüchen bleibt; auf die Rolle der jüdischen Autoritäten im Verfahren gegen Jesus werden wir noch zu sprechen kommen)?

Das alles wird uns noch beschäftigen müssen.

Johannes bewahrt jedenfalls möglicherweise eine wertvolle Information, wenn er den Hohepriester Kajafas bedenken lässt, dass es besser sei, wenn ein Einzelner sterbe als das ganze Volk; wie Kajafas dazu kommen konnte und worauf er sich genau bezogen haben mag, auch das wird Objekt weiterer Untersuchungen sein.

---

der gesamte Vorfall als mit einem expliziten messianischen Anspruch aufgeladen verstanden werden" (Übersetzung W. Stegemann). Vgl. auch: N.T. Wright, Jesus – Wer er war, was er wollte und warum er für uns wichtig ist, Marburg an der Lahn, 2013 (Original in Englisch 2011), 186: „Wir sehen vielleicht nicht immer, dass jede Aktion dieser Art als impliziter Königsanspruch verstanden wurde. Es waren die Könige, die die Autorität über den Tempel hatten".

243 Vgl. etwa Sanders 1985, 61–75;
Wright 2013, 189;
Theissen / Merz 2011, 381;
ähnlich, aber mit, im Unterschied zu Sanders und Theissen / Merz, deutlicher Kritik am Tempel durch Jesus verbunden: Crossan 1999, 89, Zitat siehe oben, S. 23f, Fussnote 48.

244 So auch Chaim Cohn (1968) 1997, 87–93, allerdings mit einer anderen Begründung: Jesus hatte für diese „notwendige" Tempelreinigung sogar die Zustimmung der Tempelautoritäten;
oder etwa Weddig Fricke, Standrechtlich gekreuzigt. Person und Prozess des Jesus Aus Galiläa, Buchschlag bei Frankfurt 3 1987, 145f, der in diesem Bericht allerdings nichts Anderes als eine reine Fiktion ohne realen Hintergrund sieht.

3. Voraussetzungen für eine Re-Konstruktion der historischen Ereignisse

3.1 Messiasvorstellungen zur Zeit Jesu

Dass seine Anhänger in Jesus den Messias erkannt hatten, lässt sich wohl kaum bezweifeln: Paradoxerweise sind aber auf der einen Seite alle vier Evangelien ganz durchdrungen vom Bedürfnis, die Messianität des Nazareners aufzuzeigen und nachzuweisen, während auf der anderen die doch weit früheren Paulusbriefe diese quasi als Selbstverständlichkeit voraussetzen, so, als ob sich ihren Lesern die Frage überhaupt nicht stellen würde[1]; wir können also daraus schliessen, dass sie zumindest schon zur Zeit von Paulus für die Gemeinden selber tatsächlich kein Thema war und nur von *aussen* an sie herangetragen wurde. Dies erlaubt uns wiederum den Rückschluss, dass die Berichte in den Evangelien, wonach Jesus sogar schon zu Lebzeiten als Messias gepriesen worden wäre, durchaus eine ernsthafte Betrachtung verdienen.

Viel schwieriger aber gestaltet sich die Frage danach, was für Vorstellungen und Erwartungen die Anhänger, die Jünger, Jesus selber mit „Messias" verbinden konnten.

Tatsächlich bietet uns ja das Neue Testament eine recht breite Palette von Interpretationen an, und unser Bild verändert sich wesentlich, je nach dem, welcher davon wir mehr Gewicht schenken.

Manche zeugen allerdings ganz offensichtlich vom Versuch, unerfüllten Hoffnungen eine neue Richtung zu geben, wir können in ihnen also ohne grosse Schwierigkeiten eine spätere Entwicklung feststellen, die in der vorliegenden Form kaum in der Zeit der Ereignisse selber verankert war. Doch wenn wir uns ein Bild darüber machen wollen, was die Menschen damals wirklich für Erwartungen an Jesus als ihren Messias gerichtet haben könnten, dann mag uns ein Blick darauf helfen, welche zeitgenössischen Messiaserwartungen uns aus anderen Quellen und ausserhalb des Anhängerkreises Jesu bekannt sind.

Dabei werden wir zuerst einen kurzen Blick auf jene Schriften werfen, die wir gemeinhin als „Altes Testament" bezeichnen, dann unsere Aufmerksamkeit auf

---

1 Vgl. Frey 2002, 302f: „Das Bekenntnis (‚Jesus ist der Christus') muss daher schon in der frühesten aramäischen Urgemeinde wurzeln. Sollte es hier eine blosse Erfindung sein, eine Neubildung, ohne Anhalt am Wirken Jesu selbst, das den ersten Zeugen ja noch erinnerlich war? Eben dies wäre höchst unwahrscheinlich".

weiter Texte richten, die nachweislich vor dem Tod Jesu schon in Umlauf waren[2].

3.1.1 *Messianische Erwartungen im Alten Testament*

Der Begriff des „Gesalbten“, das heisst also eines durch dieses im alten Orient verbreitete Ritual in sein Amt eingesetzten Würdenträgers, ist in der Hebräischen Bibel sehr geläufig[3]. Meistens bezieht er sich auf einen König (insbesondere in den Samuelbüchern oder im Psalter), in einigen späten Texten (I Chr 29,22; Sir 45,15; Dan 9,2f; II Makk 1,10) wird er auch auf den ebenfalls durch Salbung installierten Hohenpriester[4] (vgl. Lev. 4,3.5.16 oder Ex 29,7) angewandt, seltener kommt die Prophetensalbung vor (vgl. I Kön 19,16)[5].

Doch ausgerechnet dort, wo die alttestamentlichen Prophetenbücher den erhofften Heilskönig verheissen, wird dieser zumeist gerade nicht als „Gesalbter“ bezeichnet – wohl um ihn abzugrenzen gegenüber den aus Sicht der Propheten enttäuschenden „realen“ gesalbten Königen[6].

Das bedeutet natürlich nicht, dass das Alte Testament deshalb überhaupt keine messianischen Gestalten kennen würde, im Gegenteil, sie gerade sind es, welche die Vorbilder stellen für das Aufblühen der Messiaserwartungen zur Zeitenwende. Als sehr treffend erweisen sich meines Erachtens die von Gerd Theissen/Annette Merz erarbeiteten drei Kriterien[7], welche erfüllt sein müssten, damit man in den alttestamentlichen Texten von einer „messianischer Gestalt“ sprechen könne: *Einleitung einer eschatologischen Wende*; *soteriologische Funktion* für Israel (und dadurch oft für die Menschheit); *charismatische Würde* und

---

[2] Mit Dunn a. a. O., 366 – und anders als James H. Charlesworth, Jesus Within Judaism, Doubleday, New York 1988, 35ff – wollen wir hier nur auf Quellen eingehen, die belegbar vor 30 u. Zr. abgefasst worden waren, was uns zwangsläufig daran hindern muss, einen grossen Teil der apokalyptischen Schriften in Betracht zu ziehen, auch wenn Texte wie die Bildreden des I Henoch, Abschnitte im II Henoch, IV Esra oder II Baruch natürlich ebenfalls ältere Traditionen bergen können und höchst interessante Parallelen zu den im Neuen Testament enthaltenen Interpretationen darstellen; doch bleibt eine Rückdatierung von Gedankengut (ohne schriftlichen Beleg) a priori einer gewissen Willkür ausgesetzt, ausserdem lässt sich sogar nicht einmal immer mit Sicherheit unterscheiden, ob wir es nun mit jüdischen oder christlichen Texten zu tun haben, vgl. dazu Charlesworth 1988, 30ff.

[3] Vgl. dazu wie auch zum Folgenden Theissen / Merz 2011, 463ff.

[4] Vgl. dazu Martin Karrer, Der Gesalbte. Die Grundlagen des Christustitels, Göttingen 1991, zur Königssalbung 95ff, zur Salbung des Hohepriesters (bis ca. 170 v. u. Zr.) 147f.

[5] Nach Karrer 1991, 214f erlaubt I Kön 19,15f zwar keinen direkten Rückschluss auf eine mögliche tatsächlich vollzogene Prophetensalbung in altisralitischer Zeit, doch setzt zumindest der „vordeuteronomistische Redaktor“ des Textes die Möglichkeit einer Ausweitung der Inpflichtnahme und Befähigung eines Mannes für das Gottes Gerichtsauftrag durch die Salbung auf Propheten oder Fremdkönige voraus.

[6] Theissen / Merz 2011, a. a. O.

[7] A. a. O.

besondere Nähe zu Gott. Auf sie wird nun von den Propheten oft die *altorientalische Königsideologie* übertragen und umformuliert zur Erwartung eines *Heilskönigs, der Israel gegen seine Feinde verteidigen und Frieden bringen wird* (Jes 8,23–9,6; 11,1ff; Mich 5,1ff, Sach 9,9f)[8].

Für die späteren Interpretationen eine besondere Rolle nimmt der „Menschensohn" in Dan 7,14 ein; was es damit auf sich hat, wollen wir in einem eigenen Abschnitt betrachten.

Schon einige Jahrzehnte vor der Abfassung der ältesten Schichten unseres Neuen Testamentes begegnen uns messianische Interpretationen von weiteren Texten des Alten Testaments, die ursprünglich in einen ganz anderen, konkreten Zusammenhang gesprochen hatten (sehr früh der Jakobssegen von Gen 49,10: schon in LXX Gen 49,10; dann etwa Ps 2 in PsSal 17,23f.30; weitere Texte wie die Nathansweissagung II Sam 7,11ff in Qumranrollen wie CD VII,19–21 oder 4QFLor 1.10–13)[9].

Gerade Abschnitte wie der letztgenannte, wo David eine Dynastie verheissen und, so zumindest in unserem Beispiel, sein Nachkomme sogar auch „Gottes Sohn" genannt wird, erlangen offensichtlich eine ganz besondere neue Bedeutung. „Wir können daraus schliessen, dass diese Stellen eine ziemlich lebhafte und ungebrochene Hoffnung auf einen königlichen Messias zumindest in einigen der verschiedenen Untergruppen Israel zur Zeit Jesu genährt haben, und dass diese Hoffnung auf einer volkstümlichen Ebene wahrscheinlich ziemlich weit verbreitet war (wie es die symbolische Macht des Königtums in den meisten Gesellschaften ja bis heute ist). Die Rede vom einem ‚Kommen des Messias' war für Juden des ersten Jahrhunderts bedeutungsvoll und vertrat eine Hauptsträhne der jüdischen eschatologischen Erwartungen."[10]

3.1.2 Zwischen den Testamenten

Von direktem Interesse ist für uns die Wiederbelebung des Begriffs der Salbung und somit des „Gesalbten", wie wir sie kurz vor und während der Zeitenwende beobachten können und welche somit den Weg ebnet für die messianische Interpretation Jesu durch seine Anhänger. In diesen Zusammenhang gehören vor

---

8 Vgl. zum ganzen Themenkreis der messianischen Erwartungen im Alten Testament auch Paul D. Hanson, Messiah and Messianic Figures in Proto-Apocalypticism, in Charlesworth 2010, 67–75, der einen akuraten Überblick bietet.

9 Vgl dazu etwa James H. Charlesworth, From Messianology to Christology: Problems and Prospects, in Charlesworth 1992, 11f;
dann ebenfalls Theissen / Merz 2011, 463
und Frey 2002, 208–312;
eine handliche Übersicht auf weitere Bibelstellen und vor allem auch Belege ihres Niederschlags in den Rollen von Qumran bietet auch Dunn in Charlesworth 1992, 367.

10 Dunn, a. a. O., eigene Übersetzung.

allem PsSal 17 und 18 (dort insbesondere 17,32[11] und 18,5–7[12]!), die schon auf Mitte des 1. Jh. v. u. Zr. datierbar sind und somit den ältesten Nachweis bilden für dieses neue Interesse an der Salbung und ihre Übertragung auf den versprochenen Heilskönig. Parallelen von Schmone Essre 14[13] zu Jesus Sirach 36,14–16[14] und PsSal 17 erlauben auch hier die Annahme, dass diese Bitte in ihrer vorliegenden Formulierung schon im 1. Jh. v. u. Zr. Verbreitung finden konnte[15].

Die Verheissung eines königlichen Messias ist zwar die häufigste, aber keineswegs die einzige Ausprägung der Erwartungen, denen wir um die Zeitenwende begegnen können. Während uns aber die vom Neuen Testament nur am Rande und spät aufgenommene Erscheinungsform des Messias als Hohepriester weniger interessiert[16], treffen wir auch rund um Jesus von Nazareth durchaus auf Interpretationen, die ihm eher einen prophetischen Charakter zuweisen, wie er für den Messias in Qumran, CD II,12 und 11Qmelch belegt ist[17].

Nur am Rande seien hier ausserdem Übertragungen messianischer Erwartungen auf real regierende, manchmal sogar heidnische Herrscher erwähnt: Der Makkabäerführer Simon wird in I Makk 14,4–1 mit messianischen Attributen geschildert; Josephus kann sich schon fast auf eine biblische Tradition berufen, wenn er solche Attribute in Bell 3, 400f dem römischen Kaiser Vespasian zu-

---

11 „32 Er aber [herrscht als] gerechter König, von Gott unterwiesen, über sie, und in seinen Tagen geschieht kein Unrecht unter ihnen, weil sie alle heilig sind, und *ihr König der Gesalbte des Herrn* ist".

12 „5 Gott, reinige Israel auf den Tag der heilsamen Gnade, auf den Tag der Auswahl, wenn *sein Gesalbter* zur Herrschaft kommt. 6 Selig, wer in jenen Tagen leben wird und schauen darf das Heil des Herrn, das er dem kommenden Geschlechte schafft 7 unter der Zuchtrute *des Gesalbten des Herrn* in der Furcht seines Gottes, in geistgewirkter Weisheit, Gerechtigkeit und Stärke".

13 „14 Und nach Jerusalem, deiner Stadt, kehre in Barmherzigkeit zurück, und throne in ihr, wie du es versprochen hast, und erbaue sie bald in unseren Tagen zum ewigen Bau, und richte in ihr bald *den Thron Davids, deines Knechtes auf.* Gelobt seist Du, Ewiger, Erbauer Jerusalems".

14 „14 Herr, erbarme dich über dein Volk, das von dir den Namen hat, und über Israel, das du einen Erstgeborenen genannt hast. 15 Erbarme dich über die Stadt Jerusalem, wo dein Heiligtum ist und wo du wohnst. 16 Erfülle Zion mit deiner Majestät und dein Volk mit deiner Herrlichkeit".

15 Vgl. Milena Jäger-Beux, Das Verständnis der Heiligung des göttlichen Namens und des Reiches Gottes in der alten jüdischen Liturgie, Bern 2009, S. 26ff.

16 Dazu etwa Dunn in Charlesworth 1992, 363, 373;
vgl. auch die Verbindung mehrerer endzeitlicher Gestalten, insbesondere in Qumran, ein Überblick findet sich bei Hermann Lichtenberger, Messianische Erwartungen und messianische Gestalten in der Zeit des Zweiten Tempels, in Ekkehard W. Stegemann (Hrsg.), Messias-Vorstellungen bei Juden und Christen, Stuttgart 1993, 9–20, dort 9–11: In 1QS 9,10–11 heisst es etwa „bis dass der Prophet und die Gesalbten Aarons und Israels kommen" (der „Prophet" wohl in Analogie zum „Propheten wie Mose" Dtn 18,15 und die „Gesalbten" in Analogie zu den „Ölsöhnen" in Sach 4,14). Diese drei Gestalten begegnen erneut in 4QTest, mit Gerichtsfunktionen für alle drei; die zwei Messias finden wir auch in manchen anderen Schriften Qumrans (weitere Beispiele S. 10), oft in Zusammenhang mit dem Endereignis (CD 19,33–20,1), wobei meist der priesterliche dem weltlichen vorgeordnet ist (1QSa 2,18ff); vgl. dazu schliesslich auch aus dem Testament der 12 Patriarchen Tjos 19,4 (Lichtenberger 1993, 11).

17 Eine interessante Übersichtstabelle über Belege des Messias oder Christos als Hohepriester, König und Prophet findet sich bei Theissen / Merz 2011, 465; dann auch Dunn, a. a. O., 368f.

schreibt – hatte nicht schon Jesaja 45,1 Kyros als „Gesalbten des Herrn" beschrieben? Herodes der Grosse (Herodes I, 36–4 v. Chr.) schliesslich „hat wahrscheinlich die Erneuerung des Tempels begonnen, um sich als ein ‚neuer Salomo' – als legitimer Nachfolger Davids – zu legitimieren (…) Er stand im Ruf, ‚mit göttlicher Huld begnadet zu sein' (Bell 1, 331)".[18]

Auch wenn gerade das Selbstbild des Herodes wohl kaum Bestätigung in der Bevölkerung gefunden hat, wurden die Hoffnungen auf einen Heilskönig, der den Erwartungen wirklich gerecht würde, dadurch nicht gebrochen, im Gegenteil, der Kontrast zur Wirklichkeit heizte diese nur noch mehr an. Im Brennpunkt unserer Aufmerksamkeit bleiben deshalb die oben genannten Verheissungen eines königlichen Messias nach davidischem Vorbild für Israel, welche im Volk breiten Widerhall fanden und, wie wir sehen werden, grossen Einfluss hatten auf den Verlauf der Geschehnisse rund um und mit Jesus von Nazareth.

3.1.3 Der leidende Gerechte

Inwieweit das *Leiden des Gerechten* aus den Psalmen oder der Weisheit Salomos, das *Leiden des Gottesknechts* (Jesaja 53) oder die *Zeit der Bedrängnis* (Daniel 12,1) schon in den messianischen Erwartungen und somit in den auch für Jesus selber geläufigen Vorstellungen einen festen Platz einnahm oder ob diese Themen nicht vielmehr erst im Rückblick dann eine wichtige Stütze zum Verständnis und zur Verarbeitung boten, wenn solche Erwartungen eben gerade enttäuscht, ja sogar von den Ereignissen zu Nichte gemacht wurden, muss meines Erachtens offen bleiben.

Wie wir gesehen haben, belegen Daniel 12, aber auch die Märtyrertheologie in den Makkabäerbüchern[19], immerhin, dass eine messianische Deutung des Leidens schon vor der Zeitenwende denkbar war – mehr aber auch nicht.

Vor allem die Frage, ob Jesus selber seine Passion aktiv als notwendiges Leiden des Gerechten angegangen hatte[20] oder ob es erst seine Anhänger waren, die nachträglich in diesem Themenkreis Deutung und Trost finden konnten, wird kaum eine erschöpfende und allgemeingültige Antwort finden können.

So lassen wir sie hier fürs Erste einmal einfach im Raum stehen …

---

18 Theissen / Merz 2011, 466.

19 Dazu ausführlich Van Henten 2012;
Versnel 2012, dort insbesondere 256ff zu II Makk 6,28 (Eleazars Sterben eines „guten Todes").

20 So zuletzt zum Beispiel Wright 2013, 247: „Jesu Berufung, Israels Messias zu sein, und seine Berufung zum Leiden gehören unmittelbar zusammen. Hinzu kommt, dass sie beide gemeinsam das Mittel sind, durch das, so glaubte er, Gott in entschiedener Weise sein Reich wie im Himmel, so auf Erden aufrichten würde".

3.1.4 Die Frage nach dem Menschensohn

Will man versuchen, sich eine Vorstellung über ein mögliches Selbstverständnis Jesu als Messias zu machen, kommt man auch nicht darum herum, sich mit den Aussagen zum „Menschensohn" zu beschäftigen, treten diese doch praktisch ausschliesslich in den Evangelien und dort in Worten auf, die uns als von Jesus selber gesprochen überliefert werden – dann aber jeweils erstaunlicherweise durchwegs in der dritten Person.

Die Zusammenhänge sind sehr unterschiedlich: Klar auf Jesus selber bezogene Aussagen zu seiner (eigenen) Vollmacht (z. B. Mk 2,10 oder 2,28, vgl. z. B. Joh 9,35) oder Situation (z. B. Lk 9,58 // Mt 8,20 // Thomasevangelium Logion 86); Ankündigungen seines (eigenen) Leidens (z. B. Mk 9,31 oder 10,45); Verheissungen des kommenden Menschensohnes in direkter Anlehnung an Daniel 7 (z. B. Mk 13,26 oder 14,62, vgl. Joh 1,51); in vielen weiteren Stellen bei Johannes (z. B. 3,13f oder 12,34) ist der Begriff „Menschensohn" schliesslich direkt mit Ankündigungen der „Erhöhung" oder „Verherrlichung" Jesu (und somit des Kreuzes) verbunden.

Man hat dafür bekannterweise auch schon die unterschiedlichsten Deutungen gefunden[21]: Von der Rede Jesu über eine andere, klar apokalyptisch-messianische Gestalt im Sinne von Daniel 7, die aber demnach mit Jesus selber nicht identisch wäre (Rudolf Bultmann[22])[23], bis zu einer aus dem Aramäischen ja durchaus auch belegbaren einfachen Paraphrasierung des „Ich" (z. B. Geza Vermes[24]); von der konsequenten Verankerung der Menschensohn-Worte in der nachösterlichen Hoffnung auf eine Wiederkehr Jesu, ohne jeglichen direkten Bezug auf seine eigenen Worte (z. B. Philipp Vielhauer[25]), bis zur Identifikation des irdischen Jesus mit dieser Rolle in der zukünftigen Welt Gottes (z. B. Wolfhart Pannenberg[26]), wobei er hier auch unter dem direkten Einfluss von jüdischen apokalyptischen Texten (oder zumindest ihren mündlichen Vorstufen) wie den Bildreden

[21] Ein ausführlicher Abriss zur Forschungsgeschichte findet sich zum Beispiel bei Frederik Houk Borsch, Further Reflections on ‚The Son of Man': The Origins and Development of the Title, in: Charlesworth 2010, 130–144.

[22] Rudolf Bultmann, Theologie des Neuen Testaments, Tübingen 9/1984, 29ff.

[23] Vgl. dazu Jens Schröter, 2003, 55 (Fussnote 8): „Auch wenn, wie mitunter vorgeschlagen, Jesus eine von sich unterschiedene Person als den kommenden Menschensohn erwartet haben sollte und die Identifizierung mit ihm erst nach Ostern vorgenommen worden wäre (was mir allerdings unwahrscheinlich erscheint), liesse sich dies nur so verstehen, dass er sich selbst als das irdische Pendant zu dem himmlischen Menschensohn betrachtete, so dass sein exklusiver Hoheitsanspruch auch bei dieser Lösung festgehalten wäre." Schröter verweist hier im Weiteren auf Jürgen Becker, Jesus von Nazareth, Berlin New York 1995, 267–275, der Jesus in diesem Sinne als „endzeitlichen Heilspropheten" der Gottesherrschaft zuordnet.

[24] Geza Vermes, Jesus and the World of Judaism, Philadelphia 1983, 89–99, insbesondere 90.

[25] Philipp Vielhauer, Jesus und der Menschensohn, Tübingen 1963, 133–177, bes. 170.

[26] Wolfhart Pannenberg, Grundzüge der Christologie, Gütersloh 4/1972, 47–61, besonders 51ff.

in I Henoch 37–71 hätte sprechen (z. B. James H. Charlesworth[27]) oder sogar den Begriff ganz eigenständig neu besetzen können (Volker Hampel[28]); von einer im Aramäischen ebenfalls schon zur Zeit Jesu verbreiteten generischen Bedeutung als „Mensch" (z. B. Maurice Casey[29]), bis zu allen denkbaren Verbindungen einzelner oder mehrerer dieser Positionen (z. B. John Dominic Crossan[30]) …

Dazu Ed Parish Sanders: „Ich halte keine Kombination für unmöglich. Es ist denkbar, dass Jesus in unterschiedlicher Art und Weise sprach: (…) Dass Gott den Menschensohn schickt, um für die Einrichtung des Königreiches mit Jesus selber an der Spitze zu sorgen; oder von seiner eigenen Identität mit dem Menschensohn."[31]

James D. G. Dunn: „Alles was die Tradition von uns auszusagen verlangt – doch sie verlangt von uns, dies auszusagen – ist, dass Jesus selber den Ausdruck verwendet hat. (…) Auf der Basis der Belege ist es auch möglich, zu argumentieren, dass der Gebrauch von ‚Menschensohn' als Titel sich in einzelnen oder mehreren Fällen auf das aramäische Idiom ‚Sohn eines Menschen', d. h. ‚jemand' oder ‚ein Mann wie ich' abstützt. Auf Grund der Belegslage aber nicht glaubwürdig wäre die Einfügung des ganzen Motivkomplexes in die Jesustradition in einem nachösterlichen oder noch späteren Stadium. (…) Die Suche nach dem charakteristischen eher als nach dem idiosynkratischen Jesus suggeriert, dass wir versuchen sollten, *beide* Bedeutungen (d. h. also, in Zusammenfassung der oben ausgelassenen Passagen, eher generisch als ‚son of man' oder eher apokalyptisch als ‚Son of Man' im Sinne von Daniel 7), im Material zu ‚Sohn eines Menschen'/‚Menschensohn' in Betracht zu ziehen, bevor wir das eine oder andere einer späteren christologischen Redaktion zuschreiben."[32]

---

27 Charlesworth 1988, 42ff: Der Autor geht hier insbesondere auf I Henoch 48,1–10 ein, datiert die Bildreden, anders als allgemein verbreitet, schon vor 70 u. Zr. und weist ihnen einen rein jüdischen Hintergrund zu.

28 Hampel 2010, 98: „Im Munde Jesu hat die Selbstbezeichnung ‚Menschensohn' messianischen Klang. (…) Um es noch deutlicher zu sagen: Mit ‚Menschensohn' umschreibt Jesus seine Funktion als Messias designatus. In diesem Sinn ist ‚Menschensohn' eine Sprachschöpfung Jesu" (!).

29 Maurice Casey, The Solution to The ‚Son of Man' Problem, London/New York 2007; Casey wendet diese Lesart sogar auch auf Daniel 7 an und sieht dort ursprünglich auch keine messianische Figur.

30 Dominic Crossan 1996, 76ff, insbesondere 78: Crossan sieht ausschliesslich das Menschensohnwort im Thomasevangelium Logion 86 – wegen seiner Dreifachbelegung //Lk 9,58//Mt 8,20 – als echt an; Jesus selber hätte demnach mit „Menschensohn" nichts mehr als nur „Mensch" gemeint, doch hätte er damit den Evangelisten eine Tür geöffnet, um ihm weitere Worte zum Menschensohn in den Mund zu legen und dabei eine Verknüpfung mit dem apokalyptischen Verständnis aus Daniel 7 herzustellen. Ein Beispiel dazu findet sich etwa in Crossan 1999, 140f, wonach der Evangelist Markus den „ihm teuren Titel Menschensohn" in Analogie zu Daniel 7 in Mk 14,62 eingefügt hätte.

31 Sanders 1985, 308, eigene Übersetzung.

32 Dunn 2005, 73f, eigene Übersetzung.

Und zum Abschluss noch einmal Ed Parish Sanders: „Es ist natürlich der Menschensohn, der die Dinge schwierig macht. Ich habe keine Hoffnung, ein Problem lösen zu können, an welchem schon so manche gescheitert sind."[33]

Dem ist hier nichts hinzuzufügen.

3.1.5 *Gibt es eine Möglichkeit, das Messiasverständnis Jesu zu definieren?*

Welche Vorstellungen verband Jesus selber mit dem Messias, wie sahen seine eigenen Erwartungen und Hoffnungen aus, wo fand er sich selber darin wieder, was war der Schlüssel für sein Selbstverständnis? Jeder Versuch, darauf eine Antwort zu finden[34], ist eng daran gebunden, was für eine Gewichtung wir den oben genannten unterschiedlichen Messiaserwartungen zur Zeit Jesu überhaupt geben, wie wir sie lesen und interpretieren; zwangsläufig sehen wir uns deshalb auch hier ausserstande, objektive Werte auflisten zu können.

Dennoch gibt es eine ganz Reihe von Argumenten, die in Betracht zu ziehen uns zumindest erlauben wird, Hypothesen mit einer gewissen Glaubwürdigkeit aufzustellen. Dazu mag es hilfreich sein, in freier Anlehnung an Ed Parish Sanders[35], zuerst einmal einfach aufzulisten und anzuschauen, was uns zu unserer Fragestellung über jeden Zweifel erhaben scheint. Aus meiner Sicht können wir mindestens folgende 10 Punkte als gesichert betrachten[36]:

1. Jesus hat das Gottesreich verkündigt, ja angekündigt, proklamiert. „Jesus war dabei, die naheliegenden Dinge wieder in Ordnung zu bringen. Aber die ganze Zeit über redete er auch davon, dass Gott auf der höheren Ebene ebenfalls an der Macht war. Die kleinen Aktionen wiesen auf eine grössere Realität hin. Sie waren Hinweise darauf, dass es anfing, wahr zu werden. Wenn ich sage, dass Jesus davon redete, dass Gott König wäre, meine ich damit, dass er es *bekannt machte* (…) Es ist eine Proklamation".[37]
2. Diese Proklamation richtete sich ganz besonders an die Randständigen, Benachteiligten, Ärmsten innerhalb der Gesellschaft.

33 Sanders, a. a. O.

34 Für eine kurze Übersicht zur Forschungsgeschichte: Frey, 2002, 299ff.

35 Sanders 1985, 326f: Sehr interessante Liste mit nach Wahrscheinlichkeit geordneten Aussagen zu Jesus, die uns zwar als Anstoss dient, aber nicht wörtlich übernommen werden könnte.

36 Auch hier kommen wir nicht um Aussagen herum, die letzten Endes noch immer nicht „objektiv" genannt werden dürften; es bleibt nun einmal so, dass nichts, aber auch gar nichts wirklich allgemeingültig als „gesichert" bezeichnet werden kann und jede Kategorisierung also zwangsläufig einen subjektiven Charakter behält. Doch darf uns das nicht daran hindern, nach bestem Wissen und Gewissen Entscheidungen zu treffen, die uns erlauben, einen Boden zu legen für unsere weiterführenden Gedanken …

37 Wright 2013, 98f.

3. Zumindest Teile der Anhänger Jesu und der Bevölkerung sahen in ihm den versprochenen „Gesalbten“[38], der das Reich Gottes bringen würde[39], einen würdigen Nachfolger Davids. Diese Überzeugung hat seine Hinrichtung überdauert, sich sogar nach seinem Tod noch gefestigt[40].
4. In einer gewissen Spannung dazu stand wohl von Anfang an die Ansicht Jesu, dass nicht er und nicht irgend ein Mensch, sondern Gott selber das Reich einrichten würde.
5. Jesus sah für sich aber eine besondere Stellung darin[41] und ernannte im Hinblick auf dieses Reich auch eine Gruppe von zwölf Jüngern, welchen ebenfalls eine besondere Rolle zukommen sollte; die Zahl 12 weist unbestreitbar auf eine Verbindung des Gottesreiches mit dem Gedanken der Restauration Israels hin.
6. Hingerichtet wurde Jesus als Königsprätendent, und zwar durch ein römisches Urteil und eine römische Vollstreckung.
7. Unmittelbar schon nach Jesu Tod waren seine Anhänger nicht nur erst recht überzeugt, dass er der erwartete Messias sei, sie rechneten auch mit seiner in Kürze bevorstehenden Rückkehr zur vollständigen Errichtung des Gottesreiches.
8. Auch wenn man, heute noch, immer wieder Anderes hört, so scheint es mir inzwischen erwiesen, dass bei Jesus kaum ein Bruch mit der Tora, insbesondere auch in Bezug auf Sabbat oder Reinheitsgebote festzumachen ist. „Für Jesus stand die symbolische Ordnung seiner judäischen Gesellschaft, inklusive des schriftlich fixierten Mosegesetzes, nicht zur Disposition.“[42]
9. Angesichts der engen Verbindung der nachösterlichen JerusalemerJüngergemeinschaft mit dem Tempel (aber auch nur schon der Präsenz Jesu im Tempel bis zuallerletzt) kann meines Erachtens auch ein eigentlicher Bruch

---

[38] Vgl. Jörg Frey, 2002, 312: Frey fügt seiner Übersicht über messianische Erwartungen zur Zeit Jesu an, dass es nachvollziehbar sei, wenn diese „bei seinen Zeitgenossen Deutungen in ‚messianischen‘ Kategorien provozierten. Diese wurden an ihn herangetragen und von ihm wohl nicht einfach abgelehnt“.

[39] Gegen Vielhauer, 1963, 133–177.

[40] Davon zeugt vor allem die lukanische Tradition, mehr dazu Wolfgang Stegemann, Jesus als Messias in der Theologie des Lukas, in E. Stegemann 1993, 21–40.

[41] Eckhard W. Stegemann, Wolfgang Stegemann, Urchristliche Sozialgeschichte. Die Anfänge im Judentum und die Christusgemeinden in der mediterranen Welt. 2. durchgesehene und ergänzte Auflage, Stuttgart Berlin Köln 1995 bringen kurz und prägnant das „charismatische Deutungskonzept“ auf den Punkt, welches sich hier besonders anbietet und auf Max Webers Wirtschaft und Gesellschaft zurückgeht; „seine Anwendung findet sich ansatzweise schon bei Weber selbst“ (S. 172); für uns besonders interessant ist die Charakterisierung des Charismatikers „mit übernatürlichen und übermenschlichen Fähigkeiten“ der seine „intime Beziehung zum Göttlichen sichtbar unter Beweis“ stellt; dann die Ausweitung auf eine „charismatische Bewegung“, mit einem engeren Kreis, dem „Verwaltungsstab“ und einer „weiteren Anhängerschaft“; die „Wirtschaftsfremdheit“, d. h. also der „Verzicht auf eigene ökonomische Versorgung“ (173), oft auch „Familienfremdheit“ und der „Aufgabe der stabilitas loci“ durch den engeren Kreis usw..

[42] W. Stegemann 2010, 283; siehe dazu den ganzen Abschnitt, 262–296.

Jesu mit dem Tempel oder seinen Autoritäten nicht ohne unüberbrückbare Widersprüche postuliert werden, wiewohl auch dieser immer wieder herangezogen wird[43].

10. Jesus hat sich in keinem Moment als dem Judentum fremd oder in Bezug auf das jüdische Volk aussenstehend betrachtet; deshalb wäre für ihn auch ein Bruch mit seiner jüdischen Identität absolut unvorstellbar gewesen.

Einige dieser Punkte scheinen mir selbstverständlich, werden auch von den Schriften des Neuen Testaments selber untermauert; andere finden dort hingegen nur teilweise Niederschlag oder treffen sogar auf direkte Widerrede (wie es zu einem solchen Spannungsbogen kommen konnte, wird uns immer wieder beschäftigen müssen).

Einige dieser Punkte bieten sich als Stein in einem grösseren Mosaik an, andere bleiben zu offen, um wirklich konkrete Vorstellungen zuzulassen.

Zu den Offenen gehört ausgerechnet auch, ob Jesus sich selber als „Messias" erlebt hat oder nicht, welche Rolle er für sich im von ihm angekündigten Gottesreich gesehen, wie er sich diese zuvor, in der Zeit der Erwartung dieses Reiches, genau vorgestellt hatte[44]. Der Befund unserer Quellen erlaubt uns eigentlich nur auszusagen, dass Jesus sich mit solchen Fragen konfrontiert sah und sich mit ihnen auseinandergesetzt hat (vgl. z. B. Mk 8,27–30//); vielleicht können wir darüber hinaus mit aller Vorsicht die Hypothese aufstellen, dass er seine Aufgabe in der Zeit der Erwartung des Gottesreiches eher prophetisch gesehen hätte[45] (von der Ankündigung bis zu einer ganzen Reihe von Zeichenhandlungen, welche das Reich schon vorweg nehmen), im Reich selber dann aber eher davidisch (also in einer auch im weitesten Sinne politisch führenden Rolle), zusammen mit den ihm untergeordneten Zwölfen.

Ob Jesus für sich aber überhaupt je definitive Antworten auf die Frage nach seiner eigenen Position vor und im Reich Gottes gefunden hatte und wenn ja, wie diese wirklich genau ausgesehen hätten, das werden wir wohl nie mit Sicherheit feststellen können; die wenigen Aussagen, die uns direkt von ihm dazu überliefert sind, helfen uns kaum weiter (z. B. die gerade durch ihre unbequemen Kanten wohl auf authentische Worte Jesu zurückgehende Stelle in Mk 12,35–37, wonach der Messias kein „Sohn" Davids, sondern dessen „Herr" sei – während ja z. B. Röm 1,3 schon sehr früh eine Abstammung Jesu von David dokumentiert)[46].

---

43 Zuletzt etwa Wright 2013, 193ff.

44 Vgl. Burchard 1987, 29: „Es ist schwer auf einen Begriff zu bringen, was Jesus sein wollte. Er selber hat es offenbar auch nicht versucht".

45 Burchard, a. a. O.

46 Eine interessante Antwort auf die offenen Fragen in Bezug auf Mk 12,35–37 bietet Donald H. Juel, The Origin of Marc's Christology, in: Charlesworth 2010, 449–460, dort 453ff: Laut Juel ist Mk 12,35–37 nicht eine Ablehnung des Titels oder des genealogischen Attributes „Davidsohn",

So ist die Bilanz auf der einen Seite recht ernüchternd – wie gerne wüssten wir doch Genaueres!

Auf der anderen Seite bin ich aber doch der Meinung, dass wir damit mehr anfangen können, als auf den ersten Blick ersichtlich, weil uns die zugänglichen Daten doch erlauben werden, ein Bild der Ereignisse zu zeichnen, auf dem sich in faszinierender Art und Weise und nicht gar so undeutlich abzeichnet, wie die eigentlichen Geschehnisse eine Grundlage boten für alle späteren theologischen und christologischen Interpretationen (und Spekulationen) und sich dadurch unsere geläufigen Kategorien für „vor"- und „nachösterlich" in der Betrachtung der Messianität Jesu völlig verwischen, weil sie in der Unschärfe seiner eigenen Position im gegenwärtigen und zukünftigen Reich Gottes schon zu seinen Lebzeiten längstens angelegt sind …

3.2 Die Brisanz der „präpolitischen Heterotopie" der βασιλεία τοῦ θεοῦ

Schon innerhalb des Neuen Testaments finden wir spiritualisierende Deutungen des Reiches Gottes, welche dieses eher in den Bereich einer transzendenten Grösse verlegen, besonders natürlich in Joh 18,36 („mein Reich ist nicht von dieser Welt"), und je weiter wir uns zeitlich von den Geschehnissen entfernen, desto eher drängt sich die Suche auf nach einem Reich, auf das man nicht mehr (vergeblich) warten musste.

Aber wird man damit Jesu Verkündigung der βασιλεία τοῦ θεοῦ (Gottesreich) wirklich gerecht?

Wenn ich mich hier für eine klare und eindeutige Antwort entscheide, so folge ich in meiner Argumentation im Wesentlichen Wolfgang Stegemann, der einerseits einen reich belegten Abriss der Auslegungsgeschichte[47], andererseits eine überzeugende eigene Argumentation bietet[48].

Die beiden Pole, zwischen denen sich das Verständnis des Reiches Gottes auch heute noch bewegt, könnten nicht besser auf den Punkt gebracht werden als durch Zitate von Joseph Ratzinger und Ed Parish Sanders. Auf der einen Seite also die spiritualisierende Deutung: „Die neue Nähe des Reiches, von der Jesus

---

wie manchmal interpretiert wird (das gäbe zu viele Widersprüche, vgl. blinder Bartimäus, der mehr sieht als die Jünger, 10,47, oder die Menschenmenge beim Einzug, mit Zitaten aus Psalm 118; Mk 11,9.10), sondern vielmehr ein Hinweis darauf, dass Jesus die Frage so formuliert, dass eine noch Antwort aussteht: Schlüssel dazu ist wieder 14,62, die Rückkehr des Menschensohns, mit Anspielungen auf Psalm 110: Es ist erst der von Gott als solcher eingesetzte Menschensohn, der zum Davidssohn wird, und diese Einsetzung muss erst noch erfolgen.

47 W. Stegemann 2010, 296–325.

48 W. Stegemann 2010, 325–353.

spricht und deren Ausrufen das Unterscheidende seiner Botschaft ist – diese neue Nähe besteht in ihm selbst (...) darum ist jetzt auf einzigartige Weise Zeit zur Umkehr und Busse wie auch Zeit der Freude, weil in Jesus Gott auf uns zu geht. In ihm ist Gott nun der Handelnde und Herrschende – herrschend auf göttliche Art, das heisst ohne weltliche Macht, herrschend durch die ‚bis ans Ende' (Joh. 13,1), bis ans Kreuz gehende Liebe."[49]

Ed Parish Sanders hält hingegen jedem Versuch zur Vergeistigung des Gottesreiches ein Argument dagegen, dem man meines Erachtens kaum entgehen kann: „Es ist allerdings unmöglich voraus zu setzen, dass er (Jesus) nicht wirklich ‚Königsherrschaft' meinte, wenn er diesen Begriff verwendete. Wenn er ihn nur symbolisch meinte (er repräsentiert die Aufforderung, sich selbst Gott zu unterwerfen), dann müssten wir schliessen, dass er seine Jünger komplett getäuscht hat; denn sie fuhren fort, ein Königreich zu erwarten."[50]

Und er fügt nicht ohne beissende Polemik hinzu: „Die Ansicht, dass Jesus gänzlich betrügerisch gewesen wäre und seine Jünger zu falschen Hoffnungen verleitet hätte, während er Gleichnisse erspann, die nur mit der Literarkritik des 20. Jahrhunderts entwirrt werden können, muss zurückgewiesen werden."[51]

So setzen wir also Jesu ganz konkrete Rede von einem realen Königtum, einer wirklichen Herrschaft Gottes in unserer Welt und dieser Zeit einmal voraus. Doch Jesus bleibt ja nicht bei Worten stehen, auch sein Handeln will dieselbe Botschaft ausdrücken. Dazu gehören seine Exorzismen genauso wie seine Mahlzeiten zusammen mit Sündern und Pharisäern, die Heilungen genauso wie die Speisung der Vielen.

Nein, es ist nicht irgend eine Kritik an der Halachah[52] – die ja sogar schon in den Evangelien selber kaum unwidersprochen bleiben würde – und nicht die Sündenvergebung – die ja von ihm (anders etwa als von Johannes dem Täufer[53], auf dessen Wirken Jesus ja wohl aufbaut!) nicht als Ritual in Ersatz oder Konkurrenz zu irgendeiner priesterlichen Handlung praktiziert, sondern als Gabe Gottes an den Menschen, der sich für sein Reich bereit machen will, proklamiert wird – welche gefährlich werden mussten für Jesus. Tatsächlich erscheinen in den Evangelien die Diskussionen oder Streitgespräche dazu in keiner Proportion zu den von seinen vermeintlichen Gegnern angeblich angedrohten Konsequenzen, und

49 Joseph Ratzinger, Jesus von Nazareth, von der Taufe im Jordan bis zur Verklärung, Freiburg 2007, 90; zitiert aus W. Stegemann 2010, 321.

50 Sanders 1985, 329, Übersetzung von W. Stegemann, dort 2010, 321.

51 Sanders 1985, 329, eigene Übersetzung.

52 „Jesus starb nicht, weil sein Verhältnis zu Tora und Israel so war, dass toratreue Juden keine andere Wahl hatten." Burchard 1987, 54f.

53 Es ist ja auch bezeichnend, dass nirgendwo (weder in den Evangelien noch bei Josephus) ein Hinweis dafür auftaucht, dass die jüdischen Autoritäten oder die Pharisäer an der Botschaft oder am Handeln von Johannes dem Täufer Anstoss genommen hätten!

diese treten wiederum oft genug in eklatantem Widerspruch zu den berichteten Geschehnissen.

Es würde nun hier zu weit gehen, aufzuzeigen, wie Jesus weder das Sabbatgebot abschaffen wollte, noch die Reinheitsgebote für ungültig erklärt hat, das haben andere zur Genüge geleistet: „Hier ist die grosse *Tatsache* die, dass Jesu Anhänger nichts davon wissen, dass er direkt gegen das Gesetz opponiert hätte, und insbesondere wissen sie nicht von einer Opposition gegen die Gesetze, die den *Sabbat, die Nahrung und die Reinheit* regeln.“[54]

Auch der Beweis, dass die traditionelle christliche Meinung, wonach der ganze Themenkreis um Sünder, Mitleid, Vergebung, „pharisäische“ Überheblichkeit und priesterlicher Futterneid Jesus bei den jüdischen Autoritäten verhasst gemacht und ihm deshalb letztendlich das Leben gekostet habe, in keiner Weise auf Reden und Handeln Jesu fundiert ist, sondern auf frühchristlicher Polemik beruht, muss hier nicht mehr erbracht werden. „Wie im Fall Jesu und seines Prozesses ist es die Sicht römischer Ordnungsinteressen auf die Christusbekenner, die leitend ist. Im Unterschied zu Jesus hat sich jedoch in die Wahrnehmung jüdischer Christusbekenner von jüdischer Seite auch eine Differenz inhaltlicher Art gemischt, die den Konflikt mit ihnen auch jenseits der Wahrnehmung aus römischem Herrschaftsinteresse bestimmt. Diese Differenz wird in den Evangelien retrojiziert in das Verhalten jüdischer Instanzen gegenüber Jesus, der historischen Plausibilität entgegen.“[55]

Wer aber wie Jesus von einem neuen „Königreich“ spricht und dieses in Zeichenhandlungen anklingen lässt – und all das auch noch in einer Form, welche die gesellschaftlichen Strukturen schlichtweg auf den Kopf stellt, indem er die Armen, die Randständigen, die Ausgestossenen einlädt, sich in der kommenden Gottesherrschaft einen Ehrenplatz zu sichern – der konnte im römischen Regierungsbereich gewiss nicht damit rechnen, unbemerkt zu bleiben, auch wenn er selber offensichtlich keinerlei Anstalten dazu tat, dieses Reich mit Waffengewalt durchzusetzen.

Dennoch dürfen wir daraus nicht einfach schliessen, Jesu Verkündigung sei daher doch ganz harmlos, weil „unpolitisch“ gewesen.

Mit Wolfgang Stegemann können wir festhalten: „Ich gehe nach wie vor von der von L. Schottroff und mir begründeten Position aus, dass sich die Basileia-Verkündigung Jesu auf das Schicksal von Armen und Notleidenden (vgl. Lk 6,20f), auf (Waisen-)Kinder (Mk 9,33–37; 10,14f) und auf chronisch Kranke bzw. Behinderte (s. nur Lk 7,22 par.) bezogen und der Jesusbewegung als Armenbewegung ein spezifisches Profil verliehen hat. Die mit der Erwartung der kommenden Etablierung der Herrschaft Gottes verbundene Projektion einer sozial

---

54 Sanders 1985, 325, eigene Übersetzung.

55 E. Stegemann 2002, 52.

gerechte(re)n Gesellschaft (bzw. Herrschaftsausübung) zeigt eine über die eigenen Interessen hinaus gehende politische Verantwortung für die Gesellschaft."[56]

„Die frohe Botschaft für die Subalternen (= das Evangelium für die Armen) besteht einerseits in dem Versprechen der Transformation ihrer sozioökonomischen Lage, andererseits auch darin, dass sie sich in ihrer Gesellschaft Gehör verschaffen und als politische Subjekte sehen können, die selbst zur Herrschaft kommen (vgl. Mk 10,35ff.). Ihre Bevollmächtigung stammt ‚von oben', d. h. sie ist Wirkung göttlicher Herrschaft selbst."[57]

Wenn Jesus nun die umfassende Durchsetzung dieser Königsherrschaft Gottes auf Erden zugunsten der Subalternen verkündet und in seinen Handlungen zumindest partiell schon gegenwärtig erfahrbar machen will, dann ist darin, wie wir sehen werden, politischer Zündstoff à discrétion enthalten, was Jesus selber sicher nicht entgehen konnte.

Die auch heute noch weit verbreitete Ansicht, dass Jesu Botschaft frei von jeglicher politischer Brisanz oder auch nur gesellschaftspolitischer Konsequenz allen Menschen nichts als „peace and love" vermittelte, bedarf wohl einer Korrektur, denn das Evangelium für die Armen und Ausgestossenen birgt zwangsläufig sozialen Zündstoff. Seine Ankündigung der nahen Königsherrschaft Gottes konnte von der ganz real präsenten Vertretung der Kaiserherrschaft Roms gewiss nicht einfach nur lächelnd abgetan werden[58].

---

56 W. Stegemann 2010, 346.

57 W. Stegemann 2010, 348.

58 Zu den anti-imperialen Aspekten der Basileia-Konzeption bei Jesus vgl. R.A. Horsley, Jesus und imperiale Herrschaft – damals und heute. Ein Versuch, Jesu Botschaft von der Königsherrschaft Gottes von ihrer politischen Harmlosigkeit zu befreien in: Bibel und Kirche 62 (2007), 89–93, dort 90: „Wenn wir einen kontextbezogenen Ansatz wählen, stellt sich Jesu Verkündigung vom Reich Gottes als zutiefst politisch heraus, oder vielmehr als eine untrennbare Mischung von politisch-ökonomisch-religiösen Anliegen. Zunächst einmal war das Gottesreich schon immer ein zentraler Bestandteil der Traditionen des frühen Israel, die die Basis des politisch-ökonomisch-religiösen Lebens in Galiläa, Samaria und Judäa bildeten. Gott war nach ihnen buchstäblich der König des Volkes Israel. So wird erzählt, dass Jahwe nach der Befreiung aus der Gefangenschaft und der Fremdherrschaft in Ägypten Israel einen Bund als politisch-ökonomisch-religiöse Verfassung gegeben hatte, deren König er war. Treue zu Jahwe schloss infolge dessen aber das Königtum eines Menschen in diesem auf den Bund gegründeten Gemeinwesen aus. Als das Volk z. B. dann Gideon zu seinem König machen will, bleibt dieser eisern in seiner Ablehnung und verweist darauf, dass die Israeliten in Jahwe schon einen König haben (Ri 8,22f).
Dieser Bund schloss nicht nur eine Königsherrschaft innerhalb Israels, sondern auch die Fremdherrschaft externer Könige aus. Wie wichtig dies dem Volk von Judäa und Galiläa in der Spätzeit des Zweiten Tempels war, zeigt sich in dem, was Josephus die Vierte Philosophie nennt: Ihre Vertreter organisierten den Widerstand gegen die römischen Tributzahlungen im Jahr 6 n. Chr., als die Römer ihre direkte Herrschaft über Judäa einrichteten. Es sei unmöglich, dem Kaiser Tribut zu zahlen, so beharrten sie, weil Gott ihr einziger Herr und König sei. Das Königtum Gottes hatte also deutlich politisch-ökonomische Dimensionen, die untrennbar mit den religiösen verbunden waren.
Auch Jesu Verkündigung, dass das Gottesreich bevorstehe, hatte nicht nur religiöse, sondern ebenso politisch-ökonomische Implikationen: Gott ergriff endlich die direkte Herrschaft über

Wenn dann diese Botschaft einer *präpolitischen*[59] *Heterotopie*[60] auch noch verbunden wird mit der Wiederherstellung Israels als Zwölf-Stämme-Volk (daran muss die Institution der Zwölf zwangsläufig denken lassen!)[61] und mit Erwartungen einer Wiederaufrichtung des Königtums Davids[62] (Mk 11,10) oder vielleicht sogar seiner Dynastie (Röm 1,3; Mk 10,46f; vgl. aber Mk 12,35–37), dann haben wir bald alle Elemente auf dem Tisch, die uns erlauben werden, die dramatischen Ereignisse der letzten Tage Jesu in Jerusalem zu entschlüsseln.

---

sein Volk und befreite es dadurch von der Herrschaft der römischen Kaiser. Besonders dramatisch offenbart sich dies in Jesu Antwort auf den Versuch der Pharisäer und Herodianer, ihn mit ihrer Frage ‚Ist es erlaubt, dem Kaiser Steuer zu zahlen, oder nicht?' eine Falle zu stellen (Mk 12,13–17). Wir verstehen die politische Dimension dieser Aussage vielleicht besser, wenn wir uns ins Gedächtnis rufen, dass die Römer die Weigerung, Steuern zu bezahlen, als Rebellion werteten. Jesus entzieht sich dieser Falle, aber nicht durch eine Erklärung nach Art der lutherischen Trennung der geistigen und weltlichen Reiche oder der amerikanischen Trennung von Kirche und Staat. Wir müssen darauf hören, was er im Kontext der antiken israelitischen Tradition sagt: ‚So gebt dem Kaiser, was dem Kaiser gehört, und Gott, was Gott gehört!' Da nach israelitischem Verständnis alle Dinge Gott gehören, sagt er damit indirekt, dass die Menschen dem Kaiser keine Steuern schulden, weil Gott ihr einziger und ausschliesslicher König ist".

59 W. Stegemann, 2010, 322; Der Autor führt hier in Anlehnung an Hannah Arendt den Begriff „präpolitisch" ein; dieser „macht darauf aufmerksam, dass es in der Proklamation der Königsherrschaft Gottes durch die Jesusbewegung nicht um Aushandlungsprozesse eines bestimmten Gesellschaftsmodells geht, auch nicht um dessen Durchsetzung, um Wege eines Konsenses oder eine Abstimmung, sondern um die souveräne Implementierung (im wörtlichen Sinne ‚von oben') eines heterotopen Gesellschaftsmodells. Der Begriff präpolitisch bietet sich auch an, weil die Jesusbewegung als Bewegung von und für die *Subalternen* der Gesellschaft selbst keinen Zugang zu deren politischen Entscheidungsprozessen hatte".

60 Zum Begriff „Heterotopie" W. Stegemann 2010, 323f, dort insbesondere Fussnote auch 745 mit einem Hinweis auf M. Foucault, der diesen Begriff in Anlehnung an „Utopie" 1980 in seinem Buch Die Ordnung der Dinge eingeführt hat; im Unterschied zur Utopie hat die Heterotopie einen „wirklichen Ort".

61 Vgl. dazu Sanders 1985, 98ff.

62 Ich halte hier auch an der davidischen Konnotation der präpolitischen Utopie Jesu fest, auch wenn dies nach wie vor umstritten bleibt: Doron Mendels zum Beispiel lehnt jeden politischen Anspruch Jesu rigoros ab und sieht in der Davidserwartung eine nachösterliche Konstruktion, D. Mendels, Pseudo-Philo's Biblical Antiquities, The ‚Fourth Philosphy', and the Political Messianism of the First Century C. E., in Charlesworth 2010, 261–275, dort 275, Fußnote 51: „Jesus of Nazareth wished to dissociate himself from this political trend. He wanted to stay of politics at a time when political messianism was in the air. (…) Only after Jesus' resurrection, especially in the communities of Peter and Paul, do we find a comprehensive linear approach to Jewish History. In both cases this linear description reaches up to the ascendancy of Davidic dynasty (Act 7:1–53; 13:17–23, 33–39). (…) This identification was made only by Jesus' followers".
Das scheint mir nun allerdings wenig glaubwürdig zu sein, spielte doch gerade unter diesen Anhängern Jesu sein eigener Bruder eine prominente Rolle und dürfen wir doch davon ausgehen, dass er zu diesem Aspekt die allererste Informationsquelle (auch für Paulus, Röm 1,3) gewesen sein muss!

3.3 Analoge Ereignisse zur Zeit des zweiten Tempels

Ausschlaggebend für unsere Sicht auf die Geschehnisse ist allerdings nicht nur der religiöse, d. h. der im weitesten Sinne an die Religion gebundene Aspekt, mit den Erwartungen und Hoffnungen des jüdischen Volkes zur Zeit Jesu; wir müssen auch in Betracht ziehen, was uns an Kenntnissen über das Verhalten der römischen Besatzungsmacht zur Verfügung stehen kann.

Es ist ein grosser Glücksfall, dass uns der jüdisch-römische Geschichtsschreiber Flavius Josephus gleich in mehreren Werken wertvolle Informationen dazu überliefert, wozu die Römer damals in Israel (und anderen von ihnen kontrollierten Gebieten) zur Bewahrung ihrer Macht bereit waren; wie sie mit Bedrohungen umgingen; welcher Strukturen sie sich dazu bedienten.

So wollen wir in der Folge zuerst einmal schauen, welche Aufgaben die Römer der jüdischen Obrigkeit zugewiesen hatten; dann werden wir ein paar Beispiele dazu näher betrachten, wie die Römer mit Fällen umgegangen sind, welche uns an Jesus und seine Anhänger erinnern; schliesslich werden wir ein paar Zeugnisse heranziehen, die es uns erlauben, Pontius Pilatus näher zu charakterisieren[63].

3.3.1 Die Einbindung der Hohepriester ins römische Machtsystem

Josephus, Ant XX, 251:

> „Nun erhielt Herodes von den Römern die Herrschaft und ernannte keine Angehörige des Asamonäergeschlechts mehr zu Hohepriestern, sondern mit Ausnahme des Aristobulus Männer aus unberühmten und nur priesterlichen Familien. (…) Nach ihm [sc. Aristobolus, den Herodes umbringen liess] erhielt kein Asamonäer mehr die hohepriesterliche Würde. Ebenso wie Herodes verfuhren bei Ernennung der Hohepriester auch sein Sohn Archelaus und nach diesem die Römer, die das jüdische Reich erobert hatten. (…) Einige von diesen bekleideten diese Würde noch unter Herodes und seinem Sohn Archelaus, nach deren Ableben der Staat aristokratisch verwaltet wurde, *wäh-*

63 Vgl. Peter Egger, „Crucifixus sub Pontio Pilato". Das „crimen" Jesus von Nazareth im Spannungsfeld römischer und jüdischer Verwaltungs- und Rechtsstrukturen in: Neutestamentliche Abhandlungen, Neue Folge, Band 32, Münster 1997, für eine weitergehende Vertiefung des Materials, allerdings nicht für die davon abgeleiteten Schlussfolgerungen (dazu nur ein Beispiel, S. 198: „Dass Jesus ein Königtum, und sei es das messianische, in Anspruch genommen hat, kann ausgeschlossen werden": Diese Sicht darf von uns nun als eindeutig widerlegt betrachtet werden). Einen guten Überblick über analoge oder vergleichbare Fälle, diesmal auch mit meines Erachtens treffender Auswertung, liefert ausserdem Richard A. Horsley, „Messianic" Figures and Movements in First-Century Palestine, in: Charlesworth 2010, 276–295.

rend die Aufsicht (προστασία) über das Volk den Hohepriestern anvertraut war. Das mag über die Hohepriester genügen."[64]

Wie genau diese Aufsichtspflicht (oder Führungsaufgabe) ausgesehen haben mag, lässt sich natürlich aus diesem Text allein nicht ableiten, doch können wir schon einmal festhalten: Die Römer selber haben jeweils die Hohepriester bestimmt und ihnen Führungsaufgaben für das Volk übertragen; davon, wie sie diese in ihrer Amtsführung wahrnahmen, hängt also auch ihre Legitimation ab. Josephus erwähnt hier keine zeitliche Einschränkung für seine Einschätzung der Aufgaben der Hohepriester, wir können also davon ausgehen, dass diese bis zum Ende des zweiten Tempels kaum mehr wesentlichen Änderungen unterzogen worden war.

Das würde heissen, dass schon zur Zeit Jesu für die Hohepriester Geltung hatte, was Josephus ein paar Jahrzehnte später im Zusammenhang mit einer Provokation gegen die Juden in der Synagoge der syrischen Stadt Dora aus einem Erlass des syrischen Statthalter Petronius überliefert:

> „Die Vorsteher des Magistrates (τοῖς δὲ πρώτοις ἄρχουσι) ermahne ich, wenn sie nicht als Mitschuldige angesehen werden wollen, (...) jeden Aufruhr und Lärm (...) zu verhindern ..." (ANT IX, 308).

Peter Egger kommt bei seiner ausführlichen Analyse aller zur Verfügung stehender Quellen zu folgenden Schlussfolgerungen für die Pflichten der einheimischen Behörden (und somit die Hohepriester Jerusalems): „Was das Ziel behördlichen Einschreitens betrifft, lassen sich *drei Kategorien* unterscheiden: 1. Die Verantwortung erstreckt sich auf die *Prävention von Unruhen.* 2. Sind Störungen der allgemeinen Ordnung bereits in Gange, liegt es an den lokalen Behörden, die *öffentliche Ruhe wiederherzustellen.* 3. Bei Rechtsbrüchen kommt den örtlichen Autoritäten auch eine *Mitwirkung bei der Strafrechtspflege des Statthalters* zu. Dies geschieht jedoch weniger in Funktion eines Rechtsorgans als vielmehr in der Stellung der Ordnungsinstanz. Näherhin obliegt ihnen die Ermittlung und Überstellung von Straftätern an die römische Obrigkeit.

Die Verantwortung einheimischer Behörden ist weiterhin als ‚*Erstverantwortung*' zu charakterisieren. Ihre Ordnungsfunktion derjenigen der Römer vorgängig.

Die Wahrnehmung dieser Aufgabe steht nicht im Ermessen der Lokalbehörde, sondern ist ihr von der römischen Militärmacht v e r p f l i c h t e n d

---

[64] Flavius Josephus, Antiquitates Judaicae, Übersetzung jeweils aus: Flavius Josephus, Jüdische Altertümer, übersetzt und mit Einleitung und Anmerkungen versehen von Dr. Heinrich Clementz, neu gesetzte und überarbeitete Ausgabe, Wiesbaden 2/2006.

aufgetragen. Sie sind somit zur Gewährleistung der römisch-provinzialpolitischen Ordnung *in Dienst genommen.*“[65]

Inwiefern die drei von Egger genannten Punkte bei Gefangennahme und Prozess Jesu wirklich eine Rolle spielten, wird noch zu untersuchen sein; wichtig ist uns hier, einmal festzuhalten, was die Verpflichtungen der jüdischen Obrigkeiten den Römern gegenüber sein mussten und wie wenig Spielraum da effektiv vorhanden sein konnte: „Umgekehrt macht aber auch die römische Provinzbehörde jüdische Instanzen verantwortlich für Nichtwahrnehmung ihrer Ordnungsfunktionen.“[66]

3.3.2 *Jesus ben Ananias*

Auffallend gerade für unseren Gesichtspunkt ist ein Vorfall, den Josephus in Bell VI, 300–309 schildert[67] und der als Illustration der Aufgabenverteilung gelten mag: Ein Mann vom Lande mit Namen „Jesus ben Ananias“ tritt während des Laubhüttenfestes 62 u. Zr. in Jerusalem auf mit Wehrufen über die Stadt, das Volk und den Tempel.

Die jüdische Obrigkeit versucht vergeblich, ihn mit eigenen Mitteln zum Schweigen zu bringen. Deshalb wird er dem Statthalter Albinus überstellt. Von diesem wird er gegeisselt und formell verhört, dann aber als offensichtlich geistesgestört und somit letztendlich harmlos wieder freigelassen.

„Die Unglücksprophetie des Jesus ben Ananias erweist sich als *politisch relevante Störung des allgemeinen Friedens* in Jerusalem. Sie setzt ein ordnungspolitisch gegliedertes Einschreiten der jüdischen und der römischen Instanz in Gange (…).

Insgesamt erweist die Episode, dass prophetisch-eschatologisches Handeln im ersten Jahrhundert nach Christus als ein *strafrechtlich-koerzitiv zu würdigendes Delikt* gilt.“[68]

---

[65] Egger 1997, 154, Hervorhebungen des Autors.

[66] E. Stegemann 2002, 38.

[67] Vgl. dazu E. Stegemann 2002, 37–39;
W. Stegemann 2010, 376–380;
Sanders 1985, 303;
besonders ausführlich Egger 1997, 136–147, um hier nur die für meine Bewertung der Episode wichtigsten zu nennen.

[68] Egger 1997, 146f.

3.3.3 *Theudas und „der Ägypter"*

Doch braucht es für ein Eingreifen der römischen Besatzungsmacht nicht zwangsläufig eine vorgängige Intervention jüdischer Autoritäten. Zwei Beispiele dazu kennen wir sowohl aus der Apostelgeschichte als auch von Josephus. Das erste betrifft einen gewissen „Theudas" (Apg 5,34–38 / Josephus, Ant XX 97ff). Schauen wir zuerst den Bericht in der Apostelgeschichte an:

> „34 In der Ratsversammlung aber stand ein Pharisäer namens Gamaliel auf, ein im ganzen Volk angesehener Gesetzeslehrer, und befahl, die Männer für kurze Zeit hinauszuschicken. 35 Und er sprach: Israeliten, überlegt euch genau, was ihr mit diesen Leuten tun wollt. 36 Vor einiger Zeit nämlich ist Theudas aufgetreten, der von sich behauptete, etwas Besonderes zu sein; ihm hat sich eine Schar von etwa vierhundert Männern angeschlossen. Er wurde getötet, und alle seine Anhänger wurden versprengt, und seine Bewegung löste sich in nichts auf. 37 Nach ihm, zur Zeit der Steuereinschätzung, ist Judas der Galiläer aufgetreten, machte Leute abtrünnig und scharte sie um sich. Auch er ging zugrunde, und alle seine Anhänger zerstreuten sich in alle Winde. 38 Deshalb rate ich euch jetzt: Lasst ab von diesen Leuten und lasst sie gehen! Denn wenn das, was hier geplant und ins Werk gesetzt wird, von Menschen stammen sollte, dann wird es sich zerschlagen."

Bei Josephus erfahren wir dazu, dass Theudas ein „Betrüger" gewesen sei, der sich als „Prophet" ausgegeben habe (Ant XX 97); „Fadus" (römischer Prokurator in Judäa von 44–46 u. Zr.) „duldete nicht, dass das sinnlose Treiben Schaden stifte" (Ant XX 98) und sandte Truppen aus, die viele Anhänger töteten und andere gefangen nahmen, darunter auch Theudas, der „enthauptet und sein Kopf nach Jerusalem gebracht wurde" (99).

Weder die Apostelgeschichte noch Josephus wüssten von irgend einer direkt antirömischen Aktivität, dem Prokurator genügt es offensichtlich schon, dass Theudas' Anhängerschar zu gross geworden war. „Das Auftreten solcher Zeichenpropheten konnte von der römischen Vormacht, so jedenfalls Josephus, als ‚Beginn des Aufstands' (apostaseois kataboles) verstanden werden"[69]. Das in der Apostelgeschichte zitierte Urteil Gamaliels hingegen erlaubt uns wiederum darauf zu schliessen, dass von römischer Seite nach dem Tode des Anführers die Gefahr jeweils als erledigt angesehen wurde und seine überlebenden Anhänger deshalb nicht mehr interessant genug für eine weitere Verfolgung gewesen wären.

---

[69] W. Stegemann 2010, 377.

Etwas anders gestaltet sich die Situation beim sogenannten „Ägypter", der zur Zeit des Prokurators Marcus Antonius Felix (42–60 u. Zr.) aufgetreten war und der in der Apostelgeschichte nur kurz erwähnt wird (21,38); hier ist der Bericht bei Josephus, Bell II, XII 261–263 wesentlich ausführlicher:

> „261 Ein noch empfindlicherer Unglücksschlag traf die Juden mit dem Auftreten des falschen Propheten aus Aegypten. Es kam nämlich ein Zauberer in das Land, der sich das Ansehen eines Propheten gab und bei 30.000 bethörter Anhänger um sich scharte. 262 Diese führte er nun aus der Wüste auf den sogenannten Oelberg, willens, von da sich den Eingang in die Hauptstadt mit Gewalt zu erzwingen, nach Ueberwältigung der römischen Besatzung seine Herrschaft dem Volke darin aufzunöthigen und mit Hilfe seiner bewaffneten Begleitung, die ihn hineingebracht, auch zu behaupten. 263 Felix wartete aber seinen Angriff nicht erst ab, sondern warf sich ihm mit seinen römischen Schwerbewaffneten entgegen und ward auch bei dieser Abwehr von dem ganzen Volke so wirkungsvoll unterstützt, dass aus dem sich nunmehr entspinnenden Treffen der Aegypter sich nur mit wenigen Anhängern retten konnte, während die meisten davon in Stücke gehauen oder gefangen genommen wurden. Die übrigen Scharen flohen auseinander, und jeder suchte sein schützendes Heim zu gewinnen."[70]

Wenn das Eingreifen der römischen Besatzungsmacht hier keine Erklärung braucht, so fällt hingegen auf, wie die Flucht des Anführers dazu geführt hat, dass der grosse Teil seines Gefolges niedergemetzelt wurde; was mit den Gefangenen geschah, wird zwar hier nicht berichtet, man verzichtet aber gerne darauf, es sich lebhaft auszumalen.

3.3.4 Ausserbiblische Zeugnisse über Pilatus

Abschliessen wollen wir unseren Exkurs zu vergleichbaren Texten ausserhalb der Bibel mit einer kleinen Zusammenstellung von Beschreibungen des Pilatus bei Josephus Flavius und Philo von Alexandrien.

Keiner der beiden hatte einen ersichtlichen Grund zu Voreingenommenheit für oder gegen Pilatus, beide aber zeichnen uns ein Bild, das so gar nicht zu dem passen will, was wir aus unseren Evangelien kennen[71]!

---

[70] Übersetzungen aus De bello Judaico jeweils aus: Flavius Josephus, *Jüdischer Krieg*, übersetzt von Philipp Kohout, Linz 1901.

[71] Zur Apologetischen Tendenz in den Evangelien gegenüber Pilatus vgl. W. Stegemann 2010, 368; dort zu Pilatus bei Philo und Josephus im Speziellen Fussnote 871.

Josephus berichtet uns zweimal, in Bell II 175–177 und Ant XVIII 56–62, wie blutig Pilatus den Versuch der Bevölkerung niederschlägt, gegen die Finanzierung einer Wasserleitung durch den Tempelschatz zu protestieren.

In Ant XVIII 85–89 erfahren wir von Josephus, dass dessen hemmungslose Grausamkeit Pilatus schlussendlich 36 u. Zr. seinen Posten gekostet haben könnte: Auf dem Berg Garizim kam es zu einem Aufruhr rund um einen Mann, der wohl als eine Art samaritanischer Messias-Prätendent beschrieben werden könnte; Pilatus griff die Menschenmenge mit Reitern und Fussvolk an, metzelte manche nieder, schlug andere in die Flucht und nahm viele gefangen; von „welch letzteren Pilatus die Vornehmsten und Einflussreichsten hinrichten liess." (Ant XVIII 87).

Ob es sich bei diesem Aufruhr um eine reale Bedrohung der römischen Besatzungsmacht oder um eine prophetisch-eschatologische Handlung ähnlich wie in der Episode des Theudas oder des Jesus ben Ananias handelte, geht zwar aus dem Bericht nicht klar hervor; anscheinend schenkte aber Vitellius, der Statthalter von Syrien, einer Delegation der Samariter Glauben, welche jegliche Absicht eines Aufstandes vehement bestritt.

Pilatus wurde daraufhin nach Rom beordert, um sich gegen die Vorwürfe zu verantworten – was die letzte gesicherte Nachricht ist, die wir von seinem Leben haben, er kam jedenfalls nie mehr nach Judäa und Samaria zurück. Wir haben also guten Grund zur Annahme, dass man ihn wegen seines unmenschlichen Verhaltens des Amtes enthoben hat.

Erstaunen würde dies gerade auf dem Hintergrund der Beschreibung durch Philo von Alexandrien (legatio ad Gaium, XXXVIII 299–305) wirklich nicht:

> „Dabei könnte man seine Bestechlichkeit, seine Gewalttätigkeit, seine Räubereien, Misshandlungen, Beleidigungen, fortgesetzten Hinrichtungen ohne Gerichtsverfahren sowie seine unaufhörliche und unerträgliche Grausamkeit vortragen."[72]

[72] Deutsche Übersetzung zitiert aus Theissen / Merz 2011, 98.

4. Die letzten Tage Jesu in Jerusalem

4.1 Einleitende Gedanken

„Tatsächlich ist der Fall Jesu und seines Gerichtsprozesses weit entfernt davon, historisch gelöst zu sein. Lösungen gibt es viele, alle mit denselben Schwächen, neue Hypothesen können deshalb vorgeschlagen werden für die weitere Diskussion, auf der Suche nach der Wahrheit. Wir möchten nun gerne eine neue Hypothese vorschlagen, die vernünftig zu sein scheint und gut genug, dass sie allen Hinweisen rund um den Prozess Jesu gerecht wird. Wir stellen dies als reine Hypothese zur Diskussion. Ihre Plausibilität wird sich erst in der Diskussion aufzeigen.“[1]

Auch bald ein halbes Jahrhundert nachdem Tibor Horvath den Stand der Forschung zusammengefasst und daraufhin seine eigenen Thesen mit diesen Worten eingeleitet hatte, scheint sich noch nirgendwo eine allgemeingültige Antwort auf seine Fragestellung abzuzeichnen, und wir sind weiterhin angewiesen auf Beiträge, welche den Austausch anregen, den Horizont öffnen, verkrustete Positionen aufweichen können. Denn wir kommen einfach nicht darum herum, feststellen zu müssen, dass die von unseren Texten und insbesondere von den Evangelien am ausführlichsten berichteten und am meisten bezeugten Ereignisse – Jesu Reise zum Passahfest nach Jerusalem, seine Verhaftung, seine Verurteilung und sein Tod – kaum mehr gesichertes Wissen zulassen, als was eben diese wenigen Worte gerade ausgedrückt haben: Jesus wurde anlässlich seiner Pilgerfahrt zum Passahfest in Jerusalem festgenommen und gekreuzigt.

Das ist aber auch schon alles.

Jedes Wer, Wie und Warum hingegen findet mit an Sicherheit grenzender Wahrscheinlichkeit eine Gegenposition, einen Bericht, der mit dem Gesagten nicht vereinbar sein kann und so ein Fragezeichen im Raum stehen lässt. So wollen also auch wir versuchen, mit unseren Hypothesen einen kleinen Beitrag zur Diskussion zu leisten.

---

1 Tibor Horvath, Why was Jesus Brought to Pilate, in: Novum Testamentum 11 (3), 1969, 174–184, dort 181 (eigene Übersetzung). Was Horvath hier schreibt, hat auch heute noch nichts von seiner Gültigkeit verloren. Gewiss, seine Thesen, wonach der Sanhedrin Jesus vor Pilatus gebracht hätte, um dort quasi ein Gottesurteil zu provozieren (nach der Devise, entweder er ist der Messias und siegt, oder er geht unter) hat sich nicht durchsetzen können – doch kann man ihm nur Recht geben darin, dass jede zumindest plausible Hypothese höchst willkommen ist, um aus einer neuen Richtung ein wenig Licht ins Dunkel zu bringen; wenn dabei, wie in seinem Fall, die auch nach unserem Gutdünken kaum glaubwürdigen, aber immer noch allzu standardmässig verkündeten Schuldzuweisungen gegenüber den jüdischen Autoritäten mit valablen Argumenten hinterfragt werden, wird der Beitrag umso wertvoller …

Doch zuerst wollen wir uns einen Überblick zur Flut der offenen Fragen verschaffen ...

4.2 Provokation

4.2.1 Unterwegs in Galiläa

Dass die Wolken, aus denen das Gewitter des Verfahrens gegen Jesus in Jerusalem hervorbrechen würde, sich schon lange vor seiner Wallfahrt zur Tempelstadt zusammenzubrauen begannen, darüber sind sich die Evangelien einig. Doch dürfen wir ihrer Einschätzung trauen, wonach es die *Pharisäer* gewesen wären, welche schon in Galiläa gegen Jesus konspiriert und auf seine Vernichtung hingearbeitet hätten, weil er zugelassen, dass seine Jünger am Sabbat Ähren rauften[2] und selber in der Synagoge am Sabbat eine „verkümmerte" Hand geheilt hätte (Mk 2,23–3,6)?

Auch ohne eine (nicht unberechtigte) Infragestellung der Glaubwürdigkeit von Berichten über die schiere Existenz eines solchen Konfliktes[3] sticht zuerst einmal sofort ins Auge, dass hier zumindest so oder so Ursache und Wirkung in keiner Proportion zu einander stehen würden, die dargestellte Dimension der Auseinandersetzung deshalb kaum glaubwürdig begründet erscheint[4].

Vollends zweifelhaft wird die von den Evangelisten behauptete Dimension der Konfrontation zwischen Jesus und den Pharisäern, wenn wir eine Erinnerung hinzuziehen, die Lukas uns in 13,31f bewahrt hat und gegen deren Authentizität zumindest im Kern (V. 31) kaum Argumente zu sprechen scheinen:

> „31 Zur selben Stunde kamen einige Pharisäer zu ihm und sagten: Geh weg, zieh fort von hier, denn Herodes will dich töten. 32 Und er sagte zu ihnen: Geht und sagt diesem Fuchs: Gib acht! Ich treibe Dämonen aus und vollbringe Heilungen heute und morgen, und am dritten Tag bin ich am Ziel."

---

2 Interessant ist hier, dass Jesus selber anscheinend gar nicht daran teilnimmt: Wie Zwingli beim Wurstessen an Karfreitag würde er damit zwar auf die Fragwürdigkeit einer kasuistischen Interpretation des Gebotes hinweisen, aber auch klar bedeuten, dass er sich nicht einfach von jeglichem Respekt gegenüber dem Gesetz an sich distanzieren wollte.

3 Es gilt hier nämlich zu bedenken: „No study of the synoptic conflict pericopes can ever establish their ‚authenticity' if that is taken to involve ‚proving' Jesus' explicit opposition to the law. The great fact of Christian behaviour proves otherwise. Opposition to Sabbath, food and purity do not belong to the bedrock of the tradition" (Sanders 1987, 325).

4 „Die Testfälle, der Umgang mit dem Reinheits-, Sabbat- und Elterngebot, zeigen so, dass Jesus innerhalb des Judentums eine sehr ‚liberale' Thoraauffassung vertritt, aber keineswegs eine Thorakritik gegen das Judentum" (Theissen-Merz, 2011, 330).

Lukas benutzt diese Überlieferung als Einführung einer Ankündigung des Leidens, das Jesus später in Jerusalem erwartete (Lk 13,33–35, vgl. Mt 23,37–39), die er direkt daran anknüpft – quasi, als ob es ihm entgangen wäre, wie sehr er damit die angebliche Feindschaft zwischen Jesus und den Pharisäern relativieren musste; das mag auch der Grund dafür sein, weshalb die anderen Evangelien diese Episode mit keinem Wort erwähnen.

Doch bewahrt Lukas uns damit noch einen weiteren, wichtigen Hinweis: Offensichtlich war sich Jesus der Provokation durchaus bewusst, die von seinem Reden und Wirken ausging – und zwar, zumindest in diesem Fall, keineswegs gegenüber irgendwelchen jüdischen Instanzen, sondern ganz offensichtlich gegenüber der regierenden *politischen* Macht. Nach dem Tod des Johannes[5] kann man sich ja auch kaum vorstellen, dass Jesus für sich selber nicht ein ähnliches Schicksal zumindest in Betracht ziehen musste – und Lk 13,31 belegt meines Erachtens eindeutig, dass Herodes nicht bereit war, in seinem Einflussbereich weiterhin die Predigt eines nahen Gottesreiches zu dulden; andere Gründe hätte er kaum gehabt, Jesus nach dem Leben zu trachten.

Ob Jesus sich wirklich als gefährdet erlebt, ob er nicht hingegen seinen Auftrag unter dem Schutze einer höheren Macht glaubte oder zumindest erhoffte, das lässt sich natürlich kaum mehr endgültig rekonstruieren; vieles spricht aber dafür, dass ihm beide Seiten nicht fremd waren, wir werden noch darauf zurückkommen.

Eines aber scheint klar zu sein: Schon in Galiläa, im Machtbereich des Herodes Antipater, ist Jesus, bei aller Nähe zu den aus der rabbinischen Literatur als typisch galiläisch bekannten „Frühen Frommen“[6], weit mehr als nur ein lokaler Wanderprediger mit ein paar Anhängern im Gefolge, und er wird von den Machthabern argwöhnisch beobachtet, vielleicht sogar steckbrieflich gesucht. Dabei wollen wir aber auch festhalten, dass zumindest hier in Galiläa ausgerechnet seine vermeintlichen religiösen Gegenspieler und angeblichen Todfeinde in Wirklichkeit im Moment der grössten Gefährdung auf seiner Seite stehen und ihn vor möglichen Konsequenzen warnen!

---

5 Nach Josephus, Ant XVIII 116–119 erfolgte die Gefangennahme und spätere Hinrichtung des Johannes aus politischen Gründen, um der Gefahr eines Aufruhrs entgegenzuwirken, und nicht wie in Mk 6,17–18 wegen dessen Kritik an seiner Heirat mit Herodias, der Frau seines Bruders. Auch der Tod des Johannes würde dann also, ganz ähnlich wie im Falle des Theudas, direkte Folge seiner Ankündigung des nahen Gottesreiches sein, einer solchen wurde offensichtlich von den jeweiligen Machthabern grosses subversives Potential zugeschrieben …

6 Vgl. dazu Clemens Thoma, 1994, 307, der die „Chasîdîm ha-rischônim“ als „Beter und Wundertäter“ definiert, die 100 v. bis 200 u. Zr. Auszumachen sind, nach 70 u. Zr. allmählich in der rabbinischen Bewegung aufgingen; Thoma beruft sich für ihre Definition auf die Mischna, mit Zitat aus mBer 51: „Die frühen Frommen bereiteten sich zuerst eine Stunde still vor und formulierten ihre Gebete erst dann, damit sie ihr Herz zu ihrem Vater im Himmel hinwenden könnten.“ Doch will Thoma sich nicht auf eine direkte Identifikation mit dieser Bewegung festlegen, 315: „Jesus liess sich von vielen Seiten beeinflussen. Seiner Persönlichkeit haftet der Geruch der verschiedenartigen jüdischen Geistigkeit stark an“.

Dass Herodes von keinem Juden gern gesehen wurde, wegen seiner zweifelhaften Herkunft (seine Familie stammt aus Idumäa, ein Gebiet, das erst sehr spät zum Judentum kam, ob durch Annektion[7] oder aus eigenem Antrieb[8] bleibt unklar) und, wie Josephus berichtet, wegen seines brutalen Vorgehens gegenüber Johannes dem Täufer[9], unterscheidet ihn kaum wesentlich von römischen Machthabern – Pontius Pilatus war in der Bevölkerung Judäas gewiss nicht beliebter als Herodes in Galiläa.

Doch es stellt sich die Frage, ob die Situation in Judäa ähnlich gelagert war oder ob nicht dort doch die Gefahr aus der Bevölkerung selber hervorgehen konnte, wie Lk 13,33–35 (34 und 35 // Mt 23,37–39) oft gelesen wird:

> „33 Doch heute und morgen und am folgenden Tag muss ich weiterziehen, denn es geht nicht an, dass ein Prophet ausserhalb von Jerusalem umkommt. 34 Jerusalem, Jerusalem, die du tötest die Propheten und steinigst, die zu dir gesandt sind! Wie oft habe ich deine Kinder sammeln wollen wie eine Henne ihre Küken unter ihre Flügel, und ihr habt nicht gewollt. 35 Euch wird das Haus noch veröden. Ich sage euch: Ihr werdet mich nicht mehr sehen, bis die Zeit kommt, da ihr sagt: *Gepriesen sei, der da kommt im Namen des Herrn.*"

Indem Lukas durch Vers 33 einen Zusammenhang mit 31 und 32 herstellt, erklärt er einerseits, weshalb Jesus nicht unter Herodes verurteilt wurde, anderseits scheint er hier wirklich antönen zu wollen, dass ganz Jerusalem ihn ablehne, ja dass Jesus erwarten müsse, in Jerusalem den Tod zu riskieren (das Gleichnis von den bösen Weingärtnern, Mk 12,1–12 könnte ja in dieselbe Richtung deuten). Weshalb?

Keines der Zitate gibt eine klare Antwort auf diese Frage, sie wird also Grund weiterer Abklärungen sein müssen.

Doch eines scheint mir hier klar hervorzugehen: Der Zusammenhang zwischen der Tötungsabsicht des Herodes mit der Warnung durch die Pharisäer einerseits und den Wehrufen über Jerusalem, das seine Propheten tötet anderseits, ist zu forciert; einige Aussagen sprechen auch klar aus einer nachösterlichen Perspektive (die „drei Tage", ausserdem vielleicht auch die Ankündigung der Wiederkunft mit Zitat aus Psalm 118,26[10]), um zumindest in diesem Wort-

---

[7] Josephus, Ant XIII 257f.

[8] So hingegen der hellenistisch-römische Gelehrte Strabon (Geographika XVI 2,34).

[9] In Ant XVIII 116f berichtet Josephus, wie die jüdischen Soldaten dem Herodes wegen der Hinrichtung des Johannes die Gefolgschaft im Krieg gegen den Nabatäerkönig (und Vater seiner ersten, verstossenen Frau) Aretas IV verweigerten, weshalb Herodes den Krieg verlor.

[10] Es sei denn, diese in Lukas und Matthäus wiedergegebenen Worte Jesu bezögen sich hier nicht auf seine Wiederkunft, sondern seine Rückkehr, mit dem Einzug in Jerusalem, wo die Evangelisten ja das Ausrufen dieses Psalmverses tatsächlich auch berichten (Mk 11,9//) – dann aber wird der Abschnitt endgültig falsch verstanden, wenn man ihn als Beleg einer tödlichen Feindschaft zwischen Jesus und der Bevölkerung Jerusalems heranziehen wollte!

laut direkt auf Jesus selber zurückzugehen[11], auch wenn Lukas uns hier, wie gesagt, manch wertvolles Indiz enthüllt, von der Brisanz der „präpolitischen Heterotopie"[12] des von Jesus verkündigten Gottesreiches bis zur Solidarität der mit ihm gewiss nicht immer einigen Pharisäer im Moment der grössten, von Dritten an Jesus getragenen Gefahr.

4.2.2 *Ankunft in Jerusalem*

Das alles wollen wir mitnehmen, wenn es nun darum gehen soll, die Ereignisse der letzten Tage Jesu in Jerusalem genauer zu betrachten. Diese überstürzen sich nämlich schon mit seinem Eintreffen: Alle vier Evangelien berichten, dass Jesus sich nicht einfach in die Masse der ankommenden Pilger einreiht, die jedes Jahr zu Passah durch das Stadttor strömen, sondern seine Ankunft in Jerusalem sorgfältig plant und zum symbolischen Ereignis werden lässt.

Wenn wir zwischen den verschiedenen Versionen Unterschiede feststellen können, so lassen sich diese, sofern sie denn von Bedeutung sind, meist leicht aus der Absicht des Autoren erklären und tun deshalb keinen Abbruch an der Plausibilität des Berichteten.

Allen gemein ist nämlich ein Ereignis, das seine Symbolik einerseits aus dem Gedankengut von PsSal 17[13] schöpft, anderseits darin Bezug nimmt auf Prophezeiungen des Alten Testamentes, insbesondere Sacharja 9,9, die Stelle wird explizit erwähnt in Mt 21,4.5 und Joh 12,15, bildet aber auch ganz klar den Hintergrund von Mk 11,2 (durch das „Füllen") und Lk 19,31 (mit dem „jungen Esel"); damit wird Jesu Einzug also zu einer „grundsätzlich königlichen Handlung"[14].

„Es ist nicht ausgeschlossen, dass Übereinstimmungen zwischen AT und überliefertem Geschehen durch bewusste ‚Erfüllung' der Schrift durch Jesus selbst zustandegekommen sind. Man wird nie eindeutig klären können, ob Sach 9,9 nachträgliche Deutung des Einzugs Jesu in Jerusalem ist, oder ob nicht der

---

11 Wiewohl dieser Zusammenhang immer wieder verteidigt wurde, auf durchaus originelle Art und Weise etwa von Siegfried Dreher, Der Fuchs und die Henne – eine Selbstdeutung Jesu für seinen Tod, Deutsches Pfarrerblatt (DtPfrBl) 98 (1998), 199–121: Dreher zieht hier zwar die interessante Folgerung, dass Jesus mit dem Bild der Henne, die sich gegen den Fuchs schützend über die Küken stellt, davon spreche, wie er sein eigenes Leben zugunsten seiner Anhänger opfern würde; doch wenn Dreher dann die Ursache der Verurteilung bei den Differenzen Jesu mit den Pharisäern und Schriftgelehrten sucht, dann haben die mit dem „Fuchs" Herodes ja eigentlich gar nichts zu tun; ausserdem würde Jesus, wenn schon, eine Steinigung befürchtet haben und keine Kreuzigung; und schliesslich wird Warnung der Pharisäer so zu einem Fremdkörper, der überhaupt nicht mehr ins Bild passen will …

12 Siehe oben, S. 123ff, W. Stegemann 2010, 348.

13 PsalSal 17,4: „Du, Herr, hast David erkoren zum König über Israel, und du hast ihm geschworen über seinen Samen für alle Zeit, dass sein Königtum nicht aufhören solle vor dir".

14 Wright 2013, 186.

historische Jesus selbst vom Bilde des auf einem Esel einreitenden ‚Königs' (der in Sach 9,9 nicht ‚Messias' genannt wird!) geleitet war."[15]

Bei allen vier kanonischen Evangelien ausdrücklich erwähnt ist auch die Ausrufung von Psalm 118,26 „gesegnet (gepriesen) sei, der da kommt im Namen des Herrn" (Mt 21,9//Mk 11,9//Lk 19,38; Joh 12,15). Während hingegen die Synoptiker nicht näher beschreiben, wer nun Jesus mit diesen Lobpreisungen begleite (Mk 11,8f: „viele"; „die vorausgingen"), ist es bei Johannes ausdrücklich die „grosse Volksmenge" (Joh 12,12); die Jünger hingegen verstehen die Symbolik der Szene erst, „nachdem Jesus verherrlicht worden war" (Joh 12,16) – ein deutliches Indiz dafür, dass Johannes hier daran arbeitet, eine verbreitete Interpretation des Geschehens umzudeuten. Weshalb, das zeigt sich in den anderen Unterschieden zu den Synoptikern: „Vergleicht man mit Markus und Matthäus, so fällt auf, dass bei Johannes der Bezug auf davidische Königstradition fehlt bzw. getilgt ist. (…) Johannes vermeidet die davidische Konnotation, die die Vorstellung einer irdischen Basileia enthält, nicht zufällig (…). (…) Ja, es verwundert nun auch nicht mehr, dass im Evangelium insgesamt jegliche Beziehung Jesu zur davidisch-messianischen Tradition fehlt, ja auch keine davidische Abstammung behauptet wird. (…) Ist doch für unseren Zusammenhang auch allein wichtig, dass Jesus mit der Akklamation als ‚König Israels' gerade nicht als messianisch-davidischer ‚König der Juden', d. h. als *irdischer* Königsprätendent und damit aus römischer Sicht als Aufrührer, sondern als Epiphanie des Königs Israels schlechthin, also Gottes, gekennzeichnet wird. (…) Und stellt schliesslich der Evangelist fest, dass das Volk bei seiner königlichen Akklamation Jesu ein Zeugnis für den Totenauferwecker des Lazarus ablegte, so transformiert Johannes gleichsam eine Szene, die bei den Synoptikern voll ist von einer höchst messianisch-apokalyptischen Erwartung auf das Anbrechen des davidischen Friedensreiches auf der Erde, in eine Epiphanieszene."[16]

Die sich durch das ganze Evangelium ziehenden Bemühungen des Johannes, Jesus aus dem Visier einer politisch begründeten Anklage zu rücken, sprechen also hier eine deutliche Sprache: Was damals geschehen war, wurde offensichtlich zumindest von den Anhängern Jesu eigentlich genau so verstanden, nämlich als ganz irdische Vorwegnahme eines göttlich begründeten neuen Königreiches in Israel.

Und wir haben guten Grund zur Annahme, dass dies auch die volle Absicht Jesu, sein Einzug also in diesem Sinne von ihm selber inszeniert worden war – und dass die römischen Machthaber dies wohl kaum hätten durchlassen können.

---

15 Theissen / Merz 2011, 111.

16 Vgl. zum Thema Ekkehard Stegemann / Wolfgang Stegemann, König Israels, nicht König der Juden? Jesus als König im Johannesevangelium in: E. Stegemann 1993, 41–56, Zitat dort 45f.

Weshalb aber blieb Jesus anscheinend noch eine ganze Woche lang unbehelligt, konnte in Jerusalem und im Tempel ein und aus gehen?

Die Ansichten darüber gehen weit auseinander: Weil sein Auftritt beim Einzug letztendlich nur von marginaler Bedeutung, da auf ein kleines Grüppchen von Eingeweihten beschränkt war?[17]

Die Evangelien hätten dann also eine kleine Episode aufgebauscht (Synoptiker)[18] oder gar in ihr Gegenteil verkehrt (Johannes).

Doch ist das wirklich die einzig mögliche Erklärung?

Ganz sicher müssen wir uns vorstellen, dass es für Jesus und seine Jünger, auch wenn es sich nicht nur um ein kleines Häufchen von ein paar Exaltierten handelte, ein Leichtes gewesen wäre, in der Masse unterzutauchen und sich so den römischen Häschern zu entziehen – vorausgesetzt allerdings, dass die jüdischen Autoritäten, allen voran ihre Polizei im Tempel (wo Jesus ja effektiv weiterhin auffallen wird!) kein Interesse daran hatten, ihn den Soldaten zu verraten; und tatsächlich, wie wir gleich sehen werden, scheint uns dies, zusammen mit der sich in Jerusalem während der folgenden Woche bis zum Passahfest gewiss noch deutlich steigernden Anspannung, die einzige Erklärung zu sein, welche einerseits das Berichtete ernst nimmt, anderseits aber auch durchs Band plausibel bleiben kann: Mit jedem Tag vor dem Fest wurden die Zügel wohl stärker angezogen, die Toleranzgrenze gesenkt, die Wachsamkeit erhöht.

Wenn wir nun den Bericht vom Einzug in Jerusalem zusammen mit der unbestrittenen Tatsache betrachten, dass Jesus zum Passahfest immer noch in der Stadt weilte und sich ja letztendlich an den Ideen seiner Anhänger nichts geändert hatte, dann müssten wir dieser Episode allerdings wirklich eine Schlüsselrolle zugestehen: „Eines der wichtigsten Ereignisse im ganzen Geschehen um Jesus ist sein feierlicher Einzug in Jerusalem. Es war ein freudiger, einzigartiger

---

17 So zum Beispiel Sanders, 1985, 306: „Die Evangelien bieten uns ein Ereignis noch vor der Tempelszene welches, wenn es die unbeschönigte Wahrheit wäre, gut zur Hinrichtung Jesu hätte führen können: Der Einzug in Jerusalem. (…) Jesus und seine nächsten Anhänger verstanden, dass er als ‚König' einzog, doch da war kein grosses Publikum, das viel Aufhebens darum gemacht hätte" (eigene Übersetzung);
ähnlich auch Schimon Gibson Die sieben letzten Tage Jesu – Die archäologischen Tatsachen, München 2010 (Original in Englisch 2009), 80: „Jesu triumphaler Einzug in Jerusalem könnte von den Römern als gefährliche Drohgebärde eines Mannes verstanden worden sein, der einen aufwieglerischen Mob von ‚Auswärtigen' befehligt und versucht hat, sich als ‚König der Juden' über das Gesetz und in direkte Opposition zur imperialen Herrschaft zu stellen. Aber Jesu Einzug in Jerusalem war meiner Ansicht nach eine eher schlichte Angelegenheit, andernfalls wäre er mit Sicherheit schon in Bethanien oder auf dem Weg zum Ölberg von den römischen Soldaten verhaftet worden".

18 Wenn Lukas ein besonderes Interesse daran hat, die Rolle Jesu als „endzeitlicher König Israels auf dem Throne Davids" zu unterstreichen (Wolfgang Stegemann, Jesus als der Messias in der Theologie des Lukas, in E. Stegemann 1993, 21–28, dort 27), so nimmt er dazu meines Erachtens eben diese Überlieferung gerade deshalb auf, weil sie sich als solche schon anbietet, ohne dass er ihren Sinn oder ihre Bedeutung manipulieren würde.

Tag. (…) Nie wird im Bericht das imminente Kommen des Reiches in Zweifel gezogen."[19]

„Die Wahrnehmung Jesu als Störer öffentlicher Ordnung in Jerusalem während des Wallfahrtsfestes dürfte im Prinzip aufgrund seines uns bekannten Auftretens als charismatischer und wandernder Wundertäter, der Interpretation dieser magischen Kräfte als der tatsächlichen und punktuellen Verwirklichung der Königsherrschaft Gottes (…) und des Auftretens im Gefolge einer an ihn glaubenden engeren und weiteren Anhängerschaft plausibel sein. Noch plausibler wäre es, wenn Jesu Einzug in Jerusalem demonstrativ gewesen wäre."[20]

„Beim Einzug in Jerusalem artikuliert sich eindeutig die davidische Thronprätention. (…) Der Anspruch auf den Thron Davids muss keineswegs mit Unterstützung durch Waffen geäussert worden sein, doch er bleibt damit ein politischer Anspruch, den die römische Besatzungsmacht zu unterdrücken wusste."[21]

4.2.3 Täglich im Tempel

Nicht so einfach einzuordnen ist, wie wir bereits gesehen haben, was uns die Evangelisten (Mk 11,15–19// und Joh 2,13–17) von Jesu Auftreten im Tempel berichten, die Meinungen gehen schon über die Absicht Jesu weit auseinander, und auch die Folgen seines Tuns werden höchst unterschiedlich eingeschätzt – immer noch scheint die Ansicht weit verbreitet zu sein, was hier geschah, sei der eigentliche Schlüssel zum Verständnis der folgenden, dramatischen Entwicklung, die zu seiner Kreuzigung führt, denn damit habe Jesus sich die Gunst des Sanhedrins vollends verspielt[22].

Doch hält das einer kritischen Beleuchtung wirklich stand?

Die beiden Erzählstränge der Synoptiker auf der einen und von Johannes auf der anderen Seite weisen einige Unterschiede auf, die sich allerdings wieder unschwer erklären lassen: Johannes nimmt die Tempelreinigung wohl absichtlich an den Anfang des Wirkens Jesu[23], den Einzug in Jerusalem gegen Ende, setzt

---

19 Destro / Pesce 2014, 54, eigene Übersetzung.

20 E. Stegemann 2002, 40.

21 W. Stegemann 2010, 342f; Stegemann führt hier als Beispiel für ein analoges Vorgehen der Römer deren Umgang mit dem Königsprätendenten Simon bar Giora an, von dem Josephus Flavius berichtet (Bell 2,252f; 4,508; 7,29 usw.) und der ursprünglich als „Sozialbandit" auftrat, sein „messianisches Gegenkönigtum bewusst am Vorbild von David orientierte" (343).

22 Zu den verschiedenen Interpretationsmöglichkeiten siehe oben, S. 110.

23 Vgl. dazu Ekkehard W. Stegemann, Zur Tempelreinigung im Johannesevangelium, in: E. Blum u. a. (Hgg.), Die Hebräische Bibel und ihre zweifache Nachgeschichte, Festschrift für Rolf Rendtorff zum 65. Geburtstag, Neukirchen-Vluyn 1990, 503–516, dort 512: Laut Stegemann „unterstellt der Evangelist zwar, dass es einen realgeschichtlichen Zusammenhang des Todesschicksals Jesu mit der Reinigungshandlung im Tempel und dem »Tempelwort« gibt. Andererseits wird dieses jedoch in unserer Perikope zugleich als auf einem Missverständnis beruhend dargestellt. Wie der eigentliche Sinn des Tempelwortes metaphorisch zu finden ist und nicht als Drohung

also so gleichsam eine Klammer der „Epiphanie Gottes“[24] um Jesu Auftreten, stellt dadurch aber auch die grösstmögliche Distanz zwischen das Ereignis im Tempel und jeden Zusammenhang, durch den ihm der Anruch einer revolutionären Handlung hätte anhaften können, was er offensichtlich für notwendig hielt, denn „dass die Tempelreinigung in einem solchen politisch-messianischen Zusammenhang gesehen werden konnte, macht einerseits die Überlieferung bei den Synoptikern deutlich. Denn hier folgt die Aktion im Tempel unmittelbar auf den Einzug in Jerusalem vom Ölberg her, der Jesus entsprechend der Verheissung Sacharjas als Friedensmessias zeichnet. Es wird Jesus damit zwar auch für die Synoptiker gerade von politisch-revolutionärem Messianismus unterschieden, aber doch als politisch-messianischer Thronprätendent vorgestellt. Das gilt insbesondere für Lukas (vgl. Lk 19,28–40). Andererseits kann man auf diese politisch-messianischen Gedanken kommen aufgrund der bei Josephus beschriebenen ‚Zeichenpropheten‘, die den Anspruch auf messianische Befreiung des Volkes mit Verweis auf Wunder, ‚Zeichen‘, nach Analogie der Befreiungswunder von Mose und Josua gründen wollten.“[25]

Dabei kann Johannes es sich inzwischen erlauben, sehr frei mit den ja nun nicht mehr unmittelbar nachvollziehbaren Gebräuchen im Tempel umzugehen: „Wie der Vorfall bei Johannes geschildert wird, entbehrt er jedes realen Hintergrundes“[26]; so fanden sich etwa nie Viehhändler auf dem Tempelberg, sie dienen Johannes nur dazu, das Bild durch diese Überzeichnung quasi zur Karikatur werden zu lassen; allerdings „ist es kein Zufall, dass seine Bestrebungen mit manchen übereinstimmen, die sich auch in rabbinischer Literatur finden und die die Absicht haben, den Tempelbezirk von allen Geschäften – und seien sie auch dem Kult dienlich – freizuhalten.“[27]

Gerade diese Eingriffe des Johannes lassen also den Schluss zu, dass die Überlieferung, auf die auch er sich stützt, das Auftreten Jesu im Tempel durchaus als politisch, königlich, messianisch verstanden haben musste.

Der Anstoss, den diese ursprüngliche Interpretation bei Johannes erregt und von dem Spuren schon bei den Synoptikern dort erkennbar sind, wo sie eine solche Deutung zwar berichten, aber doch gleichsam herunterzuspielen versu-

---

gegen den Tempel selbst verstanden werden kann, so ist auch Jesu Vorgehen gegen die Wechsler und Tierverkäufer nicht als Ausdruck zelotischen Messianismus, sondern eben als Reinigungshandlung zu verstehen. Es hat deshalb der bemerkenswerteste Unterschied des Johannesevangeliums von den Synoptikern, nämlich die Stellung der Tempelreinigung am Anfang des Evangeliums und nicht nach der Einzugsgeschichte, vermutlich auch darin seinen Grund, dass Johannes diesen politisch-messianischen Zusammenhang unterbrechen und einen seiner christologischen Vorstellung angemessenen Rahmen herstellen wollte“.

24 E. Stegemann 1990, 513; vgl. E. Stegemann / W. Stegemann 1993, 45, siehe oben, S. 140.

25 E. Stegemann 1990, 511 (mit Verweis auf Theudas und den „Ägypter“, mehr dazu siehe oben, S. 131).

26 Shmuel Safrai, Die Wallfahrt im Zeitalter des Zweiten Tempels, Neukirchen-Vluyn 1981 (Original in Ivrit 1965), 185.

27 E. Stegemann 1990, 509, mit Bezug auf Safrai 1981, 185ff.

chen, indem sie zumindest einfach nicht weiter darauf eingehen, ist ein klares Indiz dafür, dass hier wohl die Erinnerung an eine Realität bewahrt wurde, welche im Laufe der Jahrzehnte immer unbequemer werden musste.

Was aber hatte Jesus wirklich gewollt im Tempel?

Wenn man auf der Suche nach einer Antwort eine kultische Reinigungshandlung gegen eine messianische Machtdemonstration auszuspielen versucht, dann greift das meines Erachtens zu kurz: Beides gehörte wohl dazu, bildete erst im Zusammenspiel jene Zeichenhandlung, mit der Jesus das kommende Gottesreich darstellen wollte: Ein Reich, in dem ihm selber eine führende Autorität zustehen wird, ein Reich aber auch, in dem es keine Zweifel mehr geben kann an der vollkommenen Reinheit des (neuen) Tempels als dem Ort, wo Gott seinen Namen wohnen lässt, wohin die Völker strömen, woher die Herrschaft Gottes über die Welt erstrahlt.

Darin steckt gewiss auch eine kultische Komponente, durchaus im Sinne der Verschärfung der Reinheit des Gotteshauses, die Johannes ja so herausstreicht[28] – und doch nicht einfach eine Kritik am bestehenden Tempelkult; es ist aber gleichzeitig auch eine ganz eindeutig messianisch-königliche Handlung – und doch nicht einfach Ausdruck einer politisch-revolutionären Bewegung und ihres Anführers. Denn der Souverän des Tempels ist nie Jesus selber, sondern immer der Hausherr höchstpersönlich, Gott allein.

Ein Zusammenhang mit der Ankündigung von Zerstörung und Wiederaufbau des Tempels (Mk 13,1f, vgl. 14,57f) mag dabei ebenfalls auf der Hand liegen, doch würde ich diesen nicht so direkt sehen, dass das Umwerfen der Tische gleichsam deren symbolische Vorwegnahme bedeutete[29]: Beides, Reinigung und Neuaufbau des Tempels weisen je auf das kommende Reich hin, das mit der Reinigungshandlung zwar schon heute ein wenig sichtbar, erst mit dem Neuaufbau aber vollkommene Realität wird – ganz im selben Sinne, wie Jesus auch andere Zeichenhandlungen, Heilungen, Exorzismen, Bankette usw., verstanden haben wollte.

Musste aber *eine solche Weissagung* wirklich *als Drohung verstanden*[30] werden? Konnte man darin nicht, sogar auch als Tempelpriester, vielmehr ein *Versprechen* sehen, den Ausblick auf eine Realität, nach der man sich selber doch mindestens genauso sehr sehnte wie Jesus und seine Anhänger?

Wesentlich mehr noch als beim Einzug in Jerusalem sind wir nämlich hier mit der Notwendigkeit konfrontiert, die Tatsache zu erklären, dass Jesus weder fest-

---

28 Wie Safrai 1981, 185f zeigt, bleibt diese allerdings durchaus innerhalb des üblichen Spielraumes der Tempelautoritäten.

29 Gegen Sanders 1987, 70f.

30 So Theissen / Merz 2011, 381.

genommen noch daran gehindert wird, auch in den folgenden Tagen unbehelligt im Tempel zu lehren (weder das eine noch das andere hätte der Tempelpolizei[31] irgendwelche Schwierigkeiten bereitet!), ja dort sogar zum Beispiel mit Hohepriestern (Mk 11,27) oder Sadduzäern (Mk 12,18) zu diskutieren. Und wir können das meines Erachtens nur, indem wir auch hier festhalten: Offensichtlich sehen die Autoritäten des Tempels keinerlei Grund, selber einzugreifen, und wenn sie wohl dem einen oder anderen, was Jesus zu sagen hat – vielleicht auch der Rolle seiner eigenen Person und der seiner Jünger sowie seinem Zeitplan – ihre Zweifel entgegenbringen mögen, lassen sie sich jedenfalls auf ihn ein, das können wir kaum in Abrede stellen.

Was Jesus also im Tempelbereich tat und sagte, das hat zwar möglicherweise da und dort lebhafte Diskussionen angeregt, hat auch – genauso wie seine Zeichenhandlungen und seine Reden überall, wo er sich in geschütztem Rahmen frei bewegen konnte – seine Anhängerschaft in ihren Erwartungen des baldigen Anbrechens des Gottesreichs gewiss noch gefestigt, hat sie gestärkt in ihrem Vertrauen auf seine eigene Position in diesem Reich als der verheissene Messias – hat Jesus selber aber offensichtlich nie einer unmittelbaren Gefahr ausgesetzt.

Ein viel grösseres Risiko muss er bei seinem symbolträchtigen Einzug in Jerusalem eingegangen sein, denn da handelte er zwangsläufig nicht nur vor seinen Landsleuten und Glaubensgenossen, sondern war direkt den Blicken der Besatzungsmacht ausgesetzt.

Denn wie gesagt, wenn inzwischen das Passahfest immer näher rückt, an dem Israel an die grosse Befreiungstat Gottes erinnert und sich die Hoffnungen auf eine Wiederholung der Geschichte zu ihrem Höhepunkt aufheizt, dann können wir uns kaum vorstellen, dass die Römer bereit gewesen wären, tatenlos zuzusehen, wie seine Anhänger immer noch zusammen mit jenem Mann in der Stadt ein- und ausgehen, dem schon aus Galiläa ein zweifelhafter Ruf vorauseilt, und wie sie dabei keine Gelegenheit auslassen, ihre freudige Erregung über die unmittelbare Nähe der Herrschaft Gottes kundzutun …

---

[31] Während die römischen Kohorten wohl nur bei einem Tumult eingegriffen hätten und man auch kaum davon ausgehen kann, dass sie Jesus unter den Tempelbesuchern problemlos hätten ausmachen können, wäre es für Händler, Tempeldiener oder Priester sicher jederzeit ein Leichtes gewesen, die Tempelpolizei zu mobilisieren, vgl. dazu Jostein Ådna, Jesu Stellung zum Tempel. Die Tempelaktion und das Tempelwort als Ausdruck seiner messianischen Sendung, Tübingen 2000, 9ff; 301, mit Verweis auf deren Rolle bei der Gefangennahme Jesu (Mk 14,43//) und im Zusammenhang mit der Verkündigungstätigkeit der Leiter der Urgemeinde (Apg 4,1–3; 5,17ff).

4.3 Gefangennahme

4.3.1 Das letzte Mahl

Die meisten Fragen wirft die dritte und letzte Zeichenhandlung Jesu auf, die uns zwischen seiner Ankunft in Jerusalem und seinem Tod am Kreuz überliefert wird.

Jede Mahlzeit in Gesellschaft hatte für Jesus schon an und für sich eine besondere Bedeutung: „Jesus benutzte diese Momente, um seine Lehren zu verbreiten. Die antike Welt hat uns berühmte Beschreibungen des Festmahles hinterlassen: Jesus gab ihm eine besondere Feierlichkeit und machte es zu einer symbolischen Gelegenheit von höchster Bedeutung, indem er im gemeinsamen Essen nicht den anstössigen Überfluss der Reichen suchte, sondern die Antwort auf die tiefsten Sehnsüchte derer, die in Not lebten. Jesus schien zu denken, dass die erweiterte Tischgemeinschaft und ein überschwängliches Essensangebot das kommende Reich Gottes vorwegnehmen würden. Diese letzte Abendmahlzeit mit den Jüngern nun fand in einem abgeschiedenen Raum statt, in geschlossener Gesellschaft, mit Menschen, die gewöhnlich miteinander lebten. Die Worte, die Jesus aussprach, öffnen einen beunruhigenden Horizont und können nicht auf seine normale Lehre zurückgeführt werden. Jedes Evangelium gibt sie auf ziemlich verschiedene Art und Weise wieder.“[32]

Und jedes Evangelium gibt dem Ereignis deshalb auch seinen eigenen Hintergrund und seinen eigenen Sinn.

Was ist es also für ein Mahl, das er mit seinen Jüngern kurz vor seiner Verhaftung feiert? Ein Passahmahl, wie die Synoptiker überliefern und wie vielleicht Paulus im Hintergrund voraussetzt? Oder war Jesus am Passahfest schon längst tot, wie Johannes berichtet?

War es deshalb ein einfaches Abschiedsmahl, wie Johannes 13 suggeriert, oder vielleicht doch eher ein bedeutungsschweres Bundesmahl, das auf die Zukunft weist, wie es Paulus in I Kor 11,23–25 zeichnet, wie es aber auch bei den Synoptikern mitzuschwingen scheint?

Hat Jesus bei diesem Mahl wirklich selber eine symbolische Verbindung der Grundelemente jeder feierlichen jüdischen Mahlzeit, des Brotes und des Weins, mit seinem Leib und seinem Blut hergestellt? Wenn ja, woraus bestand diese Verbindung, wie ist sie zu verstehen, gibt es Indizien dafür, welche Worte dazu auf Jesus selber zurückgehen könnten?

Wollte er dabei eine neue kultische Handlung stiften oder ist diese erst von seinen Anhängern aus der Erinnerung heraus als solche eingesetzt worden?

---

32 Destro / Pesce 2014, 93, eigene Übersetzung.

Keine dieser Fragen hat von vornherein eine einzig mögliche Antwort, und so trennen die verschiedenen Ansätze zu manchem der genannten Punkte auf durchaus schmerzhafte Weise auch heute noch Kirchen und Konfessionen.

Wir sind also bei unserem Versuch, ein deutlicheres Bild der Ereignisse zu zeichnen, genauso auf Vermutungen angewiesen; auf ein sorgfältiges Abwägen von Argumenten, im Bewusstsein, dass die Quellenlage keine allgemeingültigen Aussagen zulässt.

Sehen wir uns zuerst einmal die Chronologie an: Theissen / Merz listen durchaus überzeugende Argumente auf[33] dafür, dass die Mahlzeit Jesu, wie Johannes berichtet, am *Vorabend* des Tages vor dem Passahfest, *des Rüsttages* stattgefunden hat. Tatsächlich scheint uns dies für den ganzen Ablauf der folgenden Geschehnisse schlüssiger, von der Gefangennahme, der Befragung, über die Kreuzigung bis zur Bestattung: Keines dieser Elemente passte reibungslos in eine Chronologie, die ihren Anfang mit dem Seder nehmen würde.

Doch ist damit die Möglichkeit einer Absicht Jesu, diese Mahlzeit mit seinen Jüngern als Passah zu feiern (Lk 22,15: „Mich hat sehnlich verlangt, vor meinem Leiden mit euch dieses Passahlamm zu essen"), ein für alle Mal ausgeschlossen? Ich wage dies zu bezweifeln: Sollte Jesus *gewusst* haben, dass er am eigentlichen Abend des Seder keine Möglichkeit mehr haben würde, mit seinen Jüngern zusammen zu essen (Lk 22,16: „Ich werde es nicht mehr essen, bis es seine Erfüllung findet im Reich Gottes"?) und wäre ihm wegen der damit verbundenen Symbolik so sehr daran gelegen gewesen, hätte er dieses vielleicht auch um einen Tag vorgezogen feiern können[34].

Die Frage des zeitlichen Ablaufes wäre damit zwar auf meines Erachtens durchaus plausible Weise beantwortet, die Frage der Bedeutung, die Jesus selber dieser Mahlzeit und ihren Elementen gegeben haben könnte, bliebe hingegen weiterhin völlig offen; die Möglichkeit, dass Jesus dabei mit seinen Worten über Brot und Wein den Sinn des Passahfestes der Situation entsprechend aktualisiert, ja den damit verbundenen Erwartungen Erfüllung verheissen hat, sollte jedenfalls nicht a priori ausgeschlossen werden: Paulus und Lukas verknüpfen mit dem Mahl einen Aufruf zum Erinnern (I Kor 11,25b: τοῦτο ποιεῖτε, ὁσάκις ἐὰν πίνητε, εἰς τὴν ἐμὴν ἀνάμνησιν; vgl. Lk 22,19), der durchaus in Verbindung mit der biblischen Einsetzung des Passah als „Gedächtnisfeier" stehen könnte (Ex 12,14 und 13,9; Dtn 16,3)[35] und tatsächlich untrennbar zu einem Seder gehört.

---

33 Theissen / Merz 2011, 375f.

34 Vgl. dazu auch Weth 2010, 239, der (in vollem Bewusstsein der chronologischen Problematik) daraus dennoch eine Kontinuität zwischen Passahmahl und urchristlichem Abendmahl ableitet.

35 So Rabbiner Tovia Ben-Chorin anlässlich eines Seminars zu Seder und Abendmahl im Zürcher Lehrhaus (2002).

Sowohl Paulus als auch die Synoptiker verbinden mit dieser Mahlzeit auch eine Verheissung, die auf das Gottesreich zu weisen scheint[36] (Besonders deutlich Mk 14,25 //: „Amen, ich sage euch: Ich werde von der Frucht des Weinstocks nicht mehr trinken bis zu dem Tag, da ich aufs Neue davon trinken werde im Reich Gottes"; aber auch I Kor 11,25b.26 deutet nach vorn: „Das tut, sooft ihr daraus trinkt, zu meinem Gedächtnis; denn sooft ihr dieses Brot esst und den Kelch trinkt, verkündigt ihr damit den Tod des Herrn, bis dass er wiederkommt.").

Doch dürfen wir auch davon ausgehen, dass schon Jesus selber eine Parallele gezogen hat zwischen seinem eigenen Tod und dem des Passalammes? Ausschliessen lässt sich dies keineswegs: Wenn Paulus in I Kor 5,7 eine solche Verbindung voraussetzt („denn als unser Passalamm ist Christus geopfert worden"), dann kann dies zwar durchaus einfach im zeitlichen Zusammenfallen der beiden Ereignisse begründet sein[37]; noch näher liegen könnte aber eine Überlieferung, die auf Jesus selber zurückgeht – doch was hätte Jesus dann zu einer solchen Aussage bewogen, was hätte er damit gemeint?

Möglicherweise sind es gerade seine Worte über Brot und Wein, die uns einen Schlüssel zur Interpretation in die Hände spielen. Auch wenn es schwer vorstellbar bleibt, dass der Jude Jesus zum Wein im Kelch wirklich „das ist mein Blut" (Mk 14,24) gesagt haben könnte und dieser Wortlaut wohl eher auf eine im hellenistischen Kulturraum entstandene Parallelisierung zum Brotwort zurückzuführen ist, so sind die von Paulus und Lukas überlieferten Worte „dieser Kelch ist der neue Bund in meinem Blut" (I Kor 11,25; Lk 22,20) schon eher denkbar; wie wir gesehen haben, konnte Jesus damit vor allem an den Sinaibund Exodus 24 angespielt haben, gerade im Zusammenhang mit dem Seder.

Es gibt aber noch andere Anknüpfungspunkte, die mit der Sederfeier zusammenhängen: Wir können zwar nicht genau wissen, ob es zur Zeit Jesu schon Brauch war, einen Kelch für Elias bereitzustellen, den Patron der Beschneidung und somit des ersten „Bundes im Blut", dessen Ankunft das Kommen des Gottesreiches bedeuten würde; doch ist es durchaus denkbar dass, wenn Jesus also (aus einem *zweiten Kelch*, erst *nach dem Essen*, Lk 22,20!) davon trinken und den „neuen Bund in seinem Blut" ankündigen würde, dies doch vor allem auch heissen müsste, dass das Reich Gottes nun tatsächlich schon angebrochen, die Verheissung zu Passa erfüllt sei[38]!

Doch müsste das auch bedeuten, dass Jesus dabei ahnt, wie der Preis für das Kommen des Reiches wirklich sein eigenes Blut bedeutete …

---

36 Vgl. Sanders 1996, 385.

37 Theissen / Merz, 375f.

38 Nochmals Ben-Chorin 2002.

Könnte es vielleicht sein, dass es ihm, gerade im Hinblick auf die Möglichkeit seines nahen Todes und seiner damit zwangsläufig verbundenen Abwesenheit („… verkündigt ihr den Tod des Herrn, bis dass er kommt", I Kor 11,26) ein Anliegen war, seine Anhänger auf dieses Reich vorzubereiten mit einer Art Weihehandlung[39], sie so aber auch für die Zwischenzeit auf Treue diesem Gottesreich gegenüber einzuschwören; dass er deshalb den Bund am Sinai symbolisch erneuern wollte, mit den Zwölfen, die für die zwölf Stämme stehen?

Könnte es sein, dass sein Glaube an die nahe Ankunft des Reiches ungebrochen blieb („Amen, ich sage euch: Ich werde von der Frucht des Weinstocks nicht mehr trinken bis zu dem Tag, da ich neu davon trinken werde im Reiche Gottes", Mk 14,25), auch wenn er inzwischen die Gefahr an Leib und Leben zumindest für sich selber als den Leader der Gruppe derart realistisch einschätzen musste, dass er kaum mehr einen Ausweg sehen konnte und deshalb Anspielungen auf seinen eigenen bevorstehenden Tod in Verbindung bringt mit der schützenden Wirkung des Passalammes[40]?

Ich würde all dies zumindest für sehr erwägenswert betrachten.

---

[39] Eberhart 2013, 122f: „Dem alttestamentliche Kultritual ist also jede Vorstellung eines stellvertretenden Todes der Opfertiere für Menschen fremd. Vielmehr wird auch beim Sinaibund ein Weihegeschehen evoziert, welches seine Basis darin hat, dass das Blut von Opfertieren als Träger des Tierlebens heilig ist. Durch die Besprengung – also durch physischen Kontakt – mit diesem Opferblut werden die Israeliten von Sünde gereinigt und haben anschliessend Zugang zu Gott. (…) Der Verweis auf dieses Bundesgeschehen im Rahmen des Kelchwortes impliziert, dass sich der kultische Akt der Besprengung mit Opferblut (Ex 24,8) und das Trinken von Wein aus dem Abendmahlskelch entsprechen. Eine solche Ersetzung von Blut durch Wein ist sowohl in Kulturen des Alten Vorderen Orient als auch im Alten Testament wohlbekannt und u. a. in dem Begriff ‚Blut der Trauben' (דַּם־עֲנָבִים / αἷμα σταφυλῆς, Gen. 49,11; s.a. Dtn 21,14; Sir 39,26) manifest. (…) Wenn durch die Blutapplikationsriten in Ex 24,6–8 ein Verhältnis zwischen Gott und Menschen begründet wird, da diese durch den Kontakt mit dem Blut ‚indexiert', also unmittelbar gekennzeichnet werden, dann lässt sich eine solche Interpretation ebenso auf das Trinken des Weines beim Abendmahl anwenden. Auch von diesem alternativen Ansatz her bestätigt sich das Verständnis, dass physischer Kontakt mit dem Wein Menschen durch die Begründung eines Verhältnisses mit Gott in einen besonderen Status versetzt uns so zu einer Gruppe vereint."
Und 123f: „Diese heilende Wirkung beruht letztlich auf dem Leben Jesu, welches durch das Blut repräsentiert und nun verfügbar wird, da sein Tod bevorsteht."
Schliesslich 130: „Da Opferblut Leben repräsentiert und als heilig gilt, besteht (…) die Vorstellung, dass Jesu Blut die christliche Gemeinde weiht. Solche Sühnevorstellungen manifestieren sich speziell im Kelchwort des Abendmahls und bestimmen daher grundlegend das Selbstverständnis der christlichen Gemeinde als heilige und priesterliche Versammlung. Auf diese Weise stiften Kultmetaphern eine Gegenwelt zum schmachvollen Tod Jesu am Kreuz." Hierzu müsste sich aus meiner Sicht allerdings die Frage wirklich stellen, ob der Gedanke der *Sühne* tatsächlich so unmittelbar mitschwingen muss, wie das aus christlicher Sicht immer wieder betont wird: Mir scheint nämlich keineswegs, dass er sich aus den Texten, den darin erscheinenden Metaphern und den Zusammenhängen notwendigerweise aufdrängen müsste!

[40] Dazu Jens Schröter, in Schröter 2003, 66: „Die Funktion des Passalamms war es (…), vor Vernichtung zu bewahren. In dieser Weise ist die Passatradition in Jub 49,3 sowie später in der rabbinischen Literatur und bei Melito von Sardes rezipiert worden. Jeweils geht es darum, dass das Blut des Passalamms diejenigen vor dem Widersacher bewahrt, an deren Tür es gestrichen ist".

Etwas klarer stellt sich die Situation dar, was Jesu Worte zum Brot angeht. Synoptiker und Paulus überliefern uns gemeinsam, dass Jesus dazu so etwas gesagt haben soll wie „dies ist mein Leib".

Wenn die Deutung auf den Leib Jesu tatsächlich auf Jesus zurückgeht, was ich wiederum für durchaus wahrscheinlich halte – vielleicht sogar auch wieder als Anspielung auf ein Element des Seder, das Afikoman, jene Mazze, welche das im Tempel geschlachtete Lamm darstellt[41] und den Passageschmack im Munde zurücklassen soll – wenn also Jesus selber, vielleicht in typischer Passatradition, eine symbolische Verknüpfung herstellt zwischen dem Brotelement und seinem Leib, wenn all dies also nicht erst aus der Erinnerung so interpretiert wurde[42], dann wäre auch das ein deutlicher Hinweis darauf, dass Jesus zu diesem Zeitpunkt die Möglichkeit seines baldigen Todes zumindest nicht ausschliesst, vielleicht sogar als unausweichlich erwartet oder zumindest ernsthaft befürchtet.

Gleichzeitig verbinden verschiedene Erinnerungen seine Ankündigung dieses nahen Todes mit einem Begriff, der immer wieder auftaucht: Jesus spricht zu seinen Anhängern davon, dass er all dies, was ihm bevorsteht, *für sie* angehe. Ja sogar mit seinem Sterben wird das *Für Euch* untrennbar verbunden, gerade (aber, so denke ich, wahrscheinlich nicht nur!) im Zusammenhang mit dem letzten Mahl.

Wenn das aber alles tatsächlich schon auf jene letzten Stunden des Zusammenseins der Anhänger Jesu mit ihrem Leader zurückginge, wenn Jesus wirklich in der Zeichenhandlung dieses Mahles Brot und Wein selber mit seinem nun kurz bevorstehenden Tod in Verbindung gebracht hätte, dann müsste man anderseits eine Erklärung dafür finden, weshalb die Jünger auch daraufhin offensichtlich noch immer nicht bereit waren, eine solche Konsequenz wirklich ernsthaft in Betracht zu ziehen[43].

Wir werden uns also noch damit beschäftigen müssen.

---

41 So Ben-Chorin 2002.

42 Theissen / Merz 2011, 382 lassen zum Beispiel die Hypothese offen, dass Jesus zunächst einmal mit dem „Leib" nicht seinen eigenen, sondern den Ersatz der Opfertiere des Tempels gemeint haben könnte (die Zeichenhandlung des Abendmahls stünde so in direktem Zusammenhang mit der der Tempelreinigung), er hätte dann einfach gesagt „dies ist der Leib". Damit hätte Jesus aber den Tempelritus de Facto ersetzt und Theissen / Merz stellen deshalb „die Frage, ob mit Jesus nicht doch ein Exodus aus dem Judentum begann". Meines Erachtens überzeugt schon die Rekonstruktion dieses „Urwortes" zum Brot nicht völlig; vor allem aber wäre eine Verbindung der Tempelprophezeihungen Jesu und des Abendmahls (die ich ebenfalls für wenig plausibel halte) noch lange kein Abschied vom Judentum, wie zum Beispiel Qumran zur Genüge aufzeigen müsste.

43 Vgl. dazu Destro / Pesce 2014, 92ff, insbesondere 99, zur Tatsache, dass die Jünger bis zuletzt nicht wirklich auf den Tod Jesu vorbereitet waren, dass aber für einen „Leader" wie Jesus die Möglichkeit, getötet zu werden sicher nicht unvorstellbar war, weil er mit dem Risiko einer brutalen Repression durch die Römer rechnen *musste*.

Zusammenfassend können wir festhalten: Wein und Brot scheinen auf der einen Seite unmissverständlich und ganz direkt auf die unmittelbare Nähe des kommenden Gottesreiches hinzuweisen – sie werden von den Jüngern auch genau so verstanden – und bergen doch gleichzeitig eine Reihe von Anspielungen auf ein baldiges und womöglich blutiges Ende Jesu.

Diese Zweideutigkeit lässt sich kaum auflösen.

Es spricht also vieles dafür, dass sie ihren Ursprung wirklich im Geschehen, in den Worten Jesu, in seinen Zeichenhandlungen, zumindest in der nachträglich klärenden Erinnerung der Anwesenden an ihr eigenes Erleben an jenem Abend findet.

Jesus hat wohl tatsächlich, wie Theissen / Merz es treffend umschreiben, „am Tag vor dem Passa – im Bewusstsein, dass sein Leben gefährdet war, aber auch in der Hoffnung, dass das baldige Hereinbrechen der Gottesherrschaft es vielleicht retten würde – ein Abschiedsmahl mit seinen Jüngern gefeiert.“[44]

Dazu auch Sanders: „Ich denke, dass die Abendmahlsszene zeigt, dass Jesus die Hoffnung nicht aufgegeben hatte – sogar als er sah, dass sein Tod nahe war – dass das von ihm erwartete Königreich kommen würde. Er würde mit seinen Jüngern von der Frucht des Weinstockes trinken (Mk 14,25). Die christliche Interpretation des Sühnetodes kam (aber) so schnell, dass man versucht ist zu denken, er habe auch dies schon irgendwie vorbereitet“[45] …

4.3.2 Judas, der Verräter?

Sehr früh schon hat eine Figur aus den Geschehnissen der letzten Tage Jesu die Phantasie der Erzähler ganz besonders angeregt; mit fortlaufender zeitlicher Distanz steigern sich die Geschichten immer mehr geradezu ins Absurde, vor allem was die Beschreibung ihres grauenvollen Endes betrifft, angefangen mit der Apostelgeschichte[46] bis zum Bischof Papias von Hierapolis (zweite Hälfte 2. Jh. u. Zr.), von dem Apollonaris von Laodicea (zweite Hälfte 4. Jh. u. Zr.) ein Fragment aus dem 4. Buch der „Erklärung der Herrenworte“ überliefert[47]; der arme

---

44 Theissen / Merz 2011, 184.

45 Sanders 1985, 324, eigene Übersetzung; Sanders lässt letztgenannten Gedanken allerdings offen, bringt im Folgenden sogar eher Argumente dagegen, ohne ihn jedoch ganz abzuschliessen – und wir nehmen ihn gerne wieder auf!

46 1,16–18: „Brüder! Das Schriftwort musste in Erfüllung gehen, das der Heilige Geist einst durch den Mund Davids gesagt hat über Judas, der zum Anführer derer geworden ist, die Jesus verhafteten, da er ja zu uns gehörte und am gleichen Dienst teilhatte. Dieser kaufte von dem Lohn für seine Untat ein Grundstück; dort stürzte er, riss sich den Leib auf, und all seine Eingeweide quollen heraus“.

47 „Nicht durch Erhängen starb Judas, sondern er lebte weiter, da er vor dem Ersticken heruntergeholt worden war. Und dies bezeugt die Apostelgeschichte, daß er kopfüberstürzend in der Mitte aufplatzte, und seine Eingeweide quollen heraus. Dies erzählt deutlicher Papias, der Schüler des Johannes, der im vierten Buch der ‚Erklärung der Herrenworte‘ folgendes sagt: ‚Als großes Bei-

Kerl wird auch immer deutlicher mit dem Bösen an sich identifiziert (Lk 22,3[48]; Joh 13,27a[49]) – doch hat Judas dies alles wirklich verdient?

Ist tatsächlich er es, der durch seinen Verrat die Maschinerie des Grauens in Bewegung gesetzt und Jesus so dem Kreuz ausgeliefert hat?

Unser Verständnis der ältesten Version, die uns zur Verfügung steht, dem Text des Markusevangeliums, ist oft schon derart stark geprägt von späteren Überlieferungen, dass sich dies auch in den deutschen Übersetzungen niederschlägt. Wenn Jesus etwa ankündigt: „Einer von Euch wird mich *ausliefern*" (Mk 14,18, z. B. Zürcher Bibel 2007) oder „verraten" (z. B. Luther Bibel 1984), dann steht da eigentlich παραδώσει, was nichts mehr als „wird übergeben" bedeutet.

Doch auch wenn wir zum ursprünglichen Wortlaut zurückzukehren versuchen: Was mochte den Jünger Judas aus dem engen Kreis der zwölf Auserwählten dazu bewegt haben, Jesus den Autoritäten zu *übergeben*?

Geld konnte es wohl nicht gewesen sein, auch würde wenig einleuchten, dass Judas Jesu Tod gewollt hätte, ja nicht einmal dessen Verurteilung: Seine verzweifelte Reaktion auf die Entwicklung der Ereignisse wäre kaum nachvollziehbar (Mt 27,3–5)[50]!

So fehlt es nicht an mehr oder weniger plausiblen Erklärungsversuchen, zu denen wir schon die biblischen Zeugnisse zählen müssen, sehen sie sich doch mit der Notwendigkeit konfrontiert, eine logische Ordnung in die widersprüchlichsten Überlieferungen und Gerüchte zu bringen – und doch kann es ihnen offensicht-

---

spiel der Gottlosigkeit aber wandelte Judas in dieser Welt, indem sein Körper so sehr anschwoll, daß nicht einmal dort, wo ein Wagen leicht hindurchgeht, er hindurchgehen konnte, ja nicht einmal allein die Masse seines Kopfes. Seine Augenlider nämlich, heißt es, seien so sehr angeschwollen, daß er einerseits das Licht überhaupt nicht mehr sah, und daß andererseits seine Augen (sogar) durch den Augenspiegel vom Arzt nicht gesehen werden konnten; so tief lagen sie unter der äußeren Oberfläche. Sein Schamglied erschien widerwärtiger und größer als jegliches Schamglied; er trug aber Eiterströme an sich, die aus dem ganzen Körper flossen, und Würmer, zur Qual schon allein aufgrund der (natürlichen) Bedürfnisse. Als er, heißt es, nach vielen Qualen und Strafen auf seinem eigenen Grundstück zugrundegegangen war, blieb aufgrund des Gestanks das Land öde und unbewohnbar bis jetzt, und nicht einmal bis zum heutigen Tag kann jemand an diesem Ort vorübergehen, ohne daß er sich die Nase mit den Händen zuhält. Eine so starke Ausdünstung verbreitete sich von seinem Körper auch über die Erde'." Papias-Fragment III, 1–3, in: Andreas Lindemann/Henning Paulsen, *Die Apostolischen Väter*, Tübingen 1992, 294–297.

48 „Es fuhr aber der Satan in Judas mit Namen Iskariot, der zum Kreis der Zwölf gehörte."

49 „Und nachdem er den Bissen genommen hatte, fuhr der Satan in ihn."

50 „Als nun Judas, der ihn ausgeliefert (übergeben) hatte sah, dass er verurteilt worden war, reute es ihn, und er brachte die dreissig Silberstücke den hohen Priestern und Ältesten zurück und sagte. Ich habe gesündigt, unschuldiges Blut habe ich ausgeliefert. Sie aber sagten: Was geht das uns an? Sie du zu! Da warf er die Silberstücke in den Tempel, machte sich davon, ging und erhängte sich".

lich nicht gelingen, jeweils alle Hinweise unter einem Hut zu vereinen; es wird also auch für uns beim Versuch einer (Re-)Konstruktion bleiben müssen.

Als Ausgangspunkt wollen wir dabei die in allen vier kanonischen Evangelien belegte Überlieferung nehmen, dass Jesus von der geplanten Übergabe *wusste*.

Gewiss konnte dies eine nachträgliche Korrektur in dem Sinne darstellen, dass man ihm jene Kontrolle über die Ereignisse zurückgeben wollte, welche er durch einen „Verrat" aus der Hand gegeben hätte[51] – doch fehlt es durchaus nicht an anderen Hinweisen darauf, dass Jesus im Unterschied zu seinen Jüngern von der Gefangennahme keineswegs völlig überrumpelt wurde, sondern effektiv damit gerechnet haben musste – und offensichtlich eine Flucht als Alternative nicht in Betracht ziehen wollte! Weshalb?

Ganz besonders die Episode in Getsemani (Mk 14,32–42)[52] scheint ein deutliches Argument dafür zu sein, dass Jesus *selber* mit einem *Entschluss* zu ringen hatte, der ganz bei ihm (und nicht etwa bei Judas!) lag. So könnte also auch Joh 13,27[53] sogar die Erinnerung an eine Absprache zwischen Jesus und Judas bewahren.

Dass Judas zumindest überzeugt gewesen sein musste, ganz im Sinne von Jesus und nur zu seinem Besten zu handeln, das geht ja wie gesagt aus seiner Reaktion (Mt 27,3–5) hervor, welche die späteren Quellen unterschlagen oder völlig verkehren mussten, um in ihrer Sichtweise kohärent zu bleiben.

Wenn aber Judas, wohl als einziger der zwölf Jünger, in einen Plan Jesu eingeweiht gewesen wäre, ja sogar eine wesentliche Rolle darin eingenommen hätte, was konnte die Absicht dahinter gewesen sein, was hatten die beiden wirklich gewollt, was hatten sie sich vorgestellt – und entsprachen die unmittelbar darauffolgenden Geschehnisse tatsächlich ihren Erwartungen?

4.3.3 Die Soldaten, Römer oder Juden?

Immer wieder hat man versucht, den Grund für die Verurteilung Jesu darin festzumachen, wer ihn verhaftet und somit wer seinen Tod gewünscht habe.

Eigentlich ein legitimes Unterfangen, – doch greift es wirklich auch in unserem Fall? Können wir wirklich davon ausgehen, dass die Beteiligten in jedem Fall auch die Initianten der Verhaftung sein müssen?

---

51 So etwa Crossan 1999, 94f.

52 Ben-Chorin (2002) sieht übrigens auch hier Anspielungen auf die Nacht des Passahfestes: Das Schlafen der Jünger wäre demnach eine Übertretung des Gebotes, in dieser Nacht zu „wachen und beten", der Bericht über die scharfe Reaktion Jesu darauf umso verständlicher (gerade auch im Wortlaut: „Wacht auf und betet, damit ihr nicht in Versuchung kommt! Der Geist ist willig, das Fleisch aber schwach", Mk 14,38).

53 „Was du tust, das tue bald!".

Wir haben schon gesehen, dass den Hohepriestern die undankbare und schwierige Aufgabe zukam, für Ordnung zu sorgen und jegliche Form von Unruhe im Keim zu ersticken; vom Gelingen der Erfüllung hing das ab, was von ihrer Autonomie und somit von jüdischer Selbstbestimmung übriggeblieben war. Der Gedanke, dass sie dabei jeweils nur ihre ureigene Position und ihre ureigenen Interessen verteidigt haben könnten, greift also absolut daneben: Sie konnten gar nicht anders, als in ihrem Handeln stets zu versuchen, die Sicht der römischen Besatzungsmacht zu antizipieren und jegliche Konfrontation zu verhindern.

So bleiben aber eigentlich noch immer alle denkbaren Beweggründe offen, wenn Markus und Matthäus von einer „Schar mit Schwertern und Knüppeln, im Auftrag der Hohen Priester und Schriftgelehrten und Ältesten“[54] sprechen, die an der Gefangennahme Jesu beteiligt gewesen sei; ein etwas anderes Bild zeichnet Lukas[55], bei ihm sind auch die „Hauptleute der Tempelwache“ mit dabei, was der ganzen Truppe einen offizielleren Anstrich gäbe (und nicht recht zur zuvor auch bei ihm erwähnten „Schar“[56] passen will), die Bedeutung aber nicht grundsätzlich beeinflusst, genauso wenig wie die Anwesenheit der „Ältesten“[57] und sogar der „Hohepriester“ höchst persönlich; das allerdings scheint nun doch schon etwas schwerer vorstellbar, der Verdacht steht also im Raum, dass Lukas hier einfach noch eines drauf geben und so die Rolle der jüdischen Autoritäten besonders hervorstreichen wollte.

Noch komplexer wird die Situation, wenn wir den Bericht von Johannes beiziehen: Da taucht neben den „Gerichtsdienern der Hohen Priester und Pharisäer“[58] auch eine „σπεῖρα καὶ ὁ χιλίαρχος“[59] auf, also eine ganze „Kohorte und ihr Anführer“. Wer kann das sein? „Die Forscher sind sich mittlerweile darüber einig, dass es sich bei der Truppe und ihrem Hauptmann um eine Kohorte und ihren Tribun, das heisst um eine von einem römischen Offizier befehligte römische Militäreinheit handelte, sodass die johannäische Tradition – anders als die synoptischen Evangelien, die lediglich von einer Präsenz von Juden bei der Verhaftung berichten – davon ausgeht, dass sowohl römische Soldaten als auch Juden daran beteiligt waren.“[60]

---

54 Mk 14,43.

55 Lk 22,53.

56 Lk 22,47.

57 Letztere werden auch in Mt 26,47 erwähnt.

58 Joh 18,3, zusammen mit der „Kohorte“.

59 Joh 18,12.

60 Cohn (1968) 1997, 106; gegen Joseph Blinzler, Der Prozess Jesu, Regensburg 2/1955, 49ff, besonders 52. Beide Autoren machen gewiss keinen Hehl aus ihrer (jeweils diametral entgegengesetzten) Absicht, die jüdischen Autoritäten von jeder Schuld zu befreien (Cohn) bzw. aufzuzeigen, wie „Machtgier, Profitgier und engherziger religiösem Fanatismus“ die „Feinde Jesu“ gegen ihn antrieben: Den „Pharisäern“ sei „Jesu Religiosität“ „eine völlig fremde Welt“ gewesen, während die „Angehörigen des Hauses Annas“ „einen schwunghaften Handel mit Opferrequisiten trieben und sich dabei als skrupellose Börsenjobber betätigten“ (Blinzler, 42). Doch während es heute

„Man hat versucht, zu argumentieren, dass Johannes an eine jüdische und nicht eine römische Macht dachte. Doch der Evangelist unterscheidet deutlich zwischen diesen Truppen, für die er eine technische römische Terminologie benutzt, und den Dienern, die von den ‚Hohepriestern und Pharisäern' (18,3) oder ‚den Juden' (18,12) geschickt wurden – eine Unterscheidung die aufzeigt, dass die Kohorte weder jüdisch ist noch unter einem jüdischen Kommando steht."[61]

Wenn aber ausgerechnet Johannes die Anwesenheit einer römischen Truppe überliefert (ob es sich wirklich um eine ganze Kohorte von mehr als 400 Mann handelte oder wie elastisch dieser Begriff interpretiert sein konnte, das lassen wir einmal dahingestellt), dann muss man davon ausgehen, dass er wohl kaum Gründe gehabt hätte, dies zu erfinden, während die Absicht der Synoptiker, eine römische Präsenz zu verschleiern, mehr als durchsichtig erscheint. Auch weist sogar die von den Synoptikern überlieferte Bewaffnung der Truppe mit „Schwertern" auf die Präsenz von römischen Soldaten hin, während die Tempelpolizei nur mit Knüppeln ausgestattet war[62].

Halten wir also einmal fest: Jesus rechnet damit, dass er verhaftet werden könnte. Ausgerechnet während er sich mit einer ganz kleinen Gruppe von Jüngern (Markus spricht von Petrus, Jakobus und Johannes) vom Rest der 12 abgesondert hat[63], kommt Judas herzu, mit einer Schar von Vertretern der Tempelpolizei und einer ganzen römischen Truppe. Entweder zeigt er den Soldaten, welcher der vier Männer Jesus ist[64], oder Jesus selber tut sich hervor, um die anderen anwesenden Jünger nicht zu gefährden[65]. Diese versuchen vielleicht zuerst noch, die Verhaftung Jesu mit Waffengewalt zu verhindern (vielleicht, weil sie zuerst nur die Schar der Tempeldiener erblicken?)[66], ergreifen dann aber (beim Anblick der römischen Kohorte?) die erste Gelegenheit beim Schopf und fliehen, so schnell sie nur können.

---

schwerfällt, aus der mit unsäglichen antisemitischen Auswüchsen nur so gespickten Darstellung Blinzlers eine plausible Argumentation herauszuschälen, scheint es immer schwieriger, zu diesem Punkt die Resultate von Chaim Cohns mindestens genauso akribischer Untersuchung glaubhaft zu widerlegen.

61 Raymond E. Brown, The Death of the Messiah, Volume One, New York 1993, 248 (eigene Übersetzung), hier ebenfalls in Anspielung auf Blinzler; seine Argumentation ist umso gewichtiger, als man Brown tatsächlich kaum eine projüdisch-apologetische Grundposition unterstellen kann: Gerade was die Gründe für die Verurteilung Jesu angeht, bleibt er aus meiner Sicht durchaus traditionellen christlichen Vorurteilen verhaftet.

62 So Paul Winter, Zum Prozess Jesu in: W. P. Eckert / N. P. Levinson / M. Stöhr (Hg.), Antijudaismus im Neuen Testament? Exegetische und systematische Beiträge, München 1967, 95–104, dort 97f.

63 Mk 14,33, // Mt 26,37; bei Lukas schienen alle 12 dabei zu sein.

64 Mk 14,45.

65 Joh 18,5.7f.

66 Mk 14,47; Joh 18,10 (dort ist es Petrus, der eingreift).

Jesus wird von der Kohorte und ihrem Anführer gefesselt[67], abgeführt und zum Hohepriester gebracht[68].

4.4 Prozess

Darüber sind sich alle Quellen einig: Jesus wurde von den Truppen, die ihn gefangen genommen hatten, vor den Hohepriester geführt.

Doch was geschah dort genau?

Offensichtlich fehlen schon den Autoren der Passionsgeschichten in den Evangelien zuverlässige Informationen, anders würden sich die vielen voneinander abweichenden Details in den Darstellungen kaum erklären; doch die Flucht der Jünger aus Jerusalem und der Ausschluss der Öffentlichkeit von Befragungen, Verhandlungen und Prozess legen ja auch nahe, dass es dazu gar keine direkten Zeugenaussagen geben konnte – insbesondere über all das, was sich in erster Linie vor dem römischen Prokurator abgespielt hätte!

Diese unsichere Quellenlage führt nun allerdings dazu, dass wir zu eigentlich ganz wesentlichen Punkten die unterschiedlichsten Versionen neben und gegen einander vorgesetzt bekommen:

- Gab es etwa zuerst einen regelrechten Prozess vor dem versammelten Hohen Rat, mit Anklage, Zeugenaussagen, Verhör und Todesurteil, wie Markus (und mit ihm Matthäus) berichtet[69], dann am nächsten Morgen noch einmal eine Verhandlung des gesamten Synhedrions, mit dem Beschluss, Jesus an Pilatus auszuliefern[70]?
- Oder hat, wie Lukas beschreibt[71], der Hohe Rat die Überstellung an Pilatus nach einem kurzen Verhör ohne einen eigentlichen Prozess beschlossen?
- Wurde Jesus vielleicht nur von Hannas und Kajafas befragt, ohne dass das Synhedrion überhaupt zu seinem Fall getagt hätte, wie Johannes überliefert[72]?

Dabei scheint keineswegs geklärt zu sein, welche Kompetenzen der Hohe Rat überhaupt gehabt haben könnte, insbesondere wo die Schwerpunkte seiner Gerichtsbarkeit lagen: Ist z. B. die Einteilung von Josephus Flavius in βουλή[73] und συνέδριον zu verstehen als Unterscheidung zwischen einem בית דין, wo vor allem (oder gar ausschliesslich) *religiöse* Gerichtsbarkeit abgehalten wurde (vielleicht

---

67 Joh 18,12.
68 Mk 14,53, Joh 18,13.
69 Mk 14,55–64 //Mt 26,57–66.
70 Mk 15,1 // Mt 27,1.
71 Lk 22,66–71.
72 Joh 18,19–24.
73 Z. B. Flavius Josephus, Ant. XIV, 5.4.

sogar nur von Pharisäern über Pharisäer, also nur innerhalb ihrer eigenen Bewegung)[74] und dem Hohen Rat, der sich demnach nur oder zumindest in erster Linie[75] um *politisch relevante*, d. h. die Beziehung mit der römischen Besatzungsmacht betreffende Fälle kümmerte? Auch wenn wohl eingewendet werden muss, dass oft genug die Linie zwischen „religiös“ und „politisch“ kaum sauber gezogen werden kann, so ergäbe sich dadurch immerhin ein weiterer Hinweis dafür, dass es sich im Falle von Jesus, so dann der Hohe Rat wirklich für seine Verhandlung einberufen worden wäre, um eine politisch motivierte, d. h. die Beziehung zur römischen Besatzungsmacht betreffende Anklage handelte.

Viel diskutiert wurde vor allem die Frage, ob der Hohe Rat zur Zeit des Pilatus überhaupt die Vollmacht gehabt hätte, Jesus zum Tod zu verurteilen; eine abschliessende Antwort scheint noch immer nicht gefunden worden zu sein[76], doch

---

[74] Das die These von Rivkin 1984, 18: „We are therefore not dealing with a Sanhedrin that possessed some permanent religious or political status, but rather with a privy council that functioned as an adjunct to the political authority. Indeed, when Josephus uses the term sanhedrin in his writings, it always refers to a council appointed by an emperor, a king, or a high priest. He never uses the term when he is speaking of a permanent legislative body such as the Roman Senate. Such a body, he usually calls a boulé. (…) Such a sanhedrin based his judgments on political, not religious grounds.“ Zum βουλή weiter 31: „In Jesus' days, these bodies did not exercise any political jurisdiction, while the religious jurisdiction they did exercise was limited to those Jews who voluntarily followed the teachings of the Scribe-Pharisees“.

[75] So etwa Cohn (1968) 1997, 63ff; der Rechtshistoriker Cohn bietet uns hier eine detaillierte und meines Erachtens absolut plausible Unterscheidung zwischen den verschiedenen Kompetenzen im damaligen Rechtswesen, vom „Kleinen Sanhedrin“ (der zwar z. T. Rivkins Interpretation des boulé entspricht, nach Cohn allerdings alle religiös relevanten Vergehen ahndete, also nicht nur innerpharisäische sondern generell innerjüdische Kompetenzen innehatte) bis zum Grossen Sanhedrin und der römischen Gerichtsbarkeit. Dabei kommt er zum Schluss, dass (S. 63) „der Grosse Sanhedrin, sofern er im Fall Jesus wirklich zusammentraf, dies in seiner Eigenschaft als der für politische Angelegenheiten verantwortliche Rat tat. Es war eben gerade nicht ein Kleiner Sanhedrin, in dessen Zuständigkeit strafrechtliche Fälle oder Kapitalverbrechen fielen, sondern der Grosse Sanhedrin, der, selbst wenn er befugt war, eine solche Rechtsprechung gar nicht ausgeübt hätte, und sei es nur aus dem Grund, dass er zu jener Zeit viel zu sehr von den laufenden und dringlichen politischen Angelegenheiten in Anspruch genommen war.“ Dabei ist auch zu beachten, dass „die jüdischen Gerichte, wie sich herausgestellt hat, strafrechtliche Gerichtsbarkeit nur mit Blick auf Verstösse gegen das jüdische Gesetz ausgeübt haben, während Gerichte des römischen Statthalters alleinige strafrechtliche Gerichtsbarkeit nur bei Verstössen gegen das römische Recht ausübten“; bei Fällen beider Zuständigkeiten entschied schliesslich der Statthalter, welches Gericht sich der Sache anzunehmen hatte (S. 64).

[76] Gegen eine Vollmacht des großen Rates über Leben und Tod sprechen sich z. B. Sanders 1996, 389; Theissen / Merz 2011, 399; W. Stegemann 2010, 382 aus;
ähnlich auch Clemens Thoma, Das Messiasprojekt – Theologie jüdisch-christlicher Bewegung, Augsburg 1994, 328, mit Bezug auf talmudische Quellen (deren Autorität allerdings nicht wenige Fragen aufwirft): „Im Jerusalemer Talmud heisst es: ‚Vierzig Jahre zuvor, als der Tempel noch nicht zerstört war, nahmen sie die Kapitalgerichtsbarkeit (dîne nefaschôt) weg‘ (ySan 1,1/18a; 7,2/24b). Ähnlich im babylonischen Talmud: ‚Vierzig Jahre vor der Zerstörung des Tempels wurde das Sanhedrin verbannt (gala) und liess sich in der Kaufhalle (channût) nieder.‘ (bSan 41a; bAZ 8b).“

ist sie meines Erachtens für eine Auswertung der Evangelienberichte eigentlich müssig:

- Wenn die römische Besatzungsmacht den jüdischen Autoritäten dieses Recht belassen hatte, wenn der Tempelrat auch tatsächlich selber eine Anklage gegen Jesus erhoben und genügend Gründe zu einer Verurteilung gefunden hätte, dann bliebe es unverständlich, warum er ihn überhaupt noch zu einer zweiten Verhandlung an Pilatus hätte überstellen sollen; zu erwarten gewesen wäre in diesem Fall nicht nur ein *jüdischer Prozess*, sondern zwingend auch ein jüdisches Todesurteil mitsamt jüdischer Vollstreckung.
- Durfte der Hohe Rat hingegen gar keine Todesurteile fällen, dann hätte sich insbesondere zu einer Anklage wegen *Königsprätention* (was ja in erster Linie ein Verstoss gegen *römisches*, nicht jüdisches Gesetz gewesen wäre) ein jüdischer *Prozess* von vornherein erübrigt, weil er ja auch gar nicht nötig gewesen wäre, um Jesu Hinrichtung zu erreichen: Eine einfache Denunzierung hätte längstens für eine sichere Verurteilung durch die Römer genügt.
- Hätten die jüdischen Autoritäten schliesslich Jesus zwar einer Übertretung *gegen das mosaische Gesetz* schuldig befunden und ihn deshalb selber *zum Tode verurteilen wollen*, dieses Urteil aber nicht rechtskräftig ausdrücken oder gar vollstrecken dürfen, dann wäre zwar ein solcher Prozess wohl tatsächlich durchgeführt worden. Pilatus aber hätte ihr Urteil nur noch zu bestätigen brauchen und es kaum für nötig befunden, Jesus selber noch einmal zu befragen – wozu auch, es war ja nicht in seiner Kompetenz, in innere Streitigkeiten der Juden einzugreifen. Vor allem aber wäre die von allen vier Evangelien überlieferte offizielle Begründung des Todesurteils (König der Juden, Mk 15,26//; Joh 19, 19f) *nicht von politischer Natur* gewesen, auch kaum von Pilatus selber als dreisprachige Tafel in Auftrag gegeben worden (Joh 19,19f – ausgerechnet Johannes, der doch ansonsten alle Hebel in Bewegung setzt, um die Verantwortung bei den „Juden" festzumachen!) und Jesus wäre

---

Eine prägnante Auflistung von Argumenten *für* die Vollmacht des Synhedrions zur Zeit des Pilatus, Todesurteile auszusprechen, findet sich hingegen schon bei Hans Lietzmann, Der Prozess Jesu, Berlin 1931, 8–10;
ebenfalls bei Weddig Fricke, Standrechtlich gekreuzigt, Person und Prozess des Jesus aus Galiläa, Frankfurt 3 1987, 134f; 180;
zu beachten schliesslich auch Cohn (1968) 1997, 62 (mit Bezug auf Winter, 1961, 10, 13–15, 154): „Es steht indessen nicht genug historisches oder anderes Material zur Verfügung, aufgrund dessen man – ungeachtet der gegenteiligen talmudischen Tradition – nachweisen könnte, dass dem Sanhedrin seitens der römischen Verwaltung oder durch römisches Gesetz irgend ein Teil seiner nach jüdischem Recht ausgeübten Gerichtsbarkeit entzogen worden wäre" und 64f: „Der kleine Sanhedrin konnte jeden Juden wegen jeden Vergehens gegen das jüdische Gesetz vor Gericht stellen, ihn zum Tode verurteilen und die Todesstrafe vollstrecken. Der römische Statthalter griff in solchen Fällen auf keinerlei Weise ein, obwohl er sowohl die physische als auch die politische Macht dazu besass. Anderseits müssen wir annehmen, dass die Römer keine Todesurteile eines jüdischen oder eines anderen nichtrömischen Gerichts zu vollstrecken pflegten, sondern nur solche Straftäter hinrichteten, die von einem römischen Gericht wegen eines Vergehens gegen das römische Gesetz verurteilt waren".

nach diesem Modell wiederum nicht nach römischer Art gekreuzigt, sondern wenn schon *gesteinigt* worden.

Wenn wir nun all diesen Argumenten Rechnung tragen, so wird es meines Erachtens doch möglich, ein wenig Ordnung in das Wirrwarr der Widersprüche zum Verfahren gegen Jesus zu bringen: Es spricht, wie wir nun gesehen haben, kaum etwas dafür, dass ein jüdischer *Prozess*, wie ihn Markus und Matthäus postulieren, überhaupt stattgefunden hat – und schon gar nicht in der von den beiden Evangelisten berichteten Form, wonach erstaunlicherweise gerade die wichtigsten Anklagepunkte (Mk 14,57–59 mit Bezug auf Jesu Worte über die Zerstörung des Tempels, deretwegen er möglicherweise tatsächlich Konsequenzen, vielleicht sogar eine Steinigung befürchtet hatte, vgl. Lk 13,34) abgewiesen werden, während die verbliebenen wenig zu überzeugen vermögen: Ein behaupteter Anspruch auf Messianität (Mk 14,61f) wäre keineswegs ein Einzelfall und im Judentum sowieso noch nie ein Verbrechen gewesen, Jesus hätte sich, wenn schon, ganz einfach als Messias zu erweisen gehabt[77]; genauso wäre die Prätention der Gottessohnschaft mit Sicherheit nicht als Blasphemie betrachtet worden: Dazu konnte sie höchstens in einem hellenistischen Verständnis (als „biologisch" von Gott gezeugter und so „vergöttlichter" Mensch) werden[78]. Ein *Todesurteil* durch den Hohen Rat muss also als höchst unwahrscheinlich angesehen werden.

Der Bericht von Johannes und Lukas, wonach es sich hier nicht um einen Prozess, sondern um ein *Verhör* durch den Hohenpriester (Johannes) oder den Hohen Rat (Lukas) gehandelt hat, bleibt in sich stimmiger und glaubwürdiger, auch wenn die Quellenlage es uns nicht erlaubt, abschliessend zu klären, welcher dieser beiden Varianten wir mehr Glaubwürdigkeit schenken können.

Doch wenn sich Jesus keines Vergehens gegen jüdisches Recht schuldig gemacht hat, weshalb haben der Hohe Rat oder die Hohenpriester ihn daraufhin nicht einfach gehen lassen, sondern den römischen Autoritäten übergeben? Haben sie also tatsächlich seinen Tod zwar angestrebt, wegen fehlender Kompetenzen aber nicht selber bewirken können – oder gab es vielleicht ganz andere, zwingende Gründe dafür, weshalb sie ihn schlicht und einfach nicht hätten vermeiden können?

Diese Fragen werden uns noch beschäftigen müssen.

---

77 Als Beispiel dafür mag der Anführer des Widerstandes im jüdischen Krieg 132–135 u. Zr., Simon Bar Kochba dienen, der auch von Rabbi Akiba als Messias angesehen worden war.

78 Eine übersichtliche Darstellung findet sich in Theissen / Merz 2011, 406.

Tatsache ist jedenfalls, dass Jesus umgehend an Pilatus ausgeliefert wurde, dieser wenig Federlesens machte und Jesus – wohl nach militärischem Schnellverfahren[79], wie das gegenüber Nichtrömern durchaus üblich war – abgeurteilt hat.

Dass er sich dabei wie ein Schwächling von der Volksmeinung gegen seinen eigentlichen Willen hätte bedrängen lassen[80], seine „Unschuld an diesem Blut" zuerst vor aller Augen symbolisch mit Wasser abgewaschen und dann doch dem Wunsch nach einem Todesurteil nachgegeben hätte[81]; dass er dazwischen auf geradezu lächerliche Weise immer wieder hin und zurück, rein und raus gerannt wäre, um besser auf die Stimme der „Juden" einzugehen[82], die nur deshalb nicht in seinen Palast hatten eintreten wollen, damit sie sich dadurch nicht für das Passahfest verunreinigten[83]; dass Pilatus zuvor auch noch versucht hätte, sich überhaupt um einen Prozess gegen Jesus zu drücken, indem er sich seiner entledigen und Herodes die Verantwortung für seine Verurteilung zuschieben wollte[84] – das alles passt so gar nicht ins Bild, das die ausserbiblischen Quellen von Pilatus abgeben und ist deshalb meines Erachtens völlig unglaubwürdig, genauso wie die von allen vier Evangelien erwähnte (aber wiederum recht unterschiedlich berichtete) Passah-Amnestie[85].

Vor allem würde sich daraus kaum erklären lassen, warum Pilatus, wenn er doch Jesus eigentlich für unschuldig hielt, es offensichtlich für angebracht oder

---

79 Vgl. dazu insbesondere Christoph Paulus und David Cohen, Einige Bemerkungen zum Prozess Jesu bei den Synoptikern, in: Zeitschrift der Savigny-Stiftung für Rechtsgeschichte 102, 1985, 437ff;
Winter 1967, 95f.

80 Mk 15,12–14 und //; Joh 18,29–19,16.

81 Mt 27,24–26.

82 Joh 18,29.38b; 19,4.

83 Joh 18,28.

84 Lk 23,6–12; Wenn Lukas dabei zuerst erzählt, Herodes habe sich darüber gefreut, Jesus endlich zu Gesicht zu bekommen um eines seiner Zeichen zu sehen (23,8), dann widerspricht er direkt der von ihm selber (und nur von ihm, Lk 13,31) berichteten Tötungsabsicht des Herodes gegenüber Jesus; warum Herodes diesen daraufhin verspotten und wieder Pilatus übergeben will, bleibt völlig unverständlich, genauso weshalb Pilatus sich dann deshalb auch noch mit ihm befreunden sollte: Da hat Lukas in seiner Gewissenhaftigkeit wohl nichts davon auslassen wollen, was ihm überliefert worden war, ist dabei aber selber Opfer der Legendenbildung geworden, die in den inzwischen vergangenen Jahrzehnten ihren Lauf hat beginnen können (wenn er die Episode nicht eigenhändig erfunden hat, um seine eigene Legende der Heilswirkung der Passion Jesu auf alle Beteiligten damit noch auszuschmücken, so Crossan 1995, 144).

85 Mk 15,6–15 und //; Joh 18,39f; nach Winter 1967, 100 hätte ein römischer Statthalter gar kein Begnadigungsrecht gehabt, vgl. dazu auch Crossan 1995, 142.
Doch auch wenn es die Passah-Amnestie wirklich gegeben haben sollte, wäre es kaum zu erwarten, dass dem Galiläer Jesus, (der in der Jerusalemer Bevölkerung wahrscheinlich zu seinen Lebzeiten viel weniger bekannt war, als man dies Jahrzehnte später gerne erzählte, und wenn er auch vielleicht eine recht grosse Anhängerschar gehabt hat in Jerusalem, so ging diese dennoch völlig unter im Trubel der Wallfahrer zum Passahfest – vor allem aber waren die meisten davon ja inzwischen Hals über Kopf abgehauen), gegenüber einem Einheimischen und den Leuten wohlbekannten Freiheitskämpfer, Vorrang gegeben worden wäre, man könnte daraus auch wirklich niemandem einen Vorwurf machen, vgl. dazu Vermes 2006, 134.

gar nötig erachtete, ihn nicht nur zu einer besonders grausamen Hinrichtung zu verurteilen, sondern ihm zuvor auch noch alle erdenklichen körperliche Leiden zuzufügen und ihn der Verhöhnung durch seine Soldaten auszusetzen (Mk 15,15ff und //, Joh 19,3).

Welchen Stellenwert wir also den Berichten über einen angeblichen Widerstand des Pilatus gegenüber einer Verurteilung und Hinrichtung Jesu auch geben, letztendlich tun sie eigentlich wenig zur Sache: Jesus wurde auf jeden Fall nach *römischem Recht zum Tode verurteilt* und nach *römischem Usus exekutiert*; eine von Pilatus „erlaubte" Kreuzigung durch die „Juden", wie Johannes uns (allerdings nicht ohne innere Widersprüche) glauben machen will[86], entbehrt vollends jeglicher Grundlage und muss sich als reine Polemik entlarven[87].

Doch gibt es eine Möglichkeit, die Rolle der jüdischen Autoritäten, des Jüngers Judas, das Verhalten von Jesus selber, die Entstehung der ersten Erklärungsversuche, die weitere Entwicklung der Überlieferungen auf plausible Art und Weise zu re-konstruieren?

Im Folgenden will ich es zumindest versuchen …

4.5 Wer, was, warum

Nils Alstrup Dahl hat die Problematik unserer Fragestellung einmal sehr treffend definiert: „Eine detaillierte Analyse der Traditionsgeschichte ist allerdings oft auf Mutmassungen angewiesen. (…) Die wahre Geschichte muss eine Geschichte von Aktion und Reaktion gewesen sein, durch Jesus selber, seine Jünger, seine Gegner und Feinde, und das Resultat war die Kreuzigung Jesu und der Glaube der Jünger in den gekreuzigten und auferstandenen Messias."[88]

Auch ich komme nicht um reine Mutmassungen herum, wenn ich nun genau dem noch einmal nachgehen will, mit dem Versuch, in Form von Hypothesen zu rekonstruieren, was mir auf Grund unseres Wissensstandes als Ablauf der Ereignisse plausibel erscheint, im Bewusstsein, dass wir im Folgenden das Feld der objektiven Fakten gänzlich verlassen müssen, denn über solche verfügen wir schlicht und einfach kaum. Doch soll uns das nicht davon abhalten, nach möglichen Erklärungen zu suchen.

---

86 Joh 19,16f (gegen Joh 19,23, wo es „*die Soldaten*" sind, die Jesus kreuzigen!).

87 Vgl. zur ganzen Thematik des Prozesses besonders eingehend und kompetent Cohn (1968) 1997, 189–245.

88 Nils Alstrup Dahl, *Messianic Ideas and the Crucifixion of Jesus*, in: Charlesworth 2010, 382–403, dort 402 (eigene Übersetzung).

Gehen wir nun also dazu noch einmal ein paar Tage zurück:

Schon bevor Jesus in Jerusalem eintraf, eilte ihm seine Ankündigung des nahen Gottesreiches voraus, und je näher das Passahfest rückte, das Fest der Erinnerung an die vergangene und der Hoffnung auf die zukünftige Befreiung, desto bereitwilliger liessen sich die Menschen auf jene Botschaft ein, die ihnen vom Mann aus Galiläa berichtet wurde.

Dass dabei jeder seine eigenen Vorstellungen und Erwartungen auf Jesus projizierte, nur noch hörte was er hören wollen, das verstand sich fast von selber, und mit seinem symbolträchtigen Einzug in die Stadt heizte sich die Stimmung vollends auf. Das nahe Fest wirkte dabei wie ein Katalysator auf die Wünsche und Träume der Menschen, wo immer auch Jesus auftauchte brodelte es, seine eigenen Jünger schienen ganz besessen von der freudigen Erwartung, trunken von der Vorstellung, im zukünftigen Reich selber eine besondere Stellung einzunehmen.

Doch auch Jesus selber war überzeugt: *Wenn* Gott eingriff ins Geschick seines Volkes und seines Landes, *dann* würde er es *jetzt* tun; und seine eigene Vollmacht, Menschen zu helfen, ihre Krankheiten zu heilen, ihrem Leben eine Wende zum Guten zu geben, diese Fähigkeiten konnte Gott ihm nur deshalb anvertraut haben, weil sie dazu dienten, das nahe Königtum Gottes schon plastisch vorstellbar, fassbar, erlebbar zu machen[89]; wo aber Gott selber König war, da gab es keine Benachteiligten mehr, da konnte sich keiner Macht erkaufen auf Kosten der Wehrlosen, da entstand eine ganz neue Gesellschaft, in der die sozialen und politischen Strukturen völlig umgekrempelt wurden[90], weil es keine Ungerechtigkeit mehr geben konnte[91].

Doch wie würde Gott vorgehen, wann war die Zeit erfüllt, was würde er von Jesus selber dabei wollen und wie würde er ihn dazu einsetzen?

Auch Jesus hatte sich dies offensichtlich immer wieder selber gefragt, eine klare Antwort dachte er wohl erst zu finden, wenn das Reich wirklich mit aller Macht angebrochen wäre[92].

In der Zwischenzeit wollte er den Leuten zeigen, was dieses Reich für sie bedeutete, wollte sie dafür gewinnen, damit sie ihr Leben änderten, bereit wären.

---

89 Vgl. z. B. Mt 12,28: „Wenn ich jedoch durch den Geist (bzw. Finger, Lk 11,20) Gottes die Dämonen austreibe, dann ist das Reich Gottes zu euch gelangt".

90 Vgl. z. B. Mt 5,1–12 / Lk 6,20–25 (Seligpreisungen und Wehrufe), insbesondere etwa Lk 6,21: „Selig, wenn ihr jetzt hungert – ihr werdet gesättigt werden"; Lk 6,25: „Wehe euch, die ihr jetzt satt seid – ihr werdet hungern"; Mk 10,31: „Viele Erste aber werden Letzte sein und Letzte Erste".

91 Vgl. Mt 5,6: „Selig, die hungern und dürsten nach Gerechtigkeit – sie werden gesättigt werden".

92 Vgl. z. B. Mk 13,28–36 //, insbesondere 32.33: „Jenen Tag oder jene Stunde kennt niemand, die Engel im Himmel nicht, der Sohn nicht, nur der Vater. Gebt acht, bleibt wach! Denn ihr wisst nicht, wann der Zeitpunkt da ist"; Mk 8,27ff: „Für wen halten mich die Leute?" / „und ihr? Für wen haltet ihr mich?".

Mehr aber als alle Andern noch sollte sich der Kreis seiner Anhänger dazu befähigen, eine besondere Stellung einzunehmen, wenn Gott die Ordnung seiner Schöpfung und damit auch Israels Stämme wiederherstellen würde; dafür hatte er zwölf seiner Jünger ausgewählt, einer für jeden Stamm.

Dass Jesus sich mit einer solchen Botschaft grosser Gefahren aussetzte, konnte ihm nicht entgangen sein; zumindest in der ersten Zeit seines Auftretens hatte er deshalb seine Jünger auch zu äusserster Vorsicht ermahnt[93].

Dann reiste er zum Passahfest nach Jerusalem, und nun mochten sich auch seine eigenen Erwartungen ins Unermessliche gesteigert haben, sodass er den Eingriff Gottes in unmittelbarer Nähe spürte, offen und frei von Angst über die Herrlichkeit Gottes und seine Macht auf Erden sprach, zuliess, dass die Menschen ihn als den Vertreter und Botschafter Gottes feierten, sie für die grosse Wende vorbereitet sehen wollte, ja, auch der Tempel sollte bereit sein dafür, dass Gott ihn in ganz neuem Glanz aufstrahlen lassen würde.

Spätestens seit seinem Einzig in Jerusalem musste aber auch der Besetzungsmacht aufgefallen sein, dass sich die Anhänger dieses Mannes von ihrem Gott viel mehr erhofften als nur eine zukünftige vergeistigte Existenz in einer anderen, besseren Welt: Nichts weniger als das Ende der bestehenden Machtstrukturen.

Jesus selber schien dieses wohl durch einen direkten Eingriff Gottes erwartet zu haben, so erzählten es sich zumindest seine Anhänger noch Jahrzehnte danach[94]; die Frage hingegen, ob letztere sich nicht auch sehr wohl als geharnischte Soldaten des kommenden Reiches verstehen konnten oder wollten, ist mehr als berechtigt. Einer seiner Jünger gehörte den Zeloten, also den galiläischen, antirömischen Widerstandskämpfern[95] an, manche trugen offensichtlich Waffen auf sich[96], erwarteten schon ganz reale Ministerposten in jenem Reich, das für sie in dieser Welt vor der Tür stand[97].

Doch aus Sicht der Besatzungsmacht spielte dies eigentlich nur eine untergeordnete Rolle, bestand darin doch das Erfolgsrezept des Pilatus: „Aus Josephus' Darstellung geht klar hervor, dass Pilatus scharfsinnig, hart, skrupellos – und erfolgreich war. Seine zehn Jahre im Amt sprechen für seine gute Leistung in der Erhaltung von Gesetz und Ordnung. Er war fähig, Ärger abzufangen, bevor dieser gefährliche Dimensionen hätte annehmen können. Sein Schlüssel zur effizienten Regierung bestand darin, Revolutionen im Keim zu ersticken, indem er

---

93 Vgl. Mk, 8,39: „Da schärfte er ihnen ein, niemandem etwas über ihn zu sagen".

94 So scheint mir Mk 14,62 zu verstehen sein: „… und ihr werdet den Menschensohn sitzen sehen zur Rechten der Macht und kommen in den Wolken des Himmels".

95 Lk 6,15: „Simon, den man den Zeloten hiess".

96 Mk 14,47 berichtet davon, wie ein Jünger Jesus mit dem Schwert vor der Verhaftung schützen will; Lk 22,38: „Sie sagten: Herr, hier sind zwei Schwerter! Er aber sagte zu ihnen: Lass gut sein".

97 Mk 10,35–37.

nicht zwischen ‚politischen' und ‚religiösen' Dissidenten unterschied. Auf Dissidenz, nicht auf Motive oder Schlagworte richtete er sein Augenmerk. Für ihn war eine charismatische Vision des von Gott selber einführten Gottesreiches gleichermassen bedrohlich wie der Aufruf der Revolutionäre zu einem Aufstand gegen die Römer, denn das Endresultat war dasselbe: Die Herrschaft der Römer wäre beendet."[98]

Eine Woche vor dem Passah-Fest mochte der aufgeregte Haufen, der Jesus bei seinem symbolischen Einzug in Jerusalem als neuen David[99] feierte, noch als einmaliges, exotisches Kuriosum durchgegangen sein.

Doch Jesus blieb in der Stadt, in die inzwischen auch der Prokurator selber, Pontius Pilatus seinen Wohnsitz verlegt hatte, um während des Festes für Ruhe und Ordnung zu sorgen. Fuhr fort mit symbolischen Handlungen, die seine königliche Autorität auch über den Tempel zum Ausdruck brachten[100]. Trug offensichtlich nichts dazu bei, um jene sehr weltlichen Erwartungen und Hoffnungen seiner Jünger zu dämpfen oder gar zu korrigieren, die in ihnen auch nach seinem Tod noch lebhaft erhalten blieben[101].

Hätte sich Jesus nun mit seinen Anhängern zurückgezogen, um in aller Stille sein privates Passah-Fest vorzubereiten, man wäre wohl kaum weiter gegen ihn vorgegangen – nur, das tat er nicht. Für seine letzte symbolträchtige Mahlzeit wartete er das Fest nicht ab: Erhoffte er an Passah schon den Durchbruch des Gottesreiches? Seine Anhänger waren jedenfalls in fiebriger Erregung, und das mitten in Jerusalem, konnten und wollten ihre Erwartungen nicht mehr verbergen.

Jesus wurde gewarnt[102], möglicherweise sogar auch von Vertretern des Hohen Rates, er musste genauso selber gemerkt haben, dass die Gefahr nicht nur seiner Person galt, sondern vor allem auch der Menschenmenge, die im Angesicht des nahen Eingreifen Gottes alle Hemmungen zu verlieren drohte.

Denn je höher die Begeisterungswelle um ihn herum wogte, desto offensichtlicher wurde auch die Bereitschaft der römischen Truppen, dem Treiben ein Ende zu setzen[103].

---

98 Rivkin 1984, 12f, eigene Übersetzung.

99 Vgl. dazu Psalm Salomons 17.

100 Mk 11,15–17; 13,1.2.

101 Vgl. dazu Sanders 1985, 307: „Jesus taught about the kingdom; he was executed as would-be king; and his disciples, after his death, expected him to return to establish the kingdom".

102 Lk 19,39: „Und einige von den Pharisäern, die unter dem Volk waren, sagten zu ihm: Meister, bringe deine Jünger zum Schweigen!" (man beachte hier auch die respektvolle Anrede).

103 Dies beschreibt zum Beispiel Rivkin 1984 sehr schön, indem er das hypothetische Bild eines „charismatic of charismatics" nach jenen Prämissen zeichnet, die uns durch Josephus Flavius bekannt sind (um dieses dann mit den Beschreibungen Jesu aus den Evangelien zu vergleichen), S. 49: „If such a Charismatic were believed to be an Elijah when he healed the sick, raised the

Jesus musste dies alles wissen und unternahm anscheinend doch nichts dagegen.

Oder hatte er vielleicht bis zuletzt versucht, seine Anhänger davon zu überzeugen, zumindest in der Öffentlichkeit nicht allzu sehr aufzufallen mit ihrer Vorfreude auf den radikalen Machtwechsel[104]?

Was in ihm genau vorgegangen sein mag, werden wir nie erfahren, die widersprüchlichen Aussagen der Evangelien spiegeln aber vielleicht tatsächlich seinen Geisteszustand wieder: Angst und Hoffnung müssen sich nicht gegenseitig ausschliessen, die reale Todesfurcht und die sehnliche Erwartung des rettenden göttlichen Eingriffs können in ihm gleichzeitig neben und gegen einander gewirkt haben[105], vielleicht bis zum letzten Moment seines Lebens.

Doch dass für dieses Reich auch nur ein einziger dieser einfachen Leute leiden oder gar sterben müsste, das konnte Gott gewiss nicht gewollt haben! Durfte Jesus darauf vertrauen, wie Gott selber dafür sorgen würde, dass niemand zu Schaden kam – oder lag die Verantwortung für die Folgen seiner Worte und Zeichenhandlungen nur bei ihm allein?

Es ist kaum anzunehmen, dass Jesus sich dieser Frage hätte entziehen können!

Denn nun, kurz vor jenem letzten gemeinsamen Mahl mit seinen Jüngern, zeichnete sich eines immer klarer ab: Wenn Jesus nicht eingriff, dann hätten seine Anhänger die am nahen Passahfest anbrechende Gottesherrschaft nicht mehr miterlebt, sie waren zu aufgeheizt, um von den Römern noch toleriert werden zu können, hatten sich so in akute Todesgefahr gebracht.

Was sollte er tun? Wählte er den einfachsten Weg und entzog sich den Häschern dadurch, dass er mit der kleinen, ihm am nächsten stehenden Jüngergruppe untertauchte – was zu diesem Zeitpunkt noch problemlos möglich gewesen wäre – dann hätte seine ganze restliche Gefolgschaft dafür bitter bezahlen müssen!

Möglicherweise mit Hilfe eines seiner engsten Vertrauten könnte Jesus ein riskantes Unterfangen geplant haben: Judas sollte seine Kontakte zur Tempelpolizei ausnützen, damit Jesus sich ihr selber in einem Moment stellen könnte, in dem er

---

dead, and cast forth demons, his wonder working would have attracted crowds – and crowds, as we know, were dangerous and could get out of hand. If he seemed to be a visionary and, like Isaiah, proclaimed that the kingdom of God was near at hand, his high hopes would have attracted crowds – and crowds, as we know, were dangerous and could get out of hand. If he bore a likeness to the Son of man, the King-Messiah, his likeness would have attracted crowds – and crowds, as we know, were dangerous and could get out of hand. And if his compassion and love reached and lifted up the wretched, gave hope to the outcast, and reassurance to the faint of heart, such compassion and love would have attracted crowds – and crowds, as we know, were dangerous and could get out of hand".

104 Vgl. Mk 8,38, siehe oben, S. 163.

105 Mk 14,32–42, Getsemani.

nicht von einer grossen Menge von Anhängern umgeben war und es nicht zum offenen Kampf zwischen seinen Anhängern und den römischen Truppen kommen konnte: Am besten bei Nacht, wo er nur eine ganz kleine Jüngerschar bei sich hatte, und ausserhalb der Stadtmauern, wo so wenig Aufsehen wie möglich erregt wurde.

Es eilte, denn mit jeder Stunde wuchs die Gefahr für seine Anhängerschaft, in ein Scharmützel mit den Römern verwickelt zu werden – die Folgen wären denkbar blutig gewesen, kaum einer hätte wohl überlebt.

Mit einem solchen Plan musste Jesus aber die jüdischen Autoritäten in eine äusserst delikate Situation gebracht haben: Auf der einen Seite waren sie ja, wie wir gesehen haben, verpflichtet, gewisse polizeiliche Aufgaben auszuüben; auf der anderen Seite bestand offensichtlich ein römischer Haftbefehl für den galiläischen Wanderprediger mit Königsprätentionen, man würde die römischen Truppen also kaum heraushalten können.

Es musste schon schwer genug gewesen sein, auszuhandeln, dass Jesus zuerst vom Hohenpriester verhört werden durfte und nicht gleich den Römern überstellt werden musste, da war wohl besonderes diplomatisches Geschick gefragt!

Doch scheint es mir durchaus denkbar, dass Judas und die Vertreter des Hohen Rates Pilatus tatsächlich davon überzeugen konnten, auf Jesu Vorschlag einzugehen.

Demnach hätten Jesus und Judas nun also den günstigsten Moment abgewartet: Anschliessend an das Abendmahl würde Jesus Judas seinen Auftrag erteilen[106], sich mit den verbliebenen elf Jüngern auf den Ölberg begeben, sich dort mit einer ganz kleinen Gruppe noch einmal von den anderen abtrennen; und da er sie nicht in sein Vorgehen hätte einweihen können, weil sie dieses wohl weder verstanden noch akzeptiert hätten, sorgte er noch einmal dafür, dass ihnen nichts geschehen konnte[107], während die Tempelpolizei ihn selber übernahm, nicht bevor die römischen Soldaten ihn gefesselt und abgeführt hatten.

Zum Pakt hätte gewiss das Versprechen der jüdischen Autoritäten gehört, alles zu versuchen, um eine Auslieferung an Pilatus zu vermeiden: Es scheint mir durchaus glaubhaft, dass auch im Falle des Jesus von Nazareth der Hohepriester, vielleicht der ganze Tempelrat, sich so verhalten hat, wie es übrigens stets seine Gewohnheit war; in einer heiklen Gratwanderung zwischen dem Versuch, nach Kräften jüdisches Leben zu retten und der Wahrnehmung der von den Römern aufgebürdeten Aufsichtspflichten, von der letztendlich auch sein Schicksal abhing[108].

---

106 Joh 13,27b: „Was du tust, das tue bald".

107 Joh 18,8: „Wenn ihr also mich sucht, dann lasst diese gehen".

108 So die These von Cohn (1968) 1997, 156ff.

Doch das Unterfangen gelang nur halbwegs.

Zwar hätte so für den Moment ein Eingreifen der Römer und somit die Vernichtung dutzender Menschenleben verhindert werden können, gleichzeitig hätten die Jünger durch den geschickten Schachzug ihres Meisters eine Gnadenfrist bekommen, um die Flucht zu ergreifen, weg von Jerusalem, aus der Gefahrenzone, zurück in ihre Dörfer, bis nach Galiläa; für Jesus selber liess sich hingegen beim besten Willen kein Ausweg mehr finden, weil er sich offensichtlich weigerte, von seiner Botschaft des anbrechenden Gottesreiches und seiner eigenen ganz besonderen Rolle darin Abstand zu nehmen[109].

Wir haben allerdings schon gesehen, wie Jesus damit beim Hohen Rat kaum derart Anstoss erregen konnte, dass er, wie uns die Evangelien glauben machen wollen, dessen Hass auf sich gezogen hätte und man ihn deshalb aus dem Weg räumen wollte: Dafür bestand wie gesagt auch zu den von den Evangelien genannten Anklagepunkten kein einleuchtender Grund[110]. Nein, das Problem lag ganz anders: Jesus bot dem Synhedrion schlicht und einfach kein überzeugendes Argument, womit es die Römer von der Unsinnigkeit ihres Haftbefehls gegen ihn hätten überzeugen können[111]!

Denn die Anklagepunkte wogen schwer: Mit dem von Jesus erwarteten, bald kommenden Gottesreich wäre ja eine Machterhaltung durch die Römer unmöglich zu vereinen – und das ist dann auch der Grund, weshalb sie niemals bereit sein konnten, solche Reden zu dulden[112]. Erst recht, wenn im Volk Stimmen laut wurden, dass ein „Sohn Davids“[113] dieses Reich einläuten würde!

Wenn Jesus also nicht ein für alle Mal Distanz nahm davon, dass solche Attribute auf ihn gemünzt sein konnten, wenn er nicht jegliche eigene Beteiligung an einem zukünftigen Reich Gottes deutlich widerrief, wenn er nicht in aller Klarheit jegliche persönliche Implikation bei einem potentiellen Eingriff Gottes zur Restauration Israels in Abrede stellte, dann gab es gewiss auch für die jüdischen Autoritäten keine Möglichkeit, die Sache irgendwie schönzureden, so, dass sie den Römern als harmlos verkauft werden konnte.

---

109 Z. B. Mk 14,62; Lk 22,70.

110 Vgl. dazu Theissen / Merz 2011, 404–406: Die Autoren zeigen zu allen in Mk 14,58–63 genannten Anklagepunkten, „Tempelweissagung“, „Falsche Prophetie und Verführung des Volkes“, „Messiasanspruch Jesu“, „Anspruch Jesu auf göttliche Würde“ auf, wie keiner davon wirklich zu einer Verurteilung hätte führen können, vielmehr alles dafür spricht, dass die meisten dieser Punkte erst aus einer nachösterlichen Perspektive formuliert sein können.

111 So ist es etwa auch für E.W. Stegemann, 2002, 39f „nicht ausgeschlossen, dass die jüdische Instanz im Fall Jesu von Nazareth gerade zur Vermeidung weiterer Folgen für Jesus Massnahmen in ihrer Kompetenz ergriff und erst nach deren Scheitern die Überstellung an den Statthalter vornahm“, auch wenn Stegemann eine Beteiligung der jüdischen Instanzen bei der Verhaftung Jesu als keineswegs zwingend notwendig betrachtet.

112 Vgl. z. B. die Episode um Theudas, von der Josephus (Ant XX 97) berichtet (siehe oben, 3.3.3), dazu auch W. Stegemann 2010, 377.

113 Z. B. Mk 10,47

Hohepriester und Synhedrion machten es sich offensichtlich nicht einfach. Sie haben vielleicht wirklich auf jede erdenkliche Art versucht, eine Auslieferung Jesu zu verhindern, seine Unbeugsamkeit schien sie dabei fast zur Verzweiflung zu bringen[114].

Doch es nützte alles nichts: Jesus musste – offensichtlich nach langem Zögern, die Befragung scheint die ganze Nacht gedauert zu haben[115], möglicherweise hat am Morgen das Synhedrion noch einmal vollzählig zusammengefunden[116] – Pilatus übergeben werden[117], ansonsten wäre ein militärischer Übergriff der Römer, vielleicht sogar auf den Tempelrat, sicher aber auf Jesus und vor allem auf seine ganze Bewegung, nicht mehr zu vermeiden gewesen; in diesem Zusammenhang ist wohl auch die von Johannes in 11,49 und 18,14 gleich zweimal überlieferte Aussage des Kajafas zu sehen, wonach es „von Vorteil" sei, wenn „ein Einzelner sterbe an Stelle des ganzen Volkes".

Damit aber drückte Kajafas wohl genau das aus, wozu Jesus selber sich hatte durchringen müssen, auch wenn er vielleicht die Hoffnung auf einen rettenden Eingriff Gottes bis zum letzten Moment nicht aufgegeben hatte. Dem würde entsprechen, dass Jesus als allerletzte Worte am Kreuz Psalm 22,1 zitiert[118], ja erst jetzt musste es ihm endgültig und unausweichlich so vorkommen, als ob Gott ihn wirklich verlassen hätte.

Judas hingegen, der einzige Vertraute, den Jesus in seinen todesmutigen Plan miteinbezogen hätte, ertrug das Scheitern der letzten Hoffnungen auf ein glückliches Ende nicht, er verzweifelte daran, und anstatt wie die anderen Elf Fersengeld zu geben, wählte er den bitteren Weg seines Meisters.

---

114 Auf diese Weise scheint mir nämlich Mk 14,63a am ehesten verständlich zu werden: „Da zerreisst der Hohe Priester seine Kleider …" Vgl. dazu Cohn (1968) 1997, 174–180, besonders 180: „Allerdings zerriss nur der Hohepriester seine Kleidung. Weder erfolgte eine Verurteilung wegen Gotteslästerung, noch lag eine Entweihung des heiligen Namens vor, und daher bestand weder eine rechtliche Pflicht zum Zerreissen der Kleidung, noch standen die anderen Anwesenden unter irgendeinem Zwang, dem Beispiel des Hohenpriesters zu folgen. Dass das Zerreissen seiner Kleidung, wenn es sich dabei nicht um eine blosse formale Erfüllung einer rituellen Vorschrift handelte, einen nahezu schlüssigen Beweis für den Kummer des Hohenpriesters darstellt, lässt sich nicht ernsthaft bestreiten".

115 Cohn (1968) 1997, 155f sieht den Grund für die nächtliche Tagung darin, dass der Prozesstermin vor Pilatus schon vorher auf den nächsten Morgen hätte festgesetzt sein müssen; für den Versuch, Beweise für Jesu „Unschuld" zu finden, stand also nur diese Zeitspanne zur Verfügung: „Wenn überhaupt eine Chance bestand, Jesus zu retten, dann war dies die letzte Gelegenheit, denn man konnte nicht erwarten, dass der römische Statthalter einer Verschiebung oder Verzögerung des Prozesses zustimmen würde" (S. 156).

116 Lk 22,66–71.

117 Ganz ähnlich wie einige Jahrzehnte später Jesus ben Ananias dem Statthalter Albinus überstellt wurde, weil es nicht gelang, ihn zum Schweigen zu bringen (Josephus, Bell VI, 300–309, siehe oben, S. 130).

118 Mk 15,34.

Fatalerweise entzog sich all dies zuerst einmal der direkten Erfahrung seiner elf engsten Kumpanen; Galiläa, wo sie Zuflucht gefunden hatten, war weit entfernt, und so erfuhren sie nur nach und nach von der tragischen Entwicklung der Geschehnisse in Judäa, waren dann aber zunächst einfach nur überwältigt vom Erlebnis der Erscheinungen Jesu – und mussten nun, im Nachhinein, versuchen, zu rekonstruieren und zu verarbeiten, was sich damals an jenen bedeutsamen Passahtagen hätte ereignet haben könnte.

Dabei konnten sie sich auf die Zeugnisse der Frauen stützen, die in Jerusalem geblieben waren, vielleicht auch auf die Berichte einiger weitere Jünger, die nicht zum allerengsten Kreis gehörten und sich deshalb auch weniger der Gefahr einer direkten Verfolgung ausgesetzt sahen; denkbar, aber wenig wahrscheinlich erscheint mir, dass sie sogar direkten Zugang zu Quellen im Synhedrion hatten und deshalb Zugriff auf Informationen, die später leider nie den Weg in die Evangelien gefunden hätten (ansonsten wären die Berichte wohl kaum so voller Widersprüche geblieben).

Tatsache ist jedenfalls, dass die Jünger sich mit den Ereignissen ohne jegliche Ressentiments gegenüber dem Tempel und seinen Autoritäten auseinandersetzten – was eigentlich erstaunen müsste, würden die Interpretationen der Evangelien den Ereignissen wirklich entsprechen – denn noch über Jahrzehnte blieb der Tempel ihr Lebensmittelpunkt[119].

Auch wenn die Anhänger Jesu gewiss die Enttäuschung darüber nie ganz hätten vergessen können, dass weder Gott direkt eingegriffen und sein Reich mit aller Macht durchgesetzt, noch der Tempelrat es geschafft hatte, Jesu Leben zu retten und ihn vor der Auslieferung an die Römer zu bewahren, so dürften wir also aufgrund dieser hypothetischen Rekonstruktion davon ausgehen, dass sie dennoch klar wussten, es waren keineswegs die jüdischen Autoritäten, die Jesu Tod verschuldet hatten, im Gegenteil: Der Tempel hatte alles versucht, was in seiner Macht war, um ein Scheitern des Unterfangens zu verhindern, und wenn ihm dies nicht gelungen war, dann nur deshalb, weil es wirklich schlicht und einfach keine Lösung gab. Nein, es waren nicht die Hohenpriester die kaltblütig den Tod Jesu als einzigen Ausweg beschlossen hatten, es war ihr Rabbi selber, der seinen Anhängern durch sein selbstloses „Opfer“[120] das Leben schenken wollte.

---

119 Apg 2,46a: „Einträchtig hielten sie sich Tag für Tag im Tempel auf“; Apg. 5,42: „Und jeden Tag lehrten und verkündeten sie ohne Unterlass, im Tempel und zu Hause, dass Jesus der Gesalbte sei“.
Vgl. auch das Zitat von Hegesippus bei Eusebius von Cäsarea, Kirchengeschichte, XXII, über den Herrenbruder Jakobus: „Allein pflegte er in den Tempel zu gehen, und man fand ihn auf den Knien liegend und für das Volk um Verzeihung flehend. Seine Knie wurden hart wie die eines Kameles, da er ständig auf den Knien lag, um zu Gott zu beten und ihn um Verzeihung für sein Volk zu bitten“.

120 „παρέδωκεν ἑαυτὸν ὑπὲρ ἡμῶν προσφορὰν καὶ θυσίαν“, „(…) und hat sich selbst für uns gegeben als Gabe und Opfer“, Eph 5,2.

Soweit also meine Mutmassungen darüber, wie die letzten Tage und Stunden Jesu hätten verlaufen können. Sollten sie sich wirklich als plausibel erweisen, dann würde sich daraus erklären, weshalb die Erinnerung an das Geschehen so stark war, dass sie auch die folgenden Generationen im Versuch, das Unfassbare zu begreifen, immer wieder auf unterschiedlichste Weise mitgeprägt hat.

Denn wenn es sich damals wirklich so ereignet hat, dann musste dies alle Vorstellungskraft übersteigen: Jesus war sogar bereit gewesen, sein eigenes Leben für seine Freunde einzusetzen[121]!

Kaum auszudenken, was sonst alles hätte geschehen können: Nur durch die Festnahme Jesu waren die Römer wohl überhaupt davon abzubringen gewesen, seine ganze Bewegung mit Gewalt zu unterdrücken; nur dadurch, dass sie ihn aburteilen konnten, haben sie auf ein Blutbad unter seinen Jüngern verzichtet.

Dass sie, hätte Jesus versucht, sich durch Flucht zu entziehen, keinen Moment vor einer Massentötung gezögert hätten, das hat nicht nur Pilatus selber zur Genüge gezeigt.

Doch Jesus hatte die ganze Verantwortung für seine Gefolgschaft auf seinen Schultern getragen, indem der sich das Kreuz selber aufgeladen, für sie „sich selbst"[122], sein „Leben eingesetzt"[123], es „hingegeben"[124] hat, als „Lösegeld für alle"[125]: Sollte sich alles so zugetragen haben, dann konnte man ihm das gewiss nie vergessen, doch hätte man sich deswegen auch immer ein wenig mitschuldig an seinem Tod fühlen müssen; wäre dieser vielleicht doch zu verhindern gewesen, wenn man etwas weniger lauthals die Aufmerksamkeit der Römer auf sich gezogen hätte?

Ja, hätte die Antwort lauten müssen: Dass er seinen „Leib hingegeben"[126] hat, „gestorben ist für uns"[127], das war auch „wegen unserer Schuld"[128], „wegen unserer Fehler"[129] …

Erst lange nach dem Ableben der Zeitzeugen, auch erst nach der Zerstörung Jerusalems, erst weit weg vom ursprünglichen Zentrum und Herz der noch einige Jahrzehnte fest im Judentum verankerten Gemeinde, deren Geheimnisse und mögliche schriftlichen Zeugnisse wohl für immer in den Ruinen der Davidstadt untergegangen sind, erst jetzt wird man noch einmal versuchen, die Geschichte vom Leben und Sterben des Messias aus Nazareth festzuhalten, diesmal in einer

---

[121] Joh 15,13: „Niemand hat grössere Liebe als wer sein Leben einsetzt für seine Freunde".

[122] ἔδωκεν ἑαυτὸν, Titus 2,14; παρέδωκεν, Eph 5,2.25, παρεδόθη, Röm 4,25, δόντος, Gal 1,4; παραδόντος, Gal 2,20.

[123] τίθησιν Joh 10,11; τίθημι 10,15.17; θῇ 15,13.

[124] δοῦναι, Mk 10,45.

[125] λύτρον Mk 10,45; ἀντίλυτρον, I Tim 2,6.

[126] Lk 22,19: τοῦτό ἐστιν τὸ σῶμά μου τὸ ὑπὲρ ὑμῶν διδόμενον.

[127] ἀποθανόντος ὑπὲρ ἡμῶν, I Thess 5,10.

[128] ὑπὲρ τῶν ἁμαρτιῶν ἡμῶν, I Kor 15,3 und Gal 1,4.

[129] παραπτώματα, Röm 4,25.

fremden Sprache und in einer fremden Kultur, und inzwischen hat man eine ganz andere Sicht auf die Beteiligten, einen ganz anderen Horizont und, gewiss frei von etwelchen unredlichen Absichten, auch ganz andere Ziele.

Doch dass Jesu Tod stellvertretend das Leben vieler gerettet hat, dazu brauchte man gar nicht erst irgendwelche hellenistischen Leseschlüssel heranzuziehen: Das wussten doch schon seine Anhänger in Jerusalem …

5. Schlussbemerkungen

5.1 Vom Selbstopfer zum Opferkult

Wie wir gesehen haben, liesse sich der Ursprung der Überlieferung vom „Opfertod“ Jesu durchaus plausibel direkt aus jenen Ereignissen ableiten, die zu seiner Gefangennahme, Verurteilung und Hinrichtung durch die römische Besatzungsmacht geführt haben mussten.

Doch bevor wir uns damit befassen, was eine solche Hypothese für das Christentum und vor allem für seine Beziehung zum Judentum bedeuten könnte, scheint es mir notwendig zu sein, sie insofern noch einmal zu überprüfen, als wir genauer anschauen wollen, ob sich die Entstehung des immerhin schon im Neuen Testament vorliegenden Ansatzes zu einer Interpretation des Todes Jesu mit Hilfe kultischer Opfermetaphorik daraus wirklich glaubwürdig erklären lässt.

Vor allem in den ältesten Zeugnissen, den Briefen des Apostels Paulus, kann man die Botschaft vom Selbstopfer Jesu durchaus noch ganz denotativ und wörtlich (d. h. also auch: noch nicht metaphorisch) verstehen – als Entscheidung Jesu, sich zugunsten seiner Anhängerschaft den Autoritäten auszuliefern –, ohne dass dazu die Texte in irgendeiner Weise korrigiert werden müssten. Auch scheint Paulus noch keine polemische Schuldzuweisung gegenüber der jüdischen Obrigkeit zu kennen[1].

Eine solche hingegen nimmt bereits in den synoptischen Evangelien grossen Raum ein, wächst offensichtlich proportional mit dem zeitlichen Abstand der Entstehung der Texte zu den berichteten Geschehnissen weiter. Wir haben schon davon gesprochen[2] und werden noch darauf zurückkommen müssen.

Für unsere Fragestellung relevant ist insbesondere auch die Interpretation des Todes Jesu als ein Gott (kultisch und rituell) dargebrachtes „Sühneopfer“, welche (allerdings nicht stringent, wie wir gesehen haben!) vor allem aus dem Hebräerbrief abgeleitet wurde, werfen wir noch einmal einen kurzen Blick auf Hebräer 10,11–14:

> „11 Jeder Priester steht Tag für Tag da, versieht seinen Dienst und bringt immer dieselben Opfer dar, die doch niemals Sünden beseitigen können.

---

[1] Eine Ausnahme würde I Thess 2,14f bilden (besonders 2,15: „Diese – *d. h. die Juden* – haben den Herrn Jesus getötet und die Propheten“); zur unserer Ansicht nach berechtigten Infragestellung der Authentizität von I Thessalonicher als echtem Paulusbrief vgl. aber Crüsemann 2010 (siehe oben, S. 25, Fussnote 52)!

[2] Siehe oben, S. 15f.

12 *Er aber hat ein einziges Opfer* (θυσίαν) *für die Sünden dargebracht* und sich für immer zur Rechten Gottes gesetzt; 13 fortan wartet er, bis seine Feinde hingelegt werden als Schemel für seine Füsse. 14 Denn durch *eine einzige Darbringung* hat er diejenigen, die geheiligt werden, für immer zur Vollendung geführt.“

Während die hier vorliegende Identifikation Jesu mit der priesterlichen Rolle anscheinend kaum weitere Spuren hinterlassen hat[3], wurde das „Opfer für die Sünden“ sehr früh schon nur noch mit seinem Tod am Kreuz in Verbindung gebracht und so zum alleinigen Schlüssel jeglicher Lesart[4] – wobei wir hier, wie gesagt, genauso wie etwa in den schon zitierten Stellen aus den Paulusbriefen, aber oft auch aus den Evangelien, immer wieder kritisch hinterfragen müssen, was wir wirklich aus den Texten *heraus* lesen können und inwiefern wir nicht unmerklich in sie *hinein* lesen, was uns inzwischen als selbstverständlich erscheint, doch vielleicht den ursprünglichen Intentionen des Verfassers gar nicht entspricht.

Tatsache ist allerdings, dass eine solche Auslegung bald einmal auch zum Ausgangspunkt jeder theologischen Reflexion all jener Texte wurde, die inzwischen zur festen Grundlage des christlichen Glaubens geworden waren. Die Frage muss deshalb auch lauten: Wie konnte es überhaupt dazu kommen?

Aus alledem, was wir bisher betrachtet haben, scheint es mir nun möglich, diese Entwicklung glaubhaft nachzuvollziehen. Wenn wir nämlich davon ausgehen, dass die Überlieferung des „Opfers“ Jesu für seinen direkten Anhängerkreis der ersten Stunde von ganz zentraler Bedeutung war, dann musste mit zunehmender zeitlichen und geographischen Entfernung die Tatsache ein grosses Problem darstellen, dass sich neue Generationen von dieser Botschaft zunächst einmal kaum betroffen, ja eigentlich sogar schlichtweg ausgeschlossen fühlten.

Doch das war nicht der einzige Stein des Anstosses für die Nachfahren der ersten Jüngerschaft.

---

3 Mag sein dass die doppelte Metaphorisierung des Hebräerbriefes, Jesus als Opfer und gleichzeitig als Priester, ihren Sinn vor allem in zeitlicher Nähe zur Zerstörung des Tempels gefunden hatte: Wenn man ja nun nicht mehr sagen konnte, dass Jesu Opfer „wie jenes im Tempels“ wirke, so erlaubte die Identifizierung Jesu mit dem himmlischen Priester vielleicht zunächst einmal, die Metapher vom irdisch vergangenen Tempel zu lösen, doch mit wachsender Distanz dazu schwand gewiss auch der Bezug zum Jerusalemer Kult und somit das Bedürfnis nach einem Ersatz für diesen.

4 Was, wie Sigrid Brandt, Brandt 2001, 72 zeigt, ja nicht zwingend der Absicht des Autors entspricht: „Im Blick auf die Verse 4–7 und 10 wird deutlich, dass der Hebräerbrief das Opfer Jesu Christi weder satisfaktionstheoretisch noch juridisch, weder kultisch noch metaphorisch versteht. Desgleichen wird deutlich, dass er mit dem Opfer Jesu Christi nicht in erster Linie Jesu Kreuzestod meint, sondern Jesu Existenz im Leibe, sein leibliches Leben zur Erfüllung von Gottes Willen, genauer: zur Verkündigung von Gottes Namen“ (siehe oben, S. 72f).

Mit der Zerstörung Jerusalems im Jahre 70 u. Zr. verschob sich der Schwerpunkt der Gemeinden zwangsläufig immer mehr aus einem jüdisch-palästinensisch geprägten Umfeld auf ein hellenistisch-römisches. Die Identität ihrer Mitglieder konnte nun nicht mehr in der gemeinsamen Beziehung zum Tempel als Mittelpunkt des Glaubenslebens[5] wurzeln; lokale ethnische und kulturelle Traditionen gewannen dafür zusehends an Einfluss, quer durch das ganze grosse römische Reich.

Sogar gegenüber den örtlichen Synagogen in der jüdischen Diaspora tat sich ein immer grösserer und bald unüberwindbarer Graben auf; wie wir gesehen haben, trug dazu gewiss einerseits die inzwischen (auch und gerade von den Leitern der jüdischen Gemeinden) als höchst gefährlich taxierte, von den Anhängern Jesu dennoch weiterhin unermüdlich und ohne jegliche Zurückhaltung verbreitete Botschaft der baldigen Wiederkunft des siegreichen Christus und der damit verbundenen Einsetzung des Gottesreiches bei, welche von den römischen Autoritäten nach dem Jahre 70 umgehend als terrorverdächtig eingestuft werden und deshalb da und dort dazu führen musste, dass die Anhänger Jesu schliesslich aus den Synagogen ausgeschlossen wurden, weil man sie anders nicht zum Schweigen bewegen konnte und sie ansonsten die Aufmerksamkeit der römischen Autoritäten allzu sehr auf sich gezogen hätten: Die Angst, dass sie mit ihrer unbedachten Zunge die ganze Gemeinde um Kopf und Kragen reden könnten, war gewiss nicht aus der Luft gegriffen.

Anderseits konnte es aber auch umgekehrt zu einer verstärkten Abgrenzung ganzer Gemeinden kommen – die zu Israel ja oft keinerlei Kontakte mehr pflegten – gegenüber den Vertretern jener Religion, der durch den gescheiterten Aufstand in Palästina a priori ein Anruch von Terrorismus anhaften blieb: Es war wohl einfach nicht mehr opportun, sich zu Israel zu bekennen, und gerade wer keinerlei jüdischen Wurzeln besass, sah deshalb sicher bald keinen Grund mehr, sich Diskriminierungen auszusetzen für (ursprünglich rein politische) Querelen, mit denen man ja tatsächlich selber nichts am Hut hatte.

In einem solchen spannungsgeladenen Kontext aber blieb, so meine Hypothese, schlichtweg kein Platz mehr für die Erinnerung an einen Messias, der sich ausgerechnet der römischen Autorität geopfert hätte, damit diese das Leben seiner jüdischen Anhängerschaft schonen würde!

Die zentrale Rolle, welche eine solche inzwischen nur noch unbequeme Überlieferung von Anfang an eingenommen hätte, erlaubte es allerdings gewiss nicht, sie einfach in Vergessenheit geraten zu lassen. Sie würde sich also in der individuellen wie in der kollektiven Verarbeitung der Ereignisse eine Form suchen

---

5 Vgl. Apg 2,46a; 5,42, siehe oben, S. 169.

müssen, welche nicht nur die zeitliche Distanz überwinden, sondern vor allem auch in einem neuen Umfeld ihre inhaltliche Gültigkeit so behalten konnte, dass künftige Generationen sich darin einbezogen fühlen durften, ohne dadurch gegenüber ihren politischen Machthabern weiteren Anstoss erregen zu müssen.

Was wäre dabei nähergelegen, als eine Überhöhung dieses rein geschichtlichen Ereignisses in eine Heilstat von höchster soteriologischer Relevanz, eine Verschiebung also von der gesellschaftlichen und vor allem politischen auf eine rein theologisch-spirituelle Ebene?

Insbesondere wenn sich dadurch, wie wir sehen werden, auch noch Tor und Tür dazu hätten öffnen können, die Römer von jeder Schuld und Verantwortung frei zu waschen und jegliche Tötungsabsicht auf „die Juden" zu übertragen, welche sich nach dem blutig niedergeschlagenen Aufstand geradezu als Antagonisten von Römern und Christen anzubieten schienen …[6]

Wir würden aber den Verfassern unserer Quellen Unrecht tun, wenn wir ihnen eine (wie auch immer gelagerte) Absicht zur *bewussten* Verfälschung von Tatsachen unterstellen wollten. Gerade was die von uns untersuchte Metaphorisierung des Opferbegriffes angeht, folgt diese Gesetzmässigkeiten, die einem solchen Prozess inhärent sind, wie Jörg Lauster beschreibt: „Die biblischen Schriften spiegeln die Form einer religiösen Erfahrungsverarbeitung und -darstellung wider, die sich in weiten Teilen notwendigerweise nicht anders als bildlich ausdrücken lässt. Dabei vermag der Blick auf die Erfahrungsstruktur die metapherntheoretische Entscheidung zwischen der Frage, ob Sprachbilder die Erfahrung vorab strukturieren oder nachgängig deuten, als Scheinalternative zu entlarven. Da zwischen Eindruck und Ausdruck in der Erfahrungsverarbeitung nicht chirurgisch geschieden werden kann, ist auch zwischen Sprachbild und Erfahrungsgrund ein reziprokes Wechselverhältnis anzunehmen."[7]

Und: „Schon innerhalb des neuen Testamentes selbst, vor allem aber in der abschliessenden Theologie- und Dogmengeschichte zeigt sich die Tendenz, die christologischen Metaphern aus ihrer Unbestimmtheit in Bestimmtheit zu überführen. (…) *Metaphern gerinnen dabei zu Formeln*, wie sich an einer Reihe christologischer Titel aufweisen liesse. (…) Es zeigt sich daran, wie die Spannung von metaphorischer Unbestimmtheit und begrifflicher Bestimmtheit zur treibenden Kraft der christologischen Traditionsbildung wird."[8]

---

6 Dazu Klausner 1925, 348: „The Roman empire was then all-powerful and it was impolitic to irritate it; whereas the Jews where feeble, poor and persecuted. Therefore the Evangelists found it better not to place the blame for the murder of Jesus upon the powerful Romans, who were ‚near to the way of truth', but to place it upon the heads of the perverse Jews, who were then (immediately after the Second Destruction) dirt under the feet of their Gentile conquerors".

7 Lauster 2003, 288

8 A. a. O., 291f, Hervorhebungen von mir.

Dass dadurch im Laufe der Jahrzehnte und in einem stets wandelnden Umfeld auch Widersprüche entstanden, die eigentlich neben einander keinen Platz haben dürften, tat dem Erfolg solcher insbesondere *aus der Opfermetaphorik geronnenen Formeln* offensichtlich keinen Abbruch, und bis heute lebt das Christentum anscheinend problemlos damit, dass es einerseits die Schuld an Jesu Hinrichtung vollumfänglich und ohne mildernde Umstände den jüdischen Autoritäten zuschieben kann, anderseits diesen Tod zu einer Gott selber in Form eines Opfers dargebrachten und von Jesus Christus höchstpersönlich so gewollten Heilstat für die Erlösung der Menschheit aus der Verstrickung der Sünde überhöht.

Dies obgleich jede noch so simple Logik zwingend zum Schluss kommen müsste, dass (sofern man wirklich an einer dieser beiden meines Erachtens an sich schon mehr als fragwürdigen Konzepte festhalten wollte) das Eine (die Blutschuld der Juden) das Andere (ein von Jesus aus freien Stücken dargebrachtes Selbstoper) zwangsläufig ausschliesst und deshalb nur die Wahl zwischen einer der beiden Versionen ein für alle Mal aus dem Dilemma führen würde.

Doch bei allem Verständnis für das mit einer gewissen Selbstverständlichkeit ablaufende Eigenleben solcher Prozesse der Erlebnisverarbeitung und Erfahrungsvermittlung bleibt auch der Verdacht nicht ganz auszuräumen, dass man schon seit allen Anfängen diese inneren Gegensätze ganz gerne in Kauf genommen hat, denn nur so konnte der Bericht vom Selbstopfer Jesu zumindest endlich eine Form finden, in der er sich vollends von jeglicher politischen, gesellschaftlichen, kulturellen, geographischen und zeitlichen Einengung emanzipierte und die doch seiner zentralen Wichtigkeit für die jeweiligen Generationen keinerlei Abbruch tat.

Ein möglicher ursprünglicher Sinn der Erinnerung an die Ereignisse rund um die Gefangennahme, Verurteilung und Hinrichtung Jesus in Jerusalem wäre dadurch allerdings langsam und unmerklich immer mehr verwischt worden, bis er schliesslich, vom Nebel der Vergessenheit umhüllt, vollends aus dem Blickfeld der Geschichte entschwand; dies wäre wohl der Preis dafür gewesen, dass die Botschaft davon auch in der inzwischen entstandenen, ganz neuen – und unter vielen Aspekten auch ziemlich anderen – Religion ihren besonderen Platz behalten durfte …

5.2 Weitere Folgen für das Christentum

Zu den wesentlichen Neuerungen, welche die kultische Interpretation des Selbstopfers Jesu mit sich brachte, gehört auch eine schleichende Verschiebung der von ihm angekündigten „präpolitischen Heterotopie"[9] der βασιλεία τοῦ θεοῦ

[9] W. Stegemann 2010, 322, 348, siehe oben, S. 123ff

aus einer sozialen auf eine moralische Ebene; die Wiederkunft des Menschensohns hingegen wurde vertagt auf das Ende aller Zeiten und somit auf eine Zukunft, die derart fern liegt, dass keine lebende Generation damit rechnen musste, sie je zu erleben und jegliche Bedrohung für eine reale politische Macht ausgeschlossen werden konnte; aus dem Gottesreich der Lebenden auf Erden hingegen, bei dessen Einrichtung und Erhaltung Jesus als der Messias eine tragende Rolle gespielt hätte, wurde allmählich ein Himmelreich der Verstorbenen im Jenseits, dessen Zugang dem sündigen Menschen erst durch das sühnende Selbstopfer des Christus ermöglicht wurde.

So hat aus meiner Sicht diese Uminterpretation von Verkündigung und Tod Jesu dem Christentum letztendlich den Weg dazu bereitet, sich gerade auch dort als staatstragende Religion anzubieten, wo die politischen Strukturen eigentlich unweigerlich auf Konfrontation mit der Botschaft des Nazareners hätten herauslaufen müssen.

Gleichzeitig trug sie mit der damit einhergehenden Individualisierung der eschatologischen Erwartungen nicht wenig zur Entstehung und Erhaltung der kirchlichen Macht über die einzelnen Gläubigen bei.

Wir können also durchaus davon ausgehen, dass ohne eine vollständige Neuinterpretation des Selbstopfers Jesu die Entstehung des Christentums als Weltreligion, zumindest im bekannten Masse, kaum denkbar gewesen wäre!

Doch was in vergangenen Jahrtausenden ein wichtiger Faktor zur Förderung und Festigung der Position der Kirche gewesen sein mag, erweist sich heute immer mehr als schwer zu tragender Ballast, findet man doch gerade für die Opfertheologie kaum mehr Verständnis in der Bevölkerung, ja nicht einmal mehr unter gläubigen Mitgliedern von Kirchen und Gemeinden.

5.3 Folgen für das Verhältnis zwischen Juden und Christen

Fatalerweise haben aber ausgerechnet die schwerwiegendsten Folgen dieser Entwicklung in der Mentalität ganzer Völker derart tiefe Spuren hinterlassen, dass sie bis heute praktisch ausser Kontrolle geraten und gegen jede Vernunft immun zu sein scheinen: Glaubensgrundsätze können in Frage gestellt, belächelt, abgelehnt oder zumindest diskutiert werden, doch die Gräben der Vorurteile zwischen Juden und Christen bleiben praktisch unüberwindbar.

Was einmal die Religion Jesu und seiner Anhänger gewesen war, ist inzwischen den Christen längst nicht nur fremd, es stösst immer noch allzu oft auf Ablehnung und Unverständnis – und dies nicht aus Kenntnis, sondern eben gerade aus Unkenntnis heraus.

Aber auch der theologisch begründete Antisemitismus sitzt unverändert tief in den Köpfen traditionalistisch-fundamentalistisch denkender Christen, wie der unsägliche Disput um die Karfreitagsfürbitte „pro perfidis judaeis" aufzeigt.

Während diese Diskussion aber (sowohl was die Formulierungen des Gebetes betrifft, als auch was die begleitenden Gestik angeht, d. h. mit oder ohne Kniefall) auf theologischer Ebene in der katholischen Kirche zumindest heftig geführt wird und wenigstens erste Etappen zu einem nachhaltigen Fortschritt genommen hat, ist der Platz einer solchen Bitte in den Karfreitagsliturgien mancher Ostkirche nicht nur völlig unumstritten, sie tritt oft auch noch wesentlich polemischer formuliert und offensiver gestaltet auf: Der christliche Antijudaismus kennt hier anscheinend wirklich weder Scham noch Schranken.

Das war nicht immer so: Solange der Schwerpunkt der Anhänger Jesu in Jerusalem bleiben konnte, das heisst also in groben Zügen zumindest bis zur Zerstörung des zweiten Tempels, dürfen wir wohl davon ausgehen, dass unter den Anhängern Jesu das Bewusstsein der Zugehörigkeit zum Judentum nie auch nur ansatzweise in Frage gestellt worden wäre.

In den folgenden Jahrzehnten hingegen schaukelten sich die genannten Gründe zur Ablösung von den örtlichen Synagogen, die daraus folgenden oft apologetisch bedingten Polemiken und die neu entstandenen theologischen Linien gegenseitig derart auf, dass eine Trennung bald einmal unausweichlich wurde und eine erneute Annäherung praktisch nicht mehr denkbar schien.

Ausgerechnet die – im Christentum allerdings gerade wegen der ihr eigenen inneren Zerrissenheit, aber auch wegen des daraus resultierenden Gottesbildes nie völlig unumstrittene – Opfertheologie stellte auch von den Glaubensgrundlagen her den endgültigen Bruch mit dem Judentum dar, denn der aus diesem Gedankengebäude hervortretende „Christus" hatte nun kaum mehr etwas mit dem kurz vor und zu Beginn u. Zr. in Israel ersehnten „Messias" gemein, trat immer mehr aus dem eine Zeit lang noch durch einen gewissen Bilingualismus geprägten (bi-)kulturellen Umfeld heraus – und passte schliesslich wesentlich besser zu einem rein hellenistischen Verständnis von physisch-biologischer Gottessohnschaft (Jungfrauengeburt) als zu der für ein nichtjüdisches Publikum eben nicht ganz einfach nachvollziehbaren Beziehung zwischen Gott, seinem Volk und seinem auserwählten, gesalbten Sohn.

So hat die Opfertheologie also nur schon durch ihren dem Jüdischen mehr und mehr entfremdeten Hintergrund einen entscheidenden Beitrag dazu geleistet, dass sich der Abgrund zwischen Kirche und Synagoge immer weiter auftun musste.

Besonders schwer aber wog die Tatsache, dass mit der neuen Interpretation des Selbstopfers Jesu das in dieser Überlieferung inhärente Konfliktpotential de facto von einer ursprünglich rein politischen auf eine (zunächst absolut fiktive) theologische Ebene verlagert werden konnte, denn damit bot diese Hand für die Übertragung der Schuldzuweisung von den Römern auf die Juden:

- Indem man zwischen Jesus und den jüdischen Autoritäten eine derart gravierende Spannung herbeizureden versuchte, dass letztere nur noch nach seinem Tod trachten konnten, schuf man erst jene künstlichen Unterschiede in wesentlichen Glaubensfragen, die später, polemisch zementiert und mit einem theologischen Überbau versehen, zu Hass und Verachtung führen konnten.
- Und indem man auch nach Gründen suchen musste, weshalb Gott damals das Opfer seines eigenen Sohnes als unabdingbare Satisfaktion für die weitere Erhaltung der Beziehung zur Menschheit, für die Versöhnung, die Sühne betrachtet hätte, kreierte man ein Artefakt der Religion seines Volkes und somit der Juden bis zum heutigen Tag, das als negativer Gegenpol zur neu entstehenden Religion herhalten musste – und allzu oft noch immer herhalten muss.

Letztendlich hat also gerade die Opfertheologie, indem sie erst erlaubte, die Römer von jeglicher Verantwortung am Tod Jesu reinzuwaschen und alle Schuld auf die „Juden" zu projizieren, Entstehung und Ausbreitung von antisemitischem Gedankengut nicht nur ganz wesentlich gefördert, sondern geradezu die eigentlichen Grundlagen dafür gelegt oder gleichsam einen Überbau dazu konstruiert, und bis heute bietet sie dadurch judenfeindlichen Hirngespinsten immer wieder neue Nahrung.

5.4 Perspektiven

Wenn wir nun die Spuren zurückverfolgen, vom Anselmischen „Cur deus homo" bis zu einer möglichen ursprünglichen Bedeutung der Selbstopferung Jesu; wenn wir dabei von der meines Erachtens mehr als plausiblen Annahme ausgehen, dass nicht die jüdischen Autoritäten seinen Tod gewollt haben konnten, sondern die fiebrige Erwartung des Gottesreiches durch seine eigenen Anhänger Jesus letztendlich ganz einfach keinen anderen Ausweg mehr bot als jenen, sich dem (gnadenlosen) römischen Urteil zu stellen, dann kommen wir – einmal mehr! – nicht darum herum, uns mit der grossen Last auseinanderzusetzen, welche sich das Christentum dadurch aufgeladen hat, dass es auf Wege geraten ist, die mit dem Gott und dem Glauben des jüdischen Galiläers an seinen Ursprüngen kaum mehr vereinbar sein können.

Zwar lässt sich das Rad der Zeit nicht zurückdrehen. Und nicht das Geringste von alledem, was Christen in der Folge über zwei Jahrtausende mit unerbittlichem Eifer Juden an Leid angetan haben, lässt sich ungeschehen machen. Schon gar nicht lassen sich Diskriminierungen, Verfolgungen und Pogrome auf irgendeine Art und Weise schönreden.

Es steht uns aber immer wieder offen, uns ohne Wenn und Aber dieser Realität der eigenen Vorgeschichte zu stellen und nach Kräften daran zu arbeiten, dass unsere Gegenwart ein Potential bekommt, welches mehr bietet als nur die monotone, stereotype Wiederholung vergangener Irrwege und dass unsere Zukunft vielleicht sogar eines Tages echte Versöhnung finden mag, zwischen christlicher Identität und jüdischen Wurzeln, zwischen unserem Glauben des 21. Jahrhunderts und dem eines Jesus von Nazareth zur Zeit des zweiten Tempels in Jerusalem.

Vielleicht, das wäre meine Hoffnung, vielleicht können auch die hier vorliegenden Thesen einen kleinen Beitrag dazu leisten, eine Brücke zu schlagen über die seit Jahrtausenden klaffenden Gräben.

Wenn auch verständlicherweise nach so langer Zeit der oft allzu feindseligen Trennung die Tür zu einer bedingungslosen Rückkehr des Christentums in den Schoss seiner Mutterreligion wohl für immer zugeschlagen bleibt, so dürften sich vielleicht zumindest dort, wo wir die alten Vorurteile zu überwinden suchen; dort, wo wir unsere Fehler eingestehen und uns bemühen, sie zu korrigieren; dort, wo wir uns ernsthaft für den Anderen interessieren, ohne den Hintergedanken, ihn in unsere Identität einzuverleiben, schliesslich dennoch neue Möglichkeiten für den interreligiösen Dialog und, wer weiss, irgendwann einmal sogar für eine gewisse jüdisch-christliche Ökumene auftun.

Sicher, der Preis dafür mag sein, dass sich dadurch die offenen, aber auch die mehr oder weniger latenten Spaltungen innerhalb des Christentums als immer unüberbrückbarer erweisen, nicht nur ganze Kirchen noch weiter voneinander entfernen, sondern auch die Konfessionen in ihrem Inneren harten Zerreissproben aussetzen.

Genauso könnte sich auch erweisen, dass es ein einsamer Kampf auf verlorenem Posten bleibt.

Doch ihn gar nicht erst auszufechten, darin bestünde das einzig wahre Scheitern.

Verwendete Literatur

Quellen und ihre Übersetzungen

Bibeltexte

The Greek New Testament, 4th Revised Edition, herausgegeben von Kurt Aland, Matthew Black, Carlo M. Martini, Bruce M. Metzger, Allen Wikgren, Verlag United BibleSocieties, Stuttgart 1983

Biblia Hebraica Stuttgartensia, quae antea cooperantibus A. Alt, O. Eissfeldt, P. Kahle, Verlag Deutsche Bibelgesellschaft, Stuttgart 1984

Septuaginta, Id est Vetus Testamentum graece iuxta LXX interpretes, Verlag Deutsche Bibelgesellschaft, Stuttgart 1979

Zürcher Bibel, Verlag der Zürcher Bibel beim Theologischen Verlag Zürich, 2007

Die Schrift. Verdeutscht von Martin Buber mit Franz Rosenzweig, Bd. I–IV, Verlag Schneider, Gerlingen 1997

Die Bibel nach der Übersetzung Martin Luthers, Verlag Deutsche Bibelgesellschaft, Stuttgart 1997 (für Deuterokanoniker)

Weitere primäre Quellen

Apokryphen und Pseudepigraphen: Rudolf Kittel, Oscar von Gebhardt, Die Apokryphen und Pseudepigraphen des Alten Testaments, herausgegeben von Emil Kautzsch, 2 Bände, Verlag J. C. B. Mohr (Paul Siebeck), Tübingen 1900

Acta Apollonii, zitiert in: Versnel, Henk S., Making Sense of Jesus Death – The Pagan Contribution, in: Jörg Frey / Jens Schröter (Hg.), Deutungen des Todes Jesu im Neuen Testament, 2., durchgesehene und mit einer neuen Einleitung versehene Ausgabe, Verlag J. C. B. Mohr (Paul Siebeck), Tübingen 2012, 213–296, dort 229

Anselm von Canterbury, Warum Gott Mensch geworden, übersetzt und glossiert von Wilhelm Schenz, vollständiger, durchgesehener Neusatz mit einer Biographie des Autors, bearbeitet und eingerichtet von Michael Holzinger, Edition Holzinger, Berlin 2013

Cicero, Marcus Tullius, De finibus bonorum et malorum; De haruspicum responsis, zitiert in: Stegemann, Wolfgang, Zur Metaphorik des Opfers, in: Bernd Janowski und Michael Wolter, Opfer. Theologische und kulturelle Kontexte, Suhrkamp Verlag, Frankfurt am Main, 2000, 191–216, dort 203f

Cicero, Marcus Tullius, Tusculanae diputationes, zitiert in: Versnel, Henk S., Making Sense of Jesus Death – The Pagan Contribution, in: Jörg Frey / Jens Schröter (Hg.), Deutungen des Todes Jesu im Neuen Testament, 2., durchgesehene und mit einer neuen Einleitung versehene Ausgabe, Verlag J. C. B. Mohr (Paul Siebeck), Tübingen 2012, 213–296, dort 229

Cyprian von Karthago, Briefe 57, zitiert in: Stegemann, Wolfgang, Zur Metaphorik des

Opfers, in: Bernd Janowski und Michael Wolter, Opfer. Theologische und kulturelle Kontexte, Suhrkamp Verlag, Frankfurt am Main, 2000, 191–216, dort 205

Diodorus Siculus, 21,6,1, zitiert in: Stegemann, Wolfgang, Zur Metaphorik des Opfers, in: Bernd Janowski und Michael Wolter, Opfer. Theologische und kulturelle Kontexte, Suhrkamp Verlag, Frankfurt am Main, 2000, 191–216, dort 203

Dion Chrysostomos, 11,121, zitiert in: Eschner, Christina, Gestorben und hingegeben „für" die Sünder: Die griechische Konzeption des Unheil abwendenden Sterbens und deren paulinische Aufnahme für die Deutung des Todes Jesu Christi, Band I, Auslegung der Paulinischen Formulierungen, Wissenschaftliche Monographien zum Alten und Neuen Testament 122, Neukirchener Verlag, Neukirchen-Vluyn 2010, dort 45

Epiktet, Diatribai, zitiert in: Versnel, Henk S., Making Sense of Jesus Death – The Pagan Contribution, in: Jörg Frey / Jens Schröter (Hg.), Deutungen des Todes Jesu im Neuen Testament, 2., durchgesehene und mit einer neuen Einleitung versehene Ausgabe, Verlag J. C. B. Mohr (Paul Siebeck), Tübingen 2012, 213–296, dort 231

Eusebius von Cäsarea: Eusebius, Ausgewählte Schriften Band II: Kirchengeschichte. Aus dem Griechischen übersetzt von Philipp Häuser. (Bibliothek der Kirchenväter, 2. Reihe, Band 1), Kösel-Verlag, Kempten 1932.

Euripides, Iphigenie in Aulis; Die Phönikerinnen; Herakles; Alkestis, zitiert in: Versnel, Henk S., Making Sense of Jesus Death – The Pagan Contribution, in: Jörg Frey / Jens Schröter (Hg.), Deutungen des Todes Jesu im Neuen Testament, 2., durchgesehene und mit einer neuen Einleitung versehene Ausgabe, Verlag J. C. B. Mohr (Paul Siebeck), Tübingen 2012, 213–296, dort 235

Flavius Josephus, Jüdische Altertümer, übersetzt und mit Einleitung und Anmerkungen versehen von Dr. Heinrich Clementz, neu gesetzte und überarbeitete Ausgabe, Marix Verlag, Wiesbaden 2/2006

Flavius Josephus, Jüdischer Krieg (Bellum Judaicum), übersetzt von Philipp Kohout, Quirin Haslingers Verlag, Linz 1901

Herodot 7, zitiert in: Versnel, Henk S., Making Sense of Jesus Death – The Pagan Contribution, in: Jörg Frey / Jens Schröter (Hg.), Deutungen des Todes Jesu im Neuen Testament, 2., durchgesehene und mit einer neuen Einleitung versehene Ausgabe, Verlag J. C. B Mohr (Paul Siebeck), Tübingen 2012, 213–296, dort 237

Homer, Ilias, zitiert in: Versnel, Henk S., Making Sense of Jesus Death – The Pagan Contribution, in: Jörg Frey / Jens Schröter (Hg.), Deutungen des Todes Jesu im Neuen Testament, 2., durchgesehene und mit einer neuen Einleitung versehene Ausgabe, Verlag J. C. B. Mohr (Paul Siebeck), Tübingen 2012, 213–296, dort 231

Ignatius von Antiochien, Brief an die Römer, zitiert in: Stegemann, Wolfgang, Zur Metaphorik des Opfers, in: Bernd Janowski und Michael Wolter, Opfer. Theologische und kulturelle Kontexte, Suhrkamp Verlag, Frankfurt am Main, 2000, 191–216, dort 205

Livius, Titus, Ab urbe condita libri CXLII, zitiert in: Stegemann, Wolfgang, Zur Metaphorik des Opfers, in: Bernd Janowski und Michael Wolter, Opfer. Theologische und kulturelle Kontexte, Suhrkamp Verlag, Frankfurt am Main, 2000, 191–216, dort 204

Lykurg, Rede gegen Leokrates, zitiert in: Versnel, Henk S., Making Sense of Jesus Death – The Pagan Contribution, in: Jörg Frey / Jens Schröter (Hg.), Deutungen des Todes Jesu im Neuen Testament, 2., durchgesehene und mit einer neuen Einleitung versehene Ausgabe, Verlag J. C. B. Mohr (Paul Siebeck), Tübingen 2012, 213–296, dort 237

Mara bar Sarapion, Brief, zitiert in: Versnel, Henk S., Making Sense of Jesus Death – The Pagan Contribution, in: Jörg Frey / Jens Schröter (Hg.), Deutungen des Todes Jesu im Neuen Testament, 2., durchgesehene und mit einer neuen Einleitung versehene Ausgabe, Verlag J. C. B. Mohr (Paul Siebeck), Tübingen 2012, 213–296, dort 229

Martyrium des Polykarp 14, zitiert in: Stegemann, Wolfgang, Zur Metaphorik des Opfers, in: Bernd Janowski und Michael Wolter, Opfer. Theologische und kulturelle Kontexte, Suhrkamp Verlag, Frankfurt am Main, 2000, 191–216, dort 198.205

Methodios von Olympos, Symposion, zitiert in: Stegemann, Wolfgang, Zur Metaphorik des Opfers, in: Bernd Janowski und Michael Wolter, Opfer. Theologische und kulturelle Kontexte, Suhrkamp Verlag, Frankfurt am Main, 2000, 191–216, dort 209

Mishnayot. The Soncino Talmud, Judaic Classics by David Kantrovitz, Institute for Computers in Jewish Life, Davka Corporation, Brooklyn/New York, 2009

Mishnayot. Pointed Hebrew Text, English Translation, Introductions, Notes, Supplement, Appendix, Indexes, Addenda, Corrigenda. Second Edition. Revised, Corrected, Enlarged by Philipp Blackman F. C., The Judaica Press INC, New York 1963

Mischna, Text, Übersetzung und ausführliche Erklärung, herausgegeben von den Univ.-Professoren D. Dr. G. Beer – Heidelberg und D. O. Holtzmann – Giessen, Verlag von Alfred Töpelmann, Giessen 1913

Origenes, Johanneskommentar; Ermahnung zum Martyrium; Homilie zu Numeri; zitiert in: Stegemann, Wolfgang, Zur Metaphorik des Opfers, in: Bernd Janowski und Michael Wolter, Opfer. Theologische und kulturelle Kontexte, Suhrkamp Verlag, Frankfurt am Main, 2000, 191–216, dort 208

Papias von Hierapolis (Papias-Fragmente): Lindemann, Andreas / Paulsen, Henning, Die Apostolischen Väter, Verlag J. C. B. Mohr (Paul Siebeck), Tübingen 1992, 294–297

Philo von Alexandrien, Legatio ad Gaium, zitiert in: Theissen, Gerd / Merz, Annette, Der historische Jesus, Verlag Vandenhoek & Ruprecht, Göttingen 4 2011, 98

Philo von Alexandrien, De specialibus legibus I

Philo von Alexandrien, Legum allegoriae, zitiert in: Stegemann, Wolfgang, Zur Metaphorik des Opfers, in: Bernd Janowski und Michael Wolter, Opfer. Theologische und kulturelle Kontexte, Suhrkamp Verlag, Frankfurt am Main, 2000, 191–216, dort 201

Philostratos, Vita Apollon, zitiert in: Versnel, Henk S., Making Sense of Jesus Death – The Pagan Contribution, in: Jörg Frey / Jens Schröter (Hg.), Deutungen des Todes Jesu im Neuen Testament, 2., durchgesehene und mit einer neuen Einleitung versehene Ausgabe, Verlag J. C. B. Mohr (Paul Siebeck), Tübingen 2012, 213–296, dort 231

Plutarch, De Gloria Atheniensium, zitiert in: Stegemann, Wolfgang, Zur Metaphorik des Opfers, in: Bernd Janowski und Michael Wolter, Opfer. Theologische und kulturelle Kontexte, Suhrkamp Verlag, Frankfurt am Main, 2000, 191–216, dort 203

Plutarch, Pelopidas; De gloria Atheniensium; Otho, Polyaen, zitiert in: Versnel, Henk S., Making Sense of Jesus Death – The Pagan Contribution, in: Jörg Frey / Jens Schröter (Hg.), Deutungen des Todes Jesu im Neuen Testament, 2., durchgesehene und mit einer neuen Einleitung versehene Ausgabe, Verlag J. C. B. Mohr (Paul Siebeck), Tübingen 2012, 213–296, dort 232 und 244 (Otho)

Schmone Essre: Siddur – Schma – Kolenu, übersetzt von Rabbiner Joseph Scheuer, Verlag Morascha, Basel 1997

Sueton, Caligula; Nero, zitiert in: Versnel, Henk S., Making Sense of Jesus Death – The

Pagan Contribution, in: Jörg Frey / Jens Schröter (Hg.), Deutungen des Todes Jesu im Neuen Testament, 2., durchgesehene und mit einer neuen Einleitung versehene Ausgabe, Verlag J. C. B. Mohr (Paul Siebeck), Tübingen 2012, 213–296

Qumran-Texte: Die Qumran-Essener: Die Texte vom Roten Meer, deutsche Übersetzung und Kommentar von Johann Maier, Bd. I–III, Verlag Reinhardt, München 1995

Tacitus, Publius Cornelius, Annales 15, zitiert in: Versnel, Henk S., Making Sense of Jesus Death – The Pagan Contribution, in: Jörg Frey / Jens Schröter (Hg.), Deutungen des Todes Jesu im Neuen Testament, 2., durchgesehene und mit einer neuen Einleitung versehene Ausgabe, Verlag J. C. B. Mohr (Paul Siebeck), Tübingen 2012, 213–296, dort 229

Tacitus, Publius Cornelius, Annales 16, zitiert in: Stegemann, Wolfgang, Zur Metaphorik des Opfers, in: Bernd Janowski und Michael Wolter, Opfer Theologische und kulturelle Kontexte, Suhrkamp Verlag, Frankfurt am Main, 2000, 191–216, dort 209

Tertullianus, Quintus Septimius Florens, De resurrectione carnis, zitiert in: Stegemann, Wolfgang, Zur Metaphorik des Opfers, in: Bernd Janowski und Michael Wolter, Opfer. Theologische und kulturelle Kontexte, Suhrkamp Verlag, Frankfurt am Main, 2000, 191–216, dort 209

Tyrtaios 10, zitiert in: Versnel, Henk S., Making Sense of Jesus Death – The Pagan Contribution, in: Jörg Frey / Jens Schröter (Hg.), Deutungen des Todes Jesu im Neuen Testament, 2., durchgesehene und mit einer neuen Einleitung versehene Ausgabe, Verlag J. C. B. Mohr (Paul Siebeck), Tübingen 2012, 213–296, dort 231

Sekundärliteratur

Ådna, Jostein, Jesu Stellung zum Tempel. Die Tempelaktion und das Tempelwort als Ausdruck seiner messianischen Sendung, Verlag J. C. B. Mohr (Paul Siebeck), Tübingen 2000

Baily, Daniel P., Jesus as the Mercy Seat. The Semantics and Theology of Paul's use of Hilastaerion in Romans 3:25, Tyndale Bulletin 51.1, Cambridge 2000, 155–158

Bauckham, Richard, Jesus and the Eyewitnesses. The Gospels as Eyewitness Testimony, Wm. B. Eerdmans Publishing Co., Grand Rapids / Cambridge 2006

Barth, Gerhard, Der Tod Jesu Christi im Verständnis des Neuen Testaments, Neukirchener Verlag, Neukirchen-Vluyn 1992

Bartlett, Sir Frederic Charles, Remembering, Cambridge University Press, Cambridge, 1932

Ben-Chorin, Schalom, Bruder Jesus: Der Nazarener aus jüdischer Sicht, Verlag Paul List, München 1967

Becker, Jürgen, Jesus von Nazareth, Verlag Walter de Gruyter, Berlin New York 1995

Beutler, Johannes, Die „Juden" und der Tod Jesu im Johannesevangelium, in: Hans Hermann Henrix / Martin Stöhr (Hg.), Exodus und Kreuz im ökumenischen Dialog zwischen Juden und Christen, Diskussionsbeiträge für Religionsunterricht und Erwachsenenbildung, Einhard-Verlag, Aachen 1978, 75–93

Blinzler, Josef, Der Prozess Jesu – Das jüdische und das römische Gerichtsverfahren gegen Jesus Christus auf Grund der ältesten Zeugnisse dargestellt und beurteilt, Verlag Friedrich Pustet, Regensburg II 1955

Borsch, Frederik Houk, Further Reflections on „The Son of Man“: The Origins and Development of the Title, in: James H. Charlesworth, (Hg.), The Messiah – Developments in Earliest Judaism and Christianity, Verlag Fortress Press, Minneapolis 1992/2010, 130–144

Böcher, Otto, Artikel Blut II: Biblische und frühjüdische Auffassungen, in: Theologische Realenzyklopädie 6, Verlag De Gruyter, Berlin New York 1980, 729–736

Böttrich, Christfried, Proexistenz im Leben und Sterben – Jesu Tod bei Lukas, in: Jörg Frey / Jens Schröter (Hg.), Deutungen des Todes Jesu im Neuen Testament, 2., durchgesehene und mit einer neuen Einleitung versehene Ausgabe, Verlag J. C. B. Mohr (Paul Siebeck), Tübingen 2012, 413–436

Brandt, Sigrid, War Jesu Tod ein „Opfer“? Perspektivenwechsel im Blick auf eine klassische theologische Frage, in: Rudolf Weth (Hg.), Das Kreuz Jesu – Gewalt Opfer Sühne, Neukirchener Verlag, Neukirchen-Vluyn 2001, 64–76

Bailey, Daniel P., Jesus as the mercy seat: The Semantics and Theology of Paul's Use of Hilasterion in Romans 3:25, Tyndale Bulletin 51.1, Cambridge 2000, 155–158

Breytenbach, Cilliers, „Christus starb für uns“. Zur Tradition und paulinischer Rezeption der sogenannten „Sterbeformeln“, New Testament Studies 49/04, Cambridge University Press, Cambridge 2003, 447–475

Breytenbach, Cilliers, Versöhnung, Stellvertretung und Sühne. Semantische und traditionsgeschichtliche Bemerkungen am Beispiel der Paulinischen Briefe, New Testament Studies 39, Cambridge University Press, Cambridge 1993, 59–79

Brown, Raymond E., The Death of the Messiah, Verlag Doubleday, New York, London, Toronto, Sidney, Auckland, I 1993, II 1994/1998 (Paperback)

Bultmann, Rudolf, Theologie des Neuen Testaments, UTB 630, Tübingen 9/1984 (herausgegeben und durchgesehen von O. Merk; Ersterscheinung 1948–1953)

Burchard, Christoph, Jesus von Nazareth in: Jürgen Becker (Herausgeber), Die Anfänge des Christentums, Verlag W. Kohlhammer, Stuttgart 1987, 12–58

Burkert, Walter, Anthropologie des religiösen Opfers. Die Sakralisierung der Gewalt. Carl Friedrich von Siemens Stiftung, München 1984

Burkert, Walter, Homo Necans. Interpretation altgriechischer Opferriten und Mythen. Verlag Walter de Gruyter, Berlin New York 1972

Casey, Maurice, The Solution to The ‚Son of Man‘ Problem, Library of New Testament Studies 343. London; New York: T & T Clark, 2007

Charlesworth, James H., From Messianology to Christianology – Problems and Prospects, in: J. H. Charlesworth (Hg.), The Messiah – Developments in Earliest Judaism and Christianity, Verlag Fortress Press, Minneapolis 1992/2010, 3–35

Charlesworth, James H., Jesus Within Judaism, Verlag Doubleday, New York 1988

Cohn, Chaim, Der Prozess und Tod Jesu aus jüdischer Sicht (dt. Übersetzung von: The Trial and Death of Jesus, Jersey City 1968) mit überarbeitetem Register von Christian Wiese und Hannah Liron), Jüdischer Verlag Frankfurt am Main, 1997

Conzelmann, Hans, Historie und Theologie in den synoptischen Passionsberichten, in: F. Viering (Hg.), Zur Bedeutung des Todes Jesu. Exegetische Beiträge, Gütersloh 3/1968, 35–53

Crossan, John Dominic, Der historische Jesus (dt. Übersetzung von: The Historical Jesus.

The Life of a Mediterranean Jewish Peasant, San Francisco 1991), Verlag C. H. Beck, München 1994

Crossan, John Dominic, Jesus – ein revolutionäres Leben (dt. Übersetzung von Jesus, A Revolutionary Biography, San Francisco 1994), Verlag C. H. Beck, München 1996

Crossan, John Dominic, Wer tötete Jesus? Die Ursprünge des christlichen Antisemitismus in den Evangelien (dt. Übersetzung von Who Killed Jesus? Exposing the Roots of Anti-Semitism in the Gospel Story of the Death of Jesus, San Francisco 1995), Verlag C. H. Beck, München 1999

Crossan, John Dominic, Was Jesus wirklich lehrte. Die authentischen Worte des historischen Jesus (dt. Übers. von: The Essential Jesus: What Jesus Really Taught, San Francisco 1995), Verlag C. H. Beck, München 1997

Crüsemann, Marlene, Die pseudepigraphen Briefe an die Gemeinde in Thessaloniki. Studien zu ihrer Abfassung und zur jüdisch-christlichen Sozialgeschichte, Verlag W. Kohlhammer, Stuttgart 2010

Dahl, Nils Alstrup, Messianic Ideas and the Crucifixion of Jesus, in: James H. Charlesworth, (Hg.), The Messiah – Developments in Earliest Judaism and Christianity, Verlag Fortress Press, Minneapolis 1992/2010, 382–403

Dalferth, Ingolf Ulrich, Die Soteriologische Relevanz der Kategorie des Opfers in: Jahrbuch für Biblische Theologie, Bd. 6, Neukirchener Verlag, Neukirchen-Vluyn 1991, 172–193

Danto, Arthur Coleman, Analytische Philosophie der Geschichte, Suhrkamp Verlag, Frankfurt a. M. 1974

Davies, Willliam David, The Jewish Sources of Matthew's Messianism, in: James H. Charlesworth, (Hg.), The Messiah – Developments in Earliest Judaism and Christianity, Verlag Fortress Press, Minneapolis 1992/2010, 449–511

DeConick, April D., Human Memory And The Sayings Of Jesus. Contemporary Experimental Exercises In The Transmission Of Jesus Traditions, in: Tom Thatcher (Hg.), Jesus, The Voice, And The Text. Beyond The Oral And The Written Gospel, Baylor University Press, Waco 2008, 135–180.269–270

Destro, Adriana / Pesce Mauro, La morte di Gesù – indagine su un mistero, Verlag Rizzoli, Mailand 2014

Dreher, Siegfried, Der Fuchs und die Henne – eine Selbstdeutung Jesu für seinen Tod, Deutsches Pfarrerblatt (DtPfrBl) 98 (1998), 199–121

Dunn, James D. G., A New Perspective on Jesus, What the Quest for the Historical Jesus Missed, Verlag Baker Academic, Grand Rapids 2005

Dunn, James D. G., Jesus Remembered, Wm. B. Eerdmans Publishing Co., Grand Rapids 2003

Dunn, James D. G., Messianic Ideas and their Influence on the Jesus of History, in: James H. Charlesworth, (Hg.), The Messiah – Developments in Earliest Judaism and Christianity, Verlag Fortress Press, Minneapolis 1992/2010, 365–382

Dunn, James D. G. / Schröter, Jens, Gemeinsames Statement: Der „erinnerte" und der „historische" Jesus, ZNT 20, 2007, 60

Eberhart Christian A., Kultmetaphorik und Christologie. Opfer und Sühneterminologie im Neuen Testament, in: Jörg Frey (Hg.), Wissenschaftliche Untersuchungen zum Neuen Testament 306, Verlag J. C. B. Mohr (Paul Siebeck), Tübingen 2013

Eberhart Christian A., Studien zur Bedeutung der Opfer im Alten Testament. Die Signifikanz von Blut- und Verbrennungsriten im kultischen Rahmen. Wissenschaftliche Monographien zum Alten und Neuen Testament (WMANT) 94, Neukirchener Verlag, Neukirchen-Vluyn 2002

Egger, Peter, „Crucifixus sub Pontio Pilato“ – Das „crimen“ Jesus von Nazareth im Spannungsfeld römischer und jüdischer Verwaltungs- und Rechtsstrukturen, Neutestamentliche Abhandlungen, Neue Folge, Band 32, Aschendorffsche Verlagsbuchhandlung GMBH, Münster 1997

Eibach Ulrich, „Gestorben für unsere Sünden nach der Schrift“. Zur Diskussion um die Heilsbedeutung des Todes Jesu Christi, in: Volker Hampel / Rudolf Weth (Hg.), Für uns gestorben. Sühne – Opfer – Stellvertretung, Neukirchener Verlag, Neukirchen-Vluyn 2010, 155–189

EKD, Kirchenamt (Hg.), Für uns gestorben. Die Bedeutung von Leiden und Sterben Jesu Christi. Ein Grundlagentext des Rates der Evangelischen Kirche in Deutschland (EKD), Gütersloher Verlagshaus, Gütersloh 2015

Eschner, Christina, Gestorben und hingegeben „für“ die Sünder: Die griechische Konzeption des Unheil abwendenden Sterbens und deren paulinische Aufnahme für die Deutung des Todes Jesu Christi, Band I, Auslegung der Paulinischen Formulierungen, Wissenschaftliche Monographien zum Alten und Neuen Testament 122, Neukirchener Verlag, Neukirchen-Vluyn 2010

Evangelische Kirche in Hessen und Nassau, Stellungnahme des Leitenden Geistlichen Amtes zur umstrittenen Deutung des Todes Jesu als ein Gott versöhnendes Opfer, Darmstadt, März 2008; abgedruckt z. B. in: Volker Hampel / Rudolf Weth (Hg.), Für uns gestorben. Sühne – Opfer – Stellvertretung, Neukirchener Verlag, Neukirchen-Vluyn 2010, 251–261

Fischer, Helmut, Musste Jesus für uns sterben?, Theologischer Verlag Zürich, Zürich 2008

Frey, Jörg, Der historische Jesus und der Christus der Evangelien, in: Jens Schröter / Ralph Brucker (Hg.), Der historische Jesus – Tendenzen und Perspektiven der gegenwärtigen Forschung, Beihefte zur Zeitschrift für die neutestamentliche Wissenschaft und die Kunde der älteren Kirche Band 114, Verlag Walter de Gruyter, Berlin New York 2002, 273–336

Frey, Jörg, Probleme der Deutung des Todes Jesu, in: Jörg Frey / Jens Schröter (Hg.), Deutungen des Todes Jesu im Neuen Testament, 2., durchgesehene und mit einer neuen Einleitung versehene Ausgabe, Verlag J. C. B. Mohr (Paul Siebeck), Tübingen 2012, 20–50

Frey, Jörg / Schröter, Jens, Einleitung zur 2. Auflage, in: Jörg Frey / Jens Schröter (Hg.), Deutungen des Todes Jesu im Neuen Testament, 2., durchgesehene und mit einer neuen Einleitung versehene Ausgabe, Verlag J. C. B. Mohr (Paul Siebeck), Tübingen 2012, XI–XXXII

Frey, Jörg, Die Deutung des Todes Jesu als Stellvertretung, in: J. Christine Janowski / Bernd Janowski / Hans P. Lichtenberger, Stellvertretung. Theologische, philosophische und kulturelle Aspekte. Band 1. Interdisziplinäres Symposion Tübingen 2004. Neukirchener Verlag, Neukirchen-Vluyn 2004, 87–121,

Fricke, Weddig, Standrechtlich gekreuzigt. Person und Prozess des Jesus aus Galiläa, Mai Verlag, Buchschlag bei Frankfurt 3 1987

Fuchs, Ottmar, Sühnt Gott für den „Staub des Todes", in: Tück Jan-Heiner / Striet Magnus (Hg.), Erlösung auf Golgotha? Der Opfertod Jesu im Streit der Interpretationen, Verlag Herder, Freiburg im Breisgau 2012, 147–178

Gelardini, Gabriela, Religion, Ethnizität und Ethnoreligion – Die Entstehung eines Diskurses innerhalb deutschsprachiger historischer Jesusforschung, in: Christian Strecker (Herausgeber), Alte Texte in neuen Kontexten, Kohlhammer-Verlag, Stuttgart 2015, 13–32

Gese, Harmut, Die Sühne, in: Harmut Gese, Zur biblischen Theologie, Alttestamentliche Vorträge; Beiträge zur evangelischen Theologie, 78; Chr. Kaiser Verlag, München 1977

Gibson, Schimon, Die sieben letzten Tage Jesu – Die archäologischen Tatsachen (dt. Übersetzung von: The Final Days of Jesus. The Archaeological Evidence, New York 2009), Verlag C. H. Beck, München 2009

Girard, René, Das Heilige und die Gewalt (dt. Übersetzung von: La violence et le sacré, Paris 1972), Benziger Verlag, Zürich 1987

Goodacre, Marc, The Case Against Q, Harrisburg 2002 und die begleitende Internetseite http://www.markgoodacre.org/Q/index.htm, auf der zum Beispiel auch zehn Thesen (Ten Reasons to Question Q) einen kurzen Überblick zu seiner Argumentation liefern

Goulder, Michael, Is Q a Juggernaut, Journal of Biblical Literature 115 (1996), 667–681

Haacker, Klaus, Gekreuzigt unter Pontius Pilatus – wozu? Zum Verständnis des Todes Jesu als Heilsgeschehen, in: Volker Hampel / Rudolf Weth (Hg.), Für uns gestorben. Sühne – Opfer – Stellvertretung, Neukirchener Verlag, Neukirchen-Vluyn 2010, 43–54

Haacker Klaus, Der Brief des Paulus an die Römer, Theologischer Handkommentar zum Neuen Testament 6, Deichert, Leipzig 2/2002, 105

Hampel, Volker, Die Passion des Menschensohns. Die messianische Erwartung Israels und der gewaltsame Tod Jesu, in: Volker Hampel / Rudolf Weth (Hg.), Für uns gestorben. Sühne – Opfer – Stellvertretung, Neukirchener Verlag, Neukirchen-Vluyn 2010, 73–116

Hanson, Paul D., Messiah and Messianic Figures in Proto-Apocalypticism, in: James H. Charlesworth, (Hg.), The Messiah – Developments in Earliest Judaism and Christianity, Verlag Fortress Press, Minneapolis 1992/2010, 67–75

Härle, Wilfried, „... gestorben für unsere Sünden" – Die Heilsbedeutung des Todes Jesu Christi, www.w-haerle.de, 2007

Hartenstein, Friedhelm, Zur symbolischen Bedeutung des Blutes im Alten Testament, in: Jörg Frey / Jens Schröter (Hg.), Deutungen des Todes Jesu im Neuen Testament, 2., durchgesehene und mit einer neuen Einleitung versehene Ausgabe, Verlag J. C. B. Mohr (Paul Siebeck), Tübingen 2012, 119–137

Hengel, Martin, Der stellvertretende Sühnetod Jesu. Ein Beitrag zur Entstehung des Urchristlichen Kerygmas, IkaZ (Internationale Katholische Zeitschrift Communio) 9 (1980)

Heusler, Erika, Kapitalprozesse im Lukanischen Doppelwerk – Die Verfahren gegen Jesus und Paulus in exegetischer und rechtshistorischer Analyse, Aschendorffsche Verlagsbuchhandlung, Münster 2000
Horkheimer, Max / Adorno, Theodor W., Dialektik der Aufklärung, Verlag S. Fischer, Frankfurt 1969
Horsley, Richard A., Jesus und imperiale Herrschaft – damals und heute. Ein Versuch, Jesu Botschaft von der Königsherrschaft Gottes von ihrer politischen Harmlosigkeit zu befreien, in: Bibel und Kirche 62 (2007), 89–93
Horsley, Richard A., „Messianic“ Figures and Movements in Firth-Century Palestine, in: James H. Charlesworth (Hg.), The Messiah – Developments in Earliest Judaism and Christianity, Verlag Fortress Press, Minneapolis 1992/2010, 276–295
Horvath, Tibor, Why was Jesus Brouhgt to Pilate, Novum Testamentum 11 (3), 1969, 174–184
Hübenthal Sandra, Das Markusevangelium als kollektives Gedächtnis, Vandenhoeck & Ruprecht, Göttingen 2014
Huizing, Klaas, Live übertragen. Die Metapher geht in die nächste Runde, in: Jörg Frey / Jan Rohls / Ruben Zimmermann (Hg.), Metaphorik und Christologie, Theologische Bibliothek Töpelmann, Verlag Walter de Gruyter, Berlin New York, 2003, 383–398

Jäger-Beux, Milena, Das Verständnis der Heiligung des göttlichen Namens und des Reiches Gottes in der alten jüdischen Liturgie, Verlag Peter Lang, Bern 2009
Janowski, Bernd, Das Leben für andere hingeben, Alttestamentliche Voraussetzung für die Deutung des Todes Jesu, in: Jörg Frey / Jens Schröter (Hg.), Deutungen des Todes Jesu im Neuen Testament, 2., durchgesehene und mit einer neuen Einleitung versehene Ausgabe, Verlag J. C. B. Mohr (Paul Siebeck), Tübingen 2012, 97–118 (Vgl. derselbe in: Volker Hampel / Rudolf Weth (Hg.), Für uns gestorben. Sühne – Opfer – Stellvertretung, Neukirchener Verlag, Neukirchen-Vluyn 2010, 56–72
Janowski, Bernd, „Hingabe“ oder „Opfer“? zur gegenwärtigen Kontroverse um die Deutung des Todes Jesu, in: Rudolf Weth (Hg.), Das Kreuz Jesu – Gewalt Opfer Sühne, Neukirchener Verlag, Neukirchen-Vluyn 2001, 13–43
Janowski, Bernd, Sühne als Heilsgeschehen, Traditions- und religionsgeschichtliche Studien zur priesterschriftlichen Sühnetheologie, Neukirchener Verlag, Neukirchen-Vluyn 1982
Jörns, Klaus-Peter, Notwendige Abschiede. Auf dem Weg zu einem glaubwürdigen Christentum, Gütersloher Verlagshaus, Gütersloh 2004
Juel, Donald H., The Origin of Marc's Christology, in: James H. Charlesworth, (Hg.), The Messiah – Developments in Earliest Judaism and Christianity, Verlag Fortress Press, Minneapolis 1992/2010, 449–460
Jüngel, Eberhard, Metaphorische Wahrheit. Erwägungen zur theologischen Relevanz der Metapher als Beitrag zur Hermeneutik einer narrativen Theologie, in: Eberhard Jüngel, Paul Ricœur, Metapher. Zur Hermeneutik religiöser Sprache, EvTh Sonderheft 3, München 1974, 71–122

Kahl, Werner, Vom Ende der Zweiquellentheorie – oder: Zur Klärung des synoptischen Problems. In: Transparent-extra. Nr. 75, 2004, Frankfurt 2004, 1–36

Kähler, Martin, Der sogenannte historische Jesus und der geschichtliche, biblische Christus, Verlag Deichert, Leipzig 2 1896 (neu herausgegeben von E. Wolf, Chr. Kaiser Verlag, München 1961)

Karrer, Martin, Der Gesalbte. Die Grundlagen des Christustitels, Verlag Vandenhoek & Ruprecht, Göttingen 1991

Kelber, Werner. H., Der historische Jesus, Bedenken zur gegenwärtigen Diskussion aus der Perspektive mittelalterlicher, moderner und postmoderner Hermeneutik, in: Jens Schröter / Ralph Brucker (Hg.), Der historische Jesus – Tendenzen und Perspektiven der gegenwärtigen Forschung, Beihefte zur Zeitschrift für die neutestamentliche Wissenschaft und die Kunde der älteren Kirche Band 114, Verlag Walter de Gruyter, Berlin New York 2002, 15–66

Klausner, Joseph, Jesus of Nazareth. His Life, Times, and Teaching (englische Übersetzung des Hebräischen Originals), George Allen & Unwin Ltd., London 1925

Klaiber, Walter, Das Wort vom Kreuz. Skandal und Herzstück des Evangeliums?, in: Volker Hampel / Rudolf Weth (Hg.), Für uns gestorben. Sühne – Opfer – Stellvertretung, Neukirchener Verlag, Neukirchen-Vluyn 2010, 33–42

Klaiber, Walter, Jesu Tod und unser Leben. Was das Kreuz bedeutet, Evangelische Verlagsanstalt Leipzig, Leipzig 2011

Knohl Israel, The Sanctuary of Silence. The Priestly Torah and the Holiness School, Fortress Press, Minneapolis 1995

Knop Julia, Heil, Leben und Hoffnung. Erlösungsmodelle im Diachronen Diskurs, in: Tück Jan-Heiner / Striet Magnus (Hg.), Erlösung auf Golgotha? Der Opfertod Jesu im Streit der Interpretationen, Verlag Herder, Freiburg im Breisgau 2012, 127–146

Knöppler, Thomas, Das Blut des Lammes. Zur soteriologischen Relevanz des Todes Jesu nach der Johannesapokalypse, in: Jörg Frey / Jens Schröter (Hg.), Deutungen des Todes Jesu im Neuen Testament, 2., durchgesehene und mit einer neuen Einleitung versehene Ausgabe, Verlag J. C. B. Mohr (Paul Siebeck), Tübingen 2012, 477–511

Knöppler, Thomas, Sühne im Neuen Testament. Studien zum urchristlichen Verständnis der Heilsbedeutung des Todes Jesu, Wissenschaftliche Monographien zum Alten und Neuen Testament 88, Neukirchener Verlag, Neukirchen-Vluyn 2001

Kraus, Wolfgang, Der Tod Jesu als Heiligtumsweihe. Eine Untersuchung zum Umfeld der Sühnevorstellungen in Römer 3,25–26a, Wissenschaftliche Monographien zum Alten und Neuen Testament 66, Neukirchener Verlag, Neukirchen-Vluyn 1991

Kremers, Heinz, Die Passionsgeschichte Jesu von Nazareth als historisches, theologisches und religionspädagogisches Problem, in: Exodus und Kreuz im ökumenischen Dialog zwischen Juden und Christen – Diskussionsbeiträge für Religionsunterricht und Erwachsenenbildung, Einhard-Verlag, Aachen 1978, 51–74

Lakoff, Georg / Johnson, Mark, Leben in Metaphern. Konstruktion und Gebrauch von Sprachbildern (dt. Übersetzung von: Metaphors we live by, Chicago 1980), Carl-Auer Verlag, Heidelberg 1998

Lauster, Jörg, Biblische Bildersprache, christologische Metaphern und ihr historischer Erfahrungsgrund, in: Jörg Frey / Jan Rohls / Ruben Zimmermann (Hg.), Metaphorik und Christologie, Theologische Bibliothek Töpelmann, Verlag Walter de Gruyter, Berlin New York, 2003, 281–298

Lapide, Pinchas, Das Leiden und Sterben Jesu von Nazareth. Versuch einer jüdischen Sinngebung, in: Hans Hermann Henrix / Martin Stöhr (Hg.), Exodus und Kreuz im ökumenischen Dialog zwischen Juden und Christen, Diskussionsbeiträge für Religionsunterricht und Erwachsenenbildung, Einhard-Verlag, Aachen 1978, 94–106

Lichtenberger, Hermann, Messianische Erwartungen und messianische Gestalten zur Zeit des zweiten Tempels, in: Stegemann, Ekkehard W. (Hg.), Messias-Vorstellungen bei Juden und Christen, Kohlhammer-Verlag, Stuttgart Berlin Köln 1993, 9–20

Liebs, Detlev, Der Prozess Jesu, in: Friedrich Harrer (Hg.): Gedächtnisschrift für Theo Mayer-Maly: zum 80. Geburtstag, Verlag Springer, Wien 2011, 309 - 325

Lietzmann, Hans, Der Prozess Jesu, Sonderausgabe aus den Sitzungsberichten der Preussischen Akademie der Wissenschaften, Berlin 1931

Lindemann, Andreas und Paulsen, Henning, Die Apostolischen Väter, Griechisch-deutsche Parallelausgabe auf der Grundlage der Ausgaben von Franz Xaver Funk / Karl Bihlmeyer und Molly Whittaker. Mit Übersetzungen von M. Dibelius und D.-A. Koch Neu übers. u. hrsg. v. Andreas Lindemann u. Henning Paulsen, Verlag J. C. B. Mohr (Paul Siebeck), Tübingen 1992

Lindenmann, Andreas, Jesus als der Christus bei Paulus und Lukas, Erwägungen zum Verhältnis von Bekenntnis und historischer Erkenntnis in der neutestamentlichen Christologie, in: Jens Schröter / Ralph Brucker (Hg.), Der historische Jesus – Tendenzen und Perspektiven der gegenwärtigen Forschung, Beihefte zur Zeitschrift für die neutestamentliche Wissenschaft und die Kunde der älteren Kirche Band 114, Verlag Walter de Gruyter, Berlin New York 2002, 429–461

Löning, Karl, Kultmetaphorik im Neuen Testament, in: Reiner Albertz (Hg.), Kult, Konflikt und Versöhnung. Beiträge zur kultischen Sühne in religiösen, sozialen und politischen Auseinandersetzungen des antiken Mittelmeerraumes, Veröffentlichungen des Arbeitskreises zur Erforschung der Religions- und Kulturgeschichte des Antiken Vorderen Orients und des Sonderforschungsbereichs 493; Band 2; (AOAT 285), Münster: Ugarit-Verlag 2001, 229–267

Löhr, Helmut, Wahrnehmung und Bedeutung des Todes Jesu nach dem Hebräerbrief. Ein Versuch, in: Jörg Frey / Jens Schröter (Hg.), Deutungen des Todes Jesu im Neuen Testament, 2., durchgesehene und mit einer neuen Einleitung versehene Ausgabe, Verlag J. C. B. Mohr (Paul Siebeck), Tübingen 2012, 455–476

Lotman, Juri Michailowitsch, Die Struktur literarischer Texte, Wilhelm Fink Verlag, München 1972

Luz, Ulrich, Warum zog Jesus nach Jerusalem?, in: Jens Schröter / Ralph Brucker (Hg.), Der historische Jesus – Tendenzen und Perspektiven der gegenwärtigen Forschung, Beihefte zur Zeitschrift für die neutestamentliche Wissenschaft und die Kunde der älteren Kirche Band 114, Verlag Walter de Gruyter, Berlin New York 2002, 409–427

Maier, Johann, Jesus von Nazareth in der talmudischen Überlieferung, Wissenschaftliche Buchgesellschaft, Darmstadt 1978

Mayer-Maly, Theo, Rechtsgeschichtliche Bibelkunde, Böhlau Verlag, Wien Köln Weimar 2003

Mendels, Doron, Pseudo-Philos Biblical Antiquities, the «Fourth Philosophy», and the Political Messianism of the First Century C. E., in: James H. Charlesworth (Hg.), The

Messiah – Developments in Earliest Judaism and Christianity, Verlag Fortress Press, Minneapolis 1992/2010, 261–275

Menke, Karl-Heinz, Gott sühnt in seiner Menschwerdung die Sünde des Menschen, in: Tück Jan-Heiner / Striet Magnus (Hg.), Erlösung auf Golgotha? Der Opfertod Jesu im Streit der Interpretationen, Verlag Herder, Freiburg im Breisgau 2012, 101–126

Moxter, Michael, Erzählung und Ereignis. Über den Spielraum historischer Repräsentation, in: Jens Schröter / Ralph Brucker (Hg.), Der historische Jesus – Tendenzen und Perspektiven der gegenwärtigen Forschung, Beihefte zur Zeitschrift für die neutestamentliche Wissenschaft und die Kunde der älteren Kirche Band 114, Verlag Walter de Gruyter, Berlin New York 2002, 67–88

Niewiadomski Jozef, Nur ein Sündenbock?, in: Tück Jan-Heiner / Striet Magnus (Hg.), Erlösung auf Golgotha? Der Opfertod Jesu im Streit der Interpretationen, Verlag Herder, Freiburg im Breisgau 2012, 83–100

Noffke, Eric, Introduzione alla letteratura mediogiudaica precristiana, Claudiana editrice, Torino 2004

Pannenberg, Wolfgang, Grundzüge der Christologie, Verlag Gütersloh, Gütersloh 4/1972

Paulus, Christoph / Cohen, David, Einige Bemerkungen zum Prozess Jesu bei den Synoptikern, in: Zeitschrift der Savigny-Stiftung für Rechtsgeschichte 102, 1985, 437ff

Popkes, Enno Edzard, Die Umdeutung des Todes Jesu im koptischen Thomasevangelium, in: Jörg Frey / Jens Schröter (Hg.), Deutungen des Todes Jesu im Neuen Testament, 2., durchgesehene und mit einer neuen Einleitung versehene Ausgabe, Verlag J. C. B. Mohr (Paul Siebeck), Tübingen 2012, 513–543

Ratzinger, Joseph, Jesus von Nazareth, von der Taufe im Jordan bis zur Verklärung, Herder Verlag, Freiburg 2007

Rau, Michael, Im Blut ist Leben! Eine kritische Nachfrage nach der biblischen Begründung des theologischen Denkmusters vom „stellvertretenden Sühnetod", Deutsches Pfarrerblatt 3/2002, 121–124

Ricœur, Paul, Zeit und Erzählung I–III; Bd. I: Zeit und historische Erzählung; Bd. II: Zeit und literarische Erzählung; Bd. III, Die erzählte Zeit (dt. Übersetzung von: Temps et Récit, Paris 1983/1984/1985), Verlag Fink, München 1988/1989/991

Ricœur, Paul, Die lebendige Metapher (Übersetzung von: La métaphore vive, Paris 1975), Verlag Fink, München 1986; La metafora viva, Jaca book, Milano 1981

Riesenfels, Harald, Artikel ὑπέρ, in: Theologisches Wörterbuch zum Neuen Testament (ThWNT) VIII, Verlag Kohlhammer, Stuttgart, Berlin, Köln 1969 (Nachdruck 1990), 510–518

Rivkin, Ellis, What Crucified Jesus, Abingdon Press, Nashville 1984

Roloff, Jürgen, Artikel ἱλαστήριον, in: Exegetisches Wörterbuch zum Neuen Testament, Verlag Kohlhammer, Stuttgart 1992, 455–457

Safrai, Shmuel, Die Wallfahrt im Zeitalter des Zweiten Tempels, (dt. Übersetzung von: העלייה לרגל בימי הבית השני, Tel Aviv 1965), Neukirchener Verlag, Neukirchen-Vluyn 1981

Sanders, Ed Parish, Jesus and Judaism, Verlag Fortress Press, Philadelphia 1985

Sanders, Ed Parish, Sohn Gottes – eine historische Biographie Jesu (dt. Übersetzung von The Historical Figure of Jesus, London 1993), Verlag Klett-Cotta, Stuttgart 1996

Sarcinelli, Franco, Paul Ricœur. Filosofo del '900. Una Lettura critica delle opere, Mimesis Filosofie N.293, Mimesis Edizioni, Milano Udine, 2013

Schlund, Christine, Deutungen des Todes Jesu im Rahmen der Pesach-Tradition, in: Jörg Frey / Jens Schröter (Hg.), Deutungen des Todes Jesu im Neuen Testament, 2., durchgesehene und mit einer neuen Einleitung versehene Ausgabe, Verlag J. C. B. Mohr (Paul Siebeck), Tübingen 2012, 397–412

Schottroff Luise, Der erste Brief an die Gemeinde in Korinth, Verlag W. Kohlhammer, Stuttgart 2013

Schreiber, Stefan, Das Weihegeschenk Gottes. Eine Deutung des Todes Jesu in Römer 3,25, Zeitschrift für die Neutestamentliche Wissenschaft 97, Verlag Walter de Gruyter, Berlin New York 2006, 88–110

Schröder, Christoph, „Gottes Lamm, das der Welt Sünde fortschafft". Joh 1,29 als Ausdruck der Verschmelzung von eschatologischer Jom Kippur- und jesajanischer Gottesknechtstheologie, Vortrag zum V. Colloquium Johanneum, Zürich 2016

Schröter, Jens, Metaphorische Christologie. Überlegungen zum Beitrag eines metaphern-theoretischen Zugangs zur Christologie anhand einiger christologischer Metaphern bei Paulus, in: Jörg Frey / Jan Rohls / Ruben Zimmermann (Hg.), Metaphorik und Christologie, Theologische Bibliothek Töpelmann, Verlag Walter de Gruyter, Berlin New York 2003, 53–74

Schröter, Jens, Sterben für die Freunde – Überlegungen zur Deutung des Todes Jesu im Johannesevangelium, in: Axel von Dobbeler / Kurt Erlemann / Roman Heiligenthal (Hg.), Religionsgeschichte des Neuen Testaments – Festschrift für Klaus Berger zum 60. Geburtstag, A. Francke Verlag, Tübingen, 2000, 263–287

Schröter, Jens, Sühne, Stellvertretung und Opfer, zur Verwendung analytischer Kategorien zur Deutung des Todes Jesu, in: Jörg Frey / Jens Schröter (Hg.), Deutungen des Todes Jesu im Neuen Testament, 2., durchgesehene und mit einer neuen Einleitung versehene Ausgabe, Verlag J. C. B. Mohr (Paul Siebeck), Tübingen 2012, 51–71

Schröter, Jens, Von der Historizität der Evangelien – ein Beitrag zur gegenwärtigen Diskussion um den historischen Jesus, in: Jens Schröter / Ralph Brucker (Hg.), Der historische Jesus – Tendenzen und Perspektiven der gegenwärtigen Forschung, Beihefte zur Zeitschrift für die neutestamentliche Wissenschaft und die Kunde der älteren Kirche Band 114, Verlag Walter de Gruyter, Berlin New York 2002, 161–212

Schüssler Fiorenza, Elisabeth, Jesus – Miriams Kind, Sophias Prophet, Gütersloher Verlagshaus, Gütersloh 1997

Schweitzer, Albert, Geschichte der Leben-Jesu-Forschung, Verlag J. C. B. Mohr (Paul Siebeck), 9/Tübingen 1984

Slenczka, Reinhard, Geschichtlichkeit und Personsein Jesu Christi. Studien zur christologischen Problematik der historischen Jesusfrage, Verlag Vandenhoek & Ruprecht, Göttingen 1967

Söding, Thomas, Sühne durch Stellvertretung – zur zentralen Deutung des Todes Jesu im Römerbrief, in: Jörg Frey / Jens Schröter (Hg.), Deutungen des Todes Jesu im Neuen Testament, 2., durchgesehene und mit einer neuen Einleitung versehene Ausgabe, Verlag J. C. B. Mohr (Paul Siebeck), Tübingen 2012, 375–396

Stählin Gustav / Grundmann Walter, Artikel ἁμαρτάνω, ἁμάρτημα, ἁμαρτία, in ThWNT I, Verlag Kohlhammer, Stuttgart, Berlin, Köln 1933 (Nachdruck 1990), 267–320

Stegemann, Ekkehard W., Freundschaftstopik im Neuen Testament, in: Sibylle Appuhn-Radke / Esther P. Wipfler (Hg.), Freundschaft. Motive und Bedeutungen, Zentralinstitut für Kunstgeschichte, München 2006

Stegemann, Ekkehard W., Wie im Angesicht des Judentums historisch vom Tod Jesu sprechen – Vom Prozess Jesu zu den Passionserzählungen der Evangelien, in: Gerd Häfner / Hansjörg Schmid (Hg.), Wie heute vom Tod Jesu sprechen? Neutestamentliche, systematisch-theologische und liturgiewissenschaftliche Perspektiven, Verlag der Katholischen Akademie der Erzdiözese Freiburg, Freiburg im Breisgau 2002, 23–52

Stegemann, Ekkehard W., Zur Tempelreinigung im Johannesevangelium, in: E. Blum u. a. (Hgg.), Die Hebräische Bibel und ihre zweifache Nachgeschichte, Festschrift für Rolf Rendtorff zum 65. Geburtstag, Neukirchener Verlag, Neukirchen-Vluyn 1990, 503–516

Stegemann, Ekkehard W. / Stegemann, Wolfgang, König Israels, nicht König der Juden? Jesus als König im Johannesevangelium, in: Stegemann, Ekkehard W. (Hg.), Messias-Vorstellungen bei Juden und Christen, Kohlhammer-Verlag, Stuttgart Berlin Köln 1993, 41–56

Stegemann Ekkehard W. / Stegemann, Wolfgang, Urchristliche Sozialgeschichte: Die Anfänge im Judentum und die Christusgemeinden in der mediterranen Welt, Kohlhammer-Verlag, Stuttgart, Berlin, Köln, 2/1997

Stegemann, Ekkehard W., „Und Jakob zog seine Füsse auf das Bett zurück und verschied". Abschiedskunst in der Bibel, Vorlesung, Basel 2011

Stegemann, Wolfgang, Jesus als Messias in der Theologie des Lukas, in: Stegemann, Ekkehard W. (Hg.), Messias-Vorstellungen bei Juden und Christen, Kohlhammer-Verlag, Stuttgart Berlin Köln 1993, 21–28

Stegemann, Wolfgang, Jesus und seine Zeit, W. Kohlhammer-Verlag, Stuttgart 2010

Stegemann Wolfgang, Zur Metaphorik des Opfers, in: Bernd Janowski und Michael Wolter, Opfer. Theologische und kulturelle Kontexte, Suhrkamp Verlag, Frankfurt am Main 2000, 191–216

Stemberger, Günter, Qumran, die Pharisäer und das Rabbinat, in: Bernd Kollmann, Wolfgang Reinbold und Annette Steudel (Hg.), Antikes Judentum und frühes Christentum. Festschrift für Hartmut Stegemann zum 65. Geburtstag, Verlag Walter de Gruyter, Berlin New York 1999, 210–224

Stiewe Martin / Vouga François, Bedeutung und Deutungen des Todes Jesu im Neuen Testament. Ein theologischer Essay. Verlag A. Francke, Tübingen/Basel 2011

Stökl Ben Ezra, Daniel, The Impact of Yom Kippur on Early Christianity. The Day of Atonement from Second Temple Judaism to the Fifth Century, Verlag J. C. B. Mohr (Paul Siebeck), Tübingen 2003

Strack, Hermann L. / Billerbeck, Paul, Kommentar zum Neuen Testament aus Talmud und Midrasch, Band III, C. H. Beck'sche Verlagsbuchhandlung, München 4/1965

Striet, Magnus, Erlösung durch den Opfertod Jesu?, in: Tück Jan-Heiner / Striet Magnus (Hg.), Erlösung auf Golgotha? Der Opfertod Jesu im Streit der Interpretationen, Verlag Herder, Freiburg im Breisgau 2012, 11–32

Stuhlmacher, Peter, Biblische Theologie des Neuen Testaments I, Vandenhoek & Ruprecht, Göttingen 1992

Theissen, Gerd / Merz, Annette, Der historische Jesus, Verlag Vandenhoek & Ruprecht, Göttingen 4 2011

Theissen, Gerd, Theologie und Exegese in den neutestamentlichen Arbeiten von Günther Bornkamm, EvTh 51, Gütersloher Verlagshaus, Gütersloh 1991, 308–332

Thoma, Clemens, Das Messiasprojekt – Theologie jüdisch-christlicher Bewegung, Pattloch Verlag, Augsburg 1994

Tück Jan-Heiner / Striet Magnus, Erlösung auf Golgotha? Der Opfertod Jesu im Streit der Interpretationen, Verlag Herder, Freiburg im Breisgau 2012, 33–58

Van Henten, Jan Willem, Jewish Martyrdom and Jesus' Death, in: Jörg Frey / Jens Schröter (Hg.), Deutungen des Todes Jesu im Neuen Testament, 2., durchgesehene und mit einer neuen Einleitung versehene Ausgabe, Verlag J. C. B. Mohr (Paul Siebeck), Tübingen 2012, 139–168

Van Henten, Jan Willem, The Maccabean Martyrs as Saviors of the Jewish People: A study of 2 and 4 Maccabees, in: Supplements to the Journal for the Study of Judaism, Vol. 57, Verlag Brill, Leiden 1997

Vermes, Geza, Die Passion Jesu – Die wahre Geschichte der letzten Tage im Leben Jesu (dt. Übersetzung von: The Passion, London 2005), Primus Verlag, Darmstadt 2006

Vermes, Geza, Jesus and the World of Judaism, Verlag Fortress Press, Philadelphia 1983

Versnel, Henk S., Making Sense of Jesus Death – The Pagan Contribution, in: Jörg Frey / Jens Schröter (Hg.), Deutungen des Todes Jesu im Neuen Testament, 2., durchgesehene und mit einer neuen Einleitung versehene Ausgabe, Verlag J. C. B. Mohr (Paul Siebeck), Tübingen 2012, 213–296

Vielhauer, Philipp, Jesus und der Menschensohn, Zur Diskussion mit Heinz Eduard Tödt und Eduard Schweizer, ZThK 60, Verlag J. C. B. Mohr (Paul Siebeck), Tübingen 1963

Von Harenberg, Werner, Jesus und die Kirchen, Spiegel 14–16, 1966

Weiss, Alexander, Christus als Weihegeschenk oder Sühnemahl? Anmerkungen zu einer neuen Deutung von *hilasterion* (Röm 3,25) samt einer Liste der epigraphischen Belege, Zeitschrift für die Neutestamentliche Wissenschaft 105, Verlag Walter de Gruyter, Berlin New York 2014, 294–302

Wengst, Klaus, Christologische Lieder und Formeln des Urchristentums, Studien zum Neuen Testament (StNT) 7, Gütersloh 1972

Wengst, Klaus, Mirjams Sohn – Gottes Gesalbter. Mit den Evangelisten Jesus entdecken, Gütersloher Verlagshaus, Gütersloh 2016

Werbick, Jürgen, Erlösung durch Opfer? – Erlösung vom Opfer?, in: Tück Jan-Heiner / Striet Magnus (Hg.), Erlösung auf Golgotha? Der Opfertod Jesu im Streit der Interpretationen, Verlag Herder, Freiburg im Breisgau 2012, 59–82

Weth, Rudolf, Das Abendmahl und seine Spendeworte in neuerer biblisch-theologischer Perspektive, in: Volker Hampel / Rudolf Weth (Hg.), Für uns gestorben. Sühne – Opfer – Stellvertretung, Neukirchener Verlag, Neukirchen-Vluyn 2010, 231–243

Williams, Sam K., Jesus' Death as Saving Event: The Backgrounds and Origin of a Concept, Harvard Dissertations in Religion 2, Scholars Press, Missoula 1975

White, Hayden, Der historische Text als literarisches Kunstwerk, in: White, Haydon,

Auch Klio dichtet oder Die Fiktion des Faktischen. Studien zur Tropologie des historischen Diskurses, Sprache und Geschichte 10, Verlag Klett-Cotta, Stuttgart 1991

Willi-Plein, Ina, Opfer und Kult im alttestamentlichen Israel. Textbefragungen und Zwischenergebnisse, Stuttgarter Bibelstudien 153, Verlag katholisches Bibelwerk GmbH, Stuttgart 1993

Winter, Paul, On the Trial of Jesus, Verlag Walter De Gruyter, Berlin New York 1961

Winter, Paul, Zum Prozess Jesu, in: W. P. Eckert / N. P. Levinson / M. Stöhr (Hg.), Antijudaismus im Neuen Testament? Exegetische und systematische Beiträge (Abhandlungen zum jüdisch-christlichen Dialog 2), Chr. Kaiser Verlag, München 1967, 95–104

Wolter, Michael, Der Brief an die Römer, Evangelisch-Katholischer Kommentar zum Neuen Testament EKK VI/1, Teilband 1: Röm 1–8, Neukirchener Theologie, Neukirchener Verlag, Neukirchen-Vluyn 2014

Wolter, Michael, Der Heilstod Jesu als theologisches Argument, in: Jörg Frey / Jens Schröter (Hg.), Deutungen des Todes Jesu im Neuen Testament, 2., durchgesehene und mit einer neuen Einleitung versehene Ausgabe, Verlag J. C. B. Mohr (Paul Siebeck), Tübingen 2012, 297–313

Wolter, Michael „Für uns gestorben" – wie gehen wir sachgemäss mit dem Tod Jesu um?, in: Volker Hampel / Rudolf Weth (Hg.), Für uns gestorben. Sühne – Opfer – Stellvertretung, Neukirchener Verlag, Neukirchen-Vluyn 2010, 1–15

Wright, Nicholas Thomas, Jesus: Wer er war, was er wollte und warum er für uns wichtig ist (dt. Übersetzung von: Simply Jesus, New York 2011), Verlag Francke, Marburg 2013

Wright, Nicholas Thomas. Jesus and the Victory of God, Volume II of Christian Origins and the Question of God, SPCK, London 1996; Verlag Fortress Press, Minneapolis 1996, 491f

Zimmermann, Ruben, „Deuten" heisst erzählen und übertragen, in: Jörg Frey / Jens Schröter (Hg.), Deutungen des Todes Jesu im Neuen Testament, 2., durchgesehene und mit einer neuen Einleitung versehene Ausgabe, Verlag J. C. B. Mohr (Paul Siebeck), Tübingen 2012, 315–372

Zimmermann, Ruben, Paradigmen einer metaphorischen Christologie. Eine Leseanleitung, in: Jörg Frey / Jan Rohls / Ruben Zimmermann (Hg.), Metaphorik und Christologie, Theologische Bibliothek Töpelmann, Verlag Walter de Gruyter, Berlin New York 2003, 1–36

Stellenregister

Neues Testament